企业数字化转型认知与实践

工业元宇宙前传

李剑峰◎著

Digital Transformation

Industrial metaverse

中国经济出版社
CHINA ECONOMIC PUBLISHING HOUSE
北京

图书在版编目（CIP）数据

企业数字化转型认知与实践：工业元宇宙前传 / 李剑峰著. --北京：中国经济出版社，2022.3
ISBN 978-7-5136-6800-2

Ⅰ. ①企… Ⅱ. ①李… Ⅲ. ①数字技术-应用-企业管理 Ⅳ. ①F272.7

中国版本图书馆 CIP 数据核字（2021）第 267174 号

策划编辑 崔姜薇
责任编辑 葛 晶
责任印制 马小宾
封面设计 久品轩

出版发行 中国经济出版社
印 刷 者 北京富泰印刷有限责任公司
经 销 者 各地新华书店
开 本 710mm×1000mm 1/16
印 张 20.25
字 数 300 千字
版 次 2022 年 3 月第 1 版
印 次 2022 年 3 月第 1 次
定 价 128.00 元
广告经营许可证 京西工商广字第 8179 号

中国经济出版社 **网址** www.economyph.com **社址** 北京市东城区安定门外大街 58 号 **邮编** 100011
本版图书如存在印装质量问题，请与本社销售中心联系调换（联系电话：010-57512564）

中国海洋石油公司科技大会特邀报告

《推进数字化转型，建设智慧石化》 2020年11月10日

2021北京大学特邀报告

《加快智能化建设，推进企业数字化转型》 2021年3月19日

2020京津冀CIO大会演讲

《数字化转型的本质内涵和实践路径》 2020年8月22日

中国工程院特邀报告

《推进数字化转型，加快智能油田建设》 2020年11月6日

2020年炼油与石化世界—中国论坛演讲

《加快智能炼厂建设，推进企业数字化转型》（对话） 2020年10月28日

2021世界工业互联网大会（线上）演讲

《打造石化智云工业互联网，赋能安全生产》 2021年6月15日

作者简介

李剑峰，博士，教授级高级工程师，中国石化集团公司首席专家，信息和数字化管理部副总经理。国务院国资委国资监管信息化专家，国有企业两化融合协同创新平台副理事长，石油信息与计算机应用标准化委员会副主任委员，中国计算机用户协会石油行业分会副秘书长。长期从事企业信息化工作，获得国家科技攻关奖一项，中国石化集团公司科技进步一、二、三等奖多项。发表论文多篇，出版《高性能计算机与石油工业》《数字油田》《智能油田》等多部专著。

革

巳日，乃孚，元亨，利贞，悔亡。

上六，君子豹变，小人革面，征凶。居贞吉。

九五，大人虎变，未占有孚。

九四，悔亡，有孚，改命，吉。

九三，征凶，贞厉；革言三就，有孚。

六二，巳日，乃革之。征吉，无咎。

初九，巩用黄牛之革。

《彖》辞曰:巳日乃孚，革而信之。文明以说，大亨以正。革而当，其悔乃亡。天地革，而四时成。汤武革命，顺乎天而应乎人。革之时大矣哉!

企业数字化转型是企业的自我革命！环顾当世，数字化转型的潮流浩浩荡荡，“顺乎天而应乎人”，数字化转型“大矣哉"!

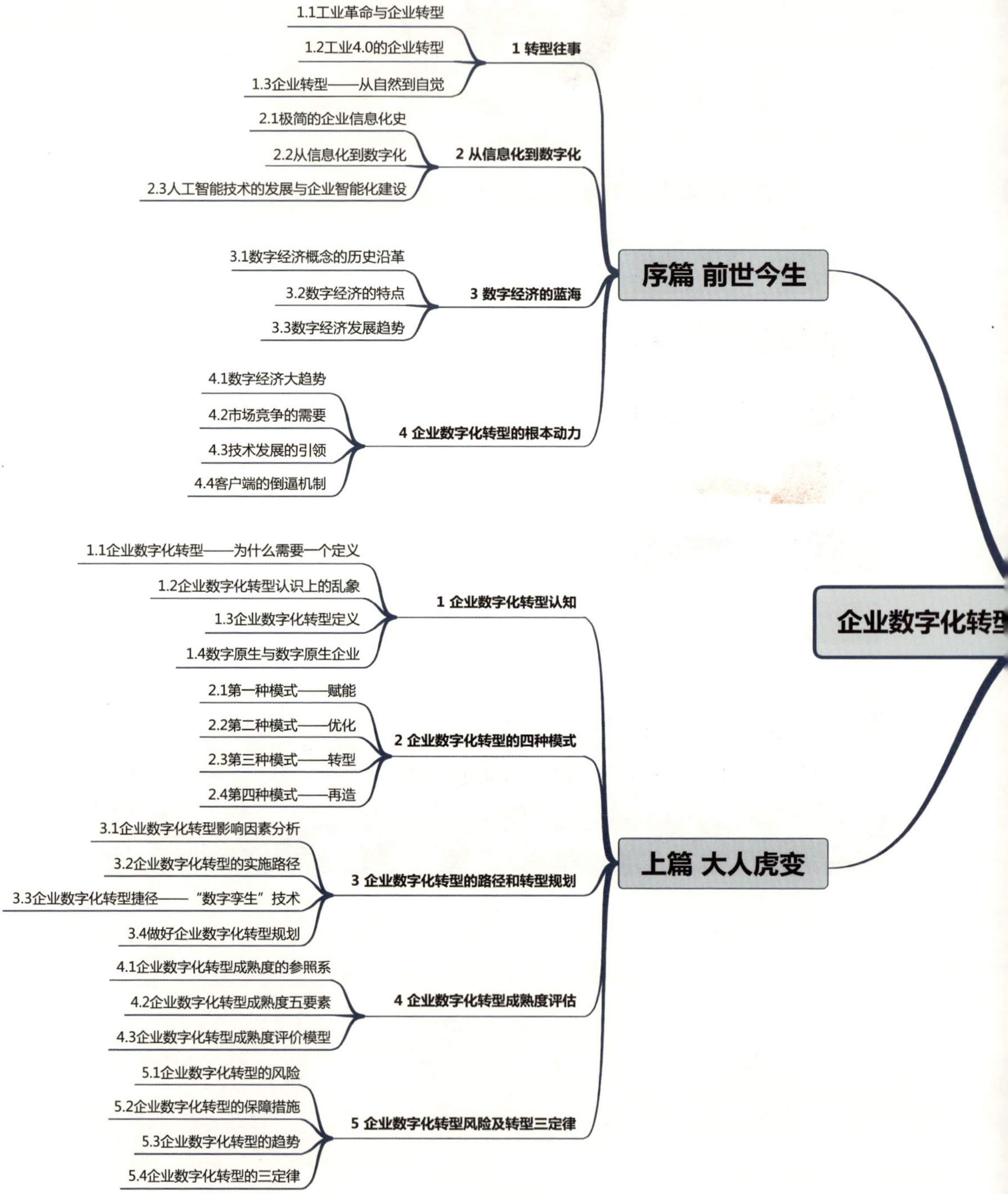
企业数字化转型
序篇 前世今生
1 转型往事
1.1工业革命与企业转型
1.2工业4.0的企业转型
1.3企业转型——从自然到自觉
2 从信息化到数字化
2.1极简的企业信息化史
2.2从信息化到数字化
2.3人工智能技术的发展与企业智能化建设
3 数字经济的蓝海
3.1数字经济概念的历史沿革
3.2数字经济的特点
3.3数字经济发展趋势
4 企业数字化转型的根本动力
4.1数字经济大趋势
4.2市场竞争的需要
4.3技术发展的引领
4.4客户端的倒逼机制
上篇 大人虎变
1 企业数字化转型认知
1.1企业数字化转型——为什么需要一个定义
1.2企业数字化转型认识上的乱象
1.3企业数字化转型定义
1.4数字原生与数字原生企业
2 企业数字化转型的四种模式
2.1第一种模式——赋能
2.2第二种模式——优化
2.3第三种模式——转型
2.4第四种模式——再造
3 企业数字化转型的路径和转型规划
3.1企业数字化转型影响因素分析
3.2企业数字化转型的实施路径
3.3企业数字化转型捷径——“数字孪生”技术
3.4做好企业数字化转型规划
4 企业数字化转型成熟度评估
4.1企业数字化转型成熟度的参照系
4.2企业数字化转型成熟度五要素
4.3企业数字化转型成熟度评价模型
5 企业数字化转型风险及转型三定律
5.1企业数字化转型的风险
5.2企业数字化转型的保障措施
5.3企业数字化转型的趋势
5.4企业数字化转型的三定律

- 知与实践
  - 中篇 君子豹变
    - 1 企业数字化转型技术实操指南——八仙过海
      - 1.1统一认识
      - 1.2落实组织
      - 1.3数据治理
      - 1.4平台建设
      - 1.5选择业务
      - 1.6匹配队伍
      - 1.7宣传成效
      - 1.8优化推广
    - 2云计算技术概述
      - 2.1云计算的提出和发展
      - 2.2云计算的分类
    - 3 工业互联网平台
      - 3.1工业互联网的提出和发展
      - 3.2工业互联网的发展趋势
      - 3.3工业互联网在中国的发展
      - 3.4工业互联网的技术架构
      - 3.5工业互联网平台详解
      - 3.6工业App
    - 4 企业数据治理与“数据湖”
      - 4.1数据科学发展概述
      - 4.2数据治理与数据管理
      - 4.3企业数据治理的实战路径——“七步师”
      - 4.4“数据湖”技术与数据中台
      - 4.5数据资源与数据资产
    - 5数字化交付
      - 5.1从设计、建设到交付的复杂性
      - 5.2数字化交付的主要内容
      - 5.3数字化交付的前瞻和挑战
    - 6“数字孪生”技术及应用
      - 6.1“数字孪生”的概念和发展
      - 6.2“数字孪生”的不同形态
      - 6.3“数字孪生”关键技术及应用
      - 6.4“数字孪生”的应用价值
  - 下篇 革言三就
    - 1 IT业务数字化转型——企业数字化转型的引领者
      - 1.1传统企业IT业务痛点分析
      - 1.2创新IT业务模式
      - 1.3创新组织架构
      - 1.4IT业务数字化转型成效
    - 2 赋能模式
      - 2.1油田野外作业场景概况
      - 2.2对生产设备赋能的业务愿景
      - 2.3不同业务环节的赋能策略
      - 2.4赋能生产现场的核心数字化技术
      - 2.5数字化赋能实现了油气生产的转型升级
    - 3 优化模式
      - 3.1优化技术与优化意识
      - 3.2炼油业务优化转型案例
      - 3.3从项目优化到企业转型的跨越
      - 3.4推动企业进行全面优化转型
    - 4 转型模式
      - 4.1从产品模式转向服务模式
      - 4.2业务延伸转型模式
      - 4.3业务拓展转型模式
    - 5 再造模式
      - 5.1企业再造需要跨越的鸿沟
      - 5.2GE的转型背景
      - 5.3GE的数字化转型路径
      - 5.4GE的再造式转型仍然在路上

欢迎来到李博士的元宇宙！

未来已来，你来不来？
我已数字化转型，在AI数字书房等你。
扫描二维码，进入AI数字书房观看视频案例、PPT讲解，进行转型成熟度测试和满意度调查

先“读”为快 悦“读”推荐

各行业大咖纷纷推荐的数字化转型必读书

在数字化转型、智能化提升方兴未艾的大背景下，本书从数字化转型历史回顾、本质内涵及典型应用等方面进行系统阐述，给出了方法论和实践案例，推进数字化技术与石油石化行业深度融合，推动油田企业数字化转型与智能油田建设，对油气行业从业者具有重要参考价值。

——中石化胜利石油管理局有限公司党委书记、总经理，

中石化胜利油田分公司代表 **牛栓文**

数字化正在为能源行业转型升级与实现碳中和愿景注入强大动力。李剑峰博士系统梳理了企业数字化转型的认知与实践，从理论到应用都有精彩论述，对方兴未艾的能源数字化转型具有重要参考价值。

——北京大学能源研究院副院长，国际能源署原署长高级顾问 **杨雷**

马克思主义认为，人类活动主要分两类：认识世界和改造世界。本书从认知和实践两个方面很好地解读了数字化转型，组织需结合自身的实际情况，正确认识数字化转型，才能推进数字化转型的相关实践，最终达到知行合一。

——高德纳（Gartner）高管合伙人 **胡峰**

产业数字化和数字产业化是数字经济发展的必然结果。顺应新科技革命的迅猛发展，数字化转型成为企业转型升级和实现高质量发展的必由之路。本书从梳理企业数字化转型的历史源流开始，构建了从认知到模式的理论脉络和从规划到案例的实战路径，是一本数字化转型百科全书式的著作。作者提出转型指向元宇宙的观点，也非常引人入胜，发人深省。本书值得认真研读。

——国务院国资委新闻中心副主任 **张义豪**

与第四次工业革命同步兴起的数字化转型，已经成为推动数字经济发展的核心动力。本书不仅对企业数字化转型的认知、技术路径和转型案例做了精彩描述，更以工业元宇宙为前景，向我们展示了数字化转型之后的蓝海，值得广大读者精读研习。

——SAP 中国区副总裁 **石凤华**

推荐《企业数字化转型认知与实践：工业元宇宙前传》这本书，不仅仅是因为其语言之通俗易懂、文风之幽默诙谐；也不仅仅是因为书中介绍了作者亲历的企业转型模式和路径，展示以生动丰富的案例；更重要的是因为作者面对汹涌而至的数字化转型浪潮时深入的思考与坚定的探索。

推荐李剑峰先生的这本书，不仅仅是因为他是我的乡党，质朴而厚道；也不仅仅是因为他是我的同事，在中国石化的大平台上磨砺过；更重要的是因为他是一位值得尊敬的、道德文章俱佳的智者。

——中国石化监事、新闻发言人、党组宣传部部长、品牌部总经理，
中国公共关系协会专家委员会副主任委员，
清华大学国家形象研究中心高级研究员，
北京大学国家战略传播研究院顾问 **吕大鹏**

当今世界已进入数字经济快速发展时期，以云计算、物联网、大数据、人工智能等为代表的新兴数字技术突飞猛进。面对数字经济发展的新形势，传统能源企业同样需要将数字技术融入产品、服务和工作流程中，推动管理变革，提高智能化生产、网络化协同等新能力，开创基于用户、数据、创新驱动的新商业模式、新生产方式和新产业生态。

本书从企业数字化转型的演变历程开始，深入阐述企业数字化的根本动力和必要性，对企业数字化转型的定义、模式、风险、技术路径进行了系统分析，并选择 GE、石化企业的数字化转型案例进行剖析，展望工业元宇宙的前景，并筑牢思想基础。

——中国石油科技管理部总经理 **匡立春**

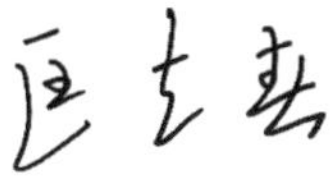

当今时代，转型无处不在，而传统企业的数字化转型需求应该有其独特性，如果不具有数十年企业相关工作经验，对于这种独特性很难把握，本书作者正好具备这一优势。

本书有三个闪光点：一是系统性，从历史谈起，直到企业的现状分析；二是完整性，讨论企业数字化转型的定义、模式、规划、成熟度、风险等；三是前瞻性，把企业数字化转型和当下火热的元宇宙概念结合起来，展望企业转型的前景。这本书值得反复阅读。

——阿里巴巴集团副总裁 **胡臣杰**

未来世界充满不确定性，但人类社会不可逆转地走向数字化是十分确定的！李剑峰博士是企业数字化转型的带路者，敏锐又细致，先知且先觉。他不断产生真知灼见，总是走在时代前列。

通过这本书，剑峰提前把我们带到奇妙的下一站，我强烈推荐。

——中国石油大学人工智能学院院长，教育部非常规油气国际合作联合实验室主任，*Petroleum Science* 主编，哈佛大学工程与应用科学学院杰出客座教授，中国地球物理学会常务理事　**肖立志**

首席专家剑峰在央企信息化、数字化领域深耕多年，是央企数字化转型方面的优秀探索者和实践者。本书条理清晰，不乏独立见解，有广泛的指导和借鉴意义。

——国务院国资委国资监管信息化专家组副组长，中国华能集团有限公司原首席信息师　**朱卫列**

在越来越多的人类个体活动和社会活动需要通过数字化进行表达的时代，社会主体与实体的关系必然要被重塑，企业也要重新审视未来社会生产活动的面貌和格局，数字化转型不是原有业务、原有模式和原有组织的改良优化。数字化生存、第二人生、超级玩家已现端倪，演进而生的元宇宙不仅仅是虚拟社交，也是未来人类社会最可能的状态。

《企业数字化转型认知与实践：工业元宇宙前传》一书从工业视角探讨了元宇宙和企业生产经营活动全面融入的前景和可行之路，具有开创性。

——国家能源集团信息化管理部主任　**丁涛**

当今，数字化转型对于企业来说不仅是一道有关生产运营模式的选择题，而且是大变局下关乎生存和发展的时代必答题。剑峰先生的新作突破了当前产业数字化转型多在理念和技术层面进行探讨的局限，实现了从理论到实践的飞跃，打通了数字化转型认知的“最后一公里”。

全书层层递进、逻辑严密、系统深刻，是一本不可多得的企业数字化转型实战指南，对数字经济时代企业“虎变”有着很高的参考价值。

——中国石化集团公司经济技术研究院副院长 **余皎**

剑峰博士长期深耕信息化领域，对大型集团信息化有深刻洞察和独到见解。本书详细阐述了数字化转型的前世今生，且理论研究和实践应用并重，深入浅出，娓娓道来，对于国资国企推进数字化转型智能化发展具有重要借鉴意义。

——国资委办公厅电子政务与信息化处处长 **朱占军**

从信息化到数字化，从数字化生存到数字化转型，从数字孪生到智能制造，从虚拟现实到元宇宙，《企业数字化转型认知与实践：工业元宇宙前传》一书娓娓道来，给出了企业数字化转型的本质、模式、路径及案例，对我们进一步深刻理解、规划、设计、实施企业数字化转型，实现高质量发展很有帮助。

——中国石化党校常务副校长，石油化工干部管理学院党委书记 **李德芳**

数字化正在加速改变社会发展进程。数字就是符号，数字化就是符号化，计算机只能识别符号。数字化转型就是把物理世界的一切都符号化，用计算机科学进行处理。物理世界的一切符号化以后，就是建立虚拟世界。如果标注上人和事的活动，就是虚拟社会，即元宇宙。

现在，元宇宙来了。一个虚拟世界与物理世界并存的元宇宙时代正在加速发展，自然人、虚拟人和机器人将会协同构筑未来社会，重塑社会价值空间和价值体系。

数字化转型、工业元宇宙等一系列创新技术、集成单元，给我们带来了全新的机遇与挑战。路在何方?《企业数字化转型认知与实践：工业元宇宙前转》为我们指明了方向。

——中国电力建设股份有限公司信息化管理部主任 **吴张建**

当企业数字化转型成为必答题时，亟待更多的理论指导和经验借鉴，本书的出版恰逢其时。

作为深耕油气行业信息化多年的实战派，作者对数字化转型有着独特的领悟和思考，书中提出的企业数字化转型的四种模式、企业数字化转型成熟度评估和企业数字化转型风险与转型三定律等均基于丰富的实践，并进行了升华和提炼，我也深以为然。相信本书对于众多企业数字化转型决策者和参与者有着较高的参考价值。

——中钢资产管理有限公司执行董事、正高级经济师 **李红**

企业数字化转型很难，因为转型的主体是业务和管理模式，对业务、管理的深刻理解和对技术方案的准确把握缺一不可。本书基于作者在石化行业信息化领域多年深耕，从实操角度为我们提供了一个清晰的数字化转型战略框架，使我们在跨越河流的时候有了可以摸的石头，对流程行业特别是石化行业的数字化转型探索者具有重要的借鉴意义。

——中化能源股份有限公司首席信息官 **胡斌**

李剑峰主任是资深的数字化实战派专家，作为央企数字化转型方面的负责人，他的这本书从理论到实践，从现状到未来，对数字化转型进行了深入剖析，值得从事数字化转型相关工作的各方面人士研读。

——CIO 时代创始人兼研究院院长 **姚乐**

作为长期冲锋在工业企业信息化一线的战士，作者跳出“小确幸”，赋予“元宇宙”更加入世、经世、济世的全新生命。如果你想探知工业元宇宙的初心，寻找企业数字化转型的答案，那么，建议你打开这本书。

——中国石化镇海炼化公司党委常务副书记、副总经理、总会计师 **熊晓洋**

世界的本质是算法！未来是数学的！

对世界本质、人类本源和未来趋势不断地探索，并试图给出一个像样的预测或者华丽的定义，这是今天很多科学家、企业家、作家孜孜以求的事业。然而，世界是复杂的，还有很多未知需要我们去探索、去发现、去应对、去解决。特别是在科技迅猛发展的今天，人类正在被数字、算法和技术裹挟甚至挟持着前行，已经不是灵魂跟不上脚步，而是不知道灵魂在哪里游荡或者已经丢掉了灵魂。那么，我们该怎么办？

当有人问："什么时候、什么样的时光最好？"我想说："就在此时此刻。"——在正午的阳光中，我提前读到剑峰兄即将付梓的《企业数字化转型认知与实践：工业元宇宙前传》一书。本书的自序叫数字化转型——人类的"最后"一项工作，我不知道数字化转型是不是人类的最后一项工作，我也不关心，我关心的是数字化转型是当下必须要做的一项工作。如何做呢？阅读剑峰兄这本蕴含深刻思考与生动实践的书一定是有价值的。

读一本好书，做一件好事，灵魂就会与我们紧紧相依。

——作家，诗人，《国际人才交流》杂志总编辑，

全国巾帼建功标兵、全国三八红旗手 **徐庆群**

深刻，一定源于骨子里的热爱！祝贺剑峰总大作付梓，引领行业数字化转型践行大潮。

大人虎变，其文炳也；固守正道，源于业务，乃数字化的认知之基。

君子豹变，其文蔚也；顺从变革，和同业务，乃数字化的路径之美。

——紫光股份总裁 **王竑弢**

数字化转型是企业技术、模式和业态的全面转型，是一项复杂的系统工程。作者具有多年数字化探索与实践经验，对数字化转型的模式和路径有独到的看法，并进行了系统思考，这是一本难得的企业数字化转型实践指南。

——航天云网科技发展有限责任公司总经理、党委副书记 **柴旭东**

数字化转型是一项复杂的系统工程，企业在数字化转型过程中需要做到知行合一。

作者多年来一直在央企从事信息化、数字化方面的工作，具备深厚的理论基础与丰富的实践经验。本书从数字化理念转变、核心技术、方法运用到典型案例分析，对数字化转型进行了全面、深刻的论述，对推动企业数字化转型将起到积极的引领作用。本书引古证今，值得反复阅读，深入思考。

——中国五矿集团信息化管理部副部长 **何瑞娟**

认识剑峰总的过程，是一个学习的过程，每一次交流都有不少收获。

在全民数字化，但转型焦虑大面积存在的背景下，剑峰总对传统石化行业的深度理解以及对数字化转型的思考和探索，是业界难得的思想财富。这本书中有很多数字化转型的理论分享和经验总结，对传统企业的数字化转型探索来说，是充满智慧和干货的重要参考。

大力推荐！

——企业网 D1net CEO，信众智 CEO **范挺**

好友剑峰博士具有丰富的企业数字化转型经验，勤于思考，并系统总结，凝练成书。本书介绍了企业数字化转型的前世、今生和未来，对推动企业数字化转型具有重要的借鉴作用，值得一读。

——中国海洋石油集团有限公司原科技信息部总经理、国际公司董事　**王同良**

序一
FOREWORD Ⅰ

和剑峰兄以文相识、以文成友，君子之交，幽兰之馨。忽受请托，为其大作作序，诚惶诚恐。

尚未收到书稿，我便开始充实自己的知识储备。打开我经常光顾的购书网站，搜罗网上名字相近的图书，购得十余套。

翻阅浏览数遍，只觉得各抒己见，杂说纷呈，不得要领。始明白剑峰兄为何于百忙中撰写新著，此君必然有“横扫六合，一统八荒”拨乱反正之雄心壮志。

昨晚把摆满书桌的十余套图书收拢，整齐的码放在书桌一端，远远望去，忽然有两个发现。

一是这十几套书几乎是同一家出版社出版的。二是这些书的作者很有特点，可以分为三大类：第一类是IT公司或互联网公司集体创作或者是老板署名；第二类是咨询公司或服务公司的作品或其专家的作品；第三类是作者有科研院所背景的。

奇怪的是，真正在大型工业企业中工作，在企业数字化转型一线工作的专家作者几乎没有！

再次明白了作者撰写此书的良苦用心——推动企业，尤其是最需要转型的传统企业的数字化转型，一定要对企业的管理现状、业务现状、信息化现状、员工素质现状有切身的体会和深刻的认识，否则，谈论企业数字化转型只能是隔靴搔痒、不得要领，盲人摸象、误人误己。

及至收到《企业数字化转型认知与实践》书稿，标题中“认知与实践”深得吾心。作者素知我是心学门徒，阳明先师的知行合一一直是我人生处世的圭臬，作者以此为题，既是致事良言，也大有向先贤致敬之意。

浏览目录，便觉得这是一本企业数字化转型的“百科全书”。作者从企业转型发展的前世今生谈起，沿着工业革命的历史长河，观察人类技术的一个个进步以及推动企业一次次转型的漫长历史，这种研究问题的历史纵深和深邃高远的哲学史观，让我们钦佩之至。之后，从认知、模式到规划，从要素、风险到成熟度，从技术、流程到工具，一步步抽丝剥茧，让读者对企业数字化转型的理论认知和业务实操渐次开悟、渐入佳境。最后作者分析了多个企业转型的典型案例，使得他对企业数字化的阐述从历史到认知再到实践，形成了一个完美的闭环。

翻阅再三，横竖对比，真心觉得深刻认识企业数字化转型，切实推进企业数字化转型，只此一本书足矣！

剑峰兄于我国传统企业转型升级发展功德无量！

怪咖（雷声）

于北京京西怪味堂

2021 年 9 月

序二
FOREWORD Ⅱ

已经习惯于阅读网文、浏览B站，把时间消磨在小视频中的我，忽然清醒了，阅读面前这本《企业数字化转型认知与实践》，获得了一种前所未有的体验。

感觉就像一头老牛一直在戈壁荒滩上啃食稀疏的草根，忽然发现了水草丰美的绿洲；感觉就像一只蜜蜂一直在苔原上辛苦地寻找星星点点的小花，忽然发现了一片花朵簇拥的花海；感觉就像一条小鱼一直在浑浊的泥水中艰难地呼吸，忽然进入了一条清澈见底的溪流。

流畅、清新、馨香、优美——由表及里、探幽觅径，寓切实的转型操作于鲜活的文字之中；深入浅出、明心见性，寄深邃的认知思考于流畅的言辞之外。

阅读是一种美好的体验；认知是一次灵魂的升华；操作是一场不朽的功业。

本人对企业数字化转型缺少研究，但对当前我们生活方式逐渐数字化体会深刻。快一周没下楼了，新鲜的蔬菜、肉蛋奶，还有我喜欢的“勇闯天涯”啤酒，这一切日常生活的琐碎通过一部手机就轻松解决了。

我深刻理解，所有表面上的轻松愉快，都有人在背后负重前行。在我们轻松、便捷生活的背后，一定有许多像本书作者一样的科技达人在奋力推进企业数字化转型大业。那些复杂的数字技术、精微的标准体系、周密的组织建设，让我们这些文科生谈虎色变，但他们却能够坚忍不拔、砥砺前行，在此向作者以及和作者一道兢兢业业、“白首为转型”的时代推动者致以崇高的敬意。

这是一本很有分量的书，不仅是指其厚度，更是指其内容的全面、见解的深邃和表达的独特，其中有很多对我而言全新的观点，让我大开眼界，我最喜欢的是其行文方式，把严肃的科学问题，表达成轻松、幽默又意味隽永的文字，如八仙过海、七步师。

听说这是一本会生长的书，扫个二维码，就能看到部分内容的及时更新，还会有智能数字人与你交流，回答你提出的各种问题。我相信应该是真的，我先去试试。

不说了，再去读一会儿。如有新的感受，回来再写。

大湾之鲲（丁鲲）

于深圳寓所

2021 年 9 月 6 日

自序
PREFACE

数字化转型——人类的“最后”一项工作

企业转型发展的核心概念已经存在了数百年，几乎和企业这种组织诞生发展的历史一样古老。在市场竞争中存活下来的企业，在每个时代都有自己的转型发展之道。认识转型规律，推动转型实践，就是本书讨论的主题。

青年时代读阳明先生的心学，曾因为“知”“行”谁先谁后的问题纠结不已。企业数字化转型做过一遍，才明白“知行合一”的真谛——不深知难以实行，不实行难以深知。“书到用时方恨少，事非经过不知难。”

开展企业数字化转型研究几年来，参加过许多会议，阅读过不少书籍，访谈过不少专家，发现其中很多人都没有真正践行过企业数字化转型，多是在坐而论道、高谈阔论，听之难免有隔靴搔痒之感。这就是我下决心撰写本书的动力！

企业数字化转型的浪潮是时代转折的产物，融合了历史潮流的伟力和最新数字技术的新生动力，几乎是当代最新、最复杂的社会课题。把这样一个宏大的课题做好，是一场革命；讲好，则需要篇幅不小的文字量。

爱因斯坦曾说过：“任何一个聪明的蠢材都可以把事情搞得更大、更复杂，也更激烈，但往相反的方向化繁为简则需要很大的勇气。”

在碎片化阅读的今天，我不愿冒犯广大读者轻松“悦读”的习惯，又不愿放弃企业转型的历史纵深，更要兼顾新时代、新技术的广阔视野，在三者的夹缝中穿行，需要的几乎是一种置之死地而后生的勇气。

说话是一种技能，把复杂的问题说得简单明了则是一种艺术。我喜欢追求艺术的极致！我有一句口头禅：“把所有复杂的问题都分解成

‘1、2、3……’”

阅读本书，你会在极复杂的技术认知和极简单的阅读快乐之间“死去活来”。

一、关于数字化转型

早早地赶到办公室，坐在电脑前，准备为即将完稿的书写一篇自序。

放在桌上的手机“叮”的一声，弹出一条新闻：今天（5月17日）是世界电信日，今年电信日的主题是“在充满挑战的时代加速数字化转型”。

我笑了，这是电信日的主题，也是我即将完稿的这本书的主题，陆续看到的其他新闻是：

➢“中国移动高速推进5G建设，中国乡村与世界中心零距离”；

➢俄罗斯《侧面》周刊围绕6G技术乃至地缘政治的竞争已经展开；

➢美国《福布斯》杂志网站称“中国有望主导全球人工智能市场”；

➢中国电商先进理念引领全球——打破电商与社交网络壁垒形成“社交商业”；

➢德国媒体报道，五角大楼专家呼吁美国大规模投资人工智能武器；

➢德国《世界报》刊文“救命，地球越转越快了！有记录以来从未这么快”。

确实，看了这些新闻，我也觉得地球从没有转得这么快过！地球上的万事万物，要么跟上这个速度，要么被甩出地球。数字地球已经渐具雏形，数字地球具有更加迅猛的旋转速度，要想不被甩出数字地球之外，只有更快地转型。

企业数字化转型就是这个逻辑！

环顾四周——个人正在转型、家庭正在转型、企业正在转型、政府正在转型、国家正在转型、星球正在转型，本书所讨论的企业数字化转型，是整个数字化转型浪潮中的一朵浪花！只谈“企业”，不及其他，是本书的出发点和落脚点。

你不能不顺应历史的潮流，但又不能随波逐流，“弄潮儿向潮头立，手把红旗旗不湿”是本书的基本观点，也是本书要传递的“秘技”！

在我的书桌上摆着十几本关于数字化转型的图书，它们是我从电商平台上能找到的书名中带有“数字化转型”的全部图书（书名见参考文献）。

我认真地阅读这些著作，一边放任自己的思绪与这些作者的观点碰撞并产生共鸣，一边尽量避免写书时重复前人说过的“老话”，这种“负重式”阅读，让自己收获良多。

一个欣喜的现象是，我已经多次在参加会议时，看到有人在报告中引用本书中的观点，这些观点我以前在很多会议上讲到过，也发表过相关文章。

别人的引用，是对我最大的鼓励。哪怕不标明出处，我也怡然自得。因为传播本来就是语言的价值所在。

二、关于本书

曾听过著名的文哏相声大师苏文茂先生的一个相声，叫《苏批三国》。苏先生从容不迫，娓娓道来，整段相声妙趣横生，令人印象深刻。

其中有一个问题是，《三国演义》为什么叫“三国演义”，怎么不叫“四国演义”“五国演义”呢？答案是，《三国演义》这部书中带“三”的章回题目数多，故称“三国”。

本书讨论企业数字化转型，读者一定会发现这个特点——书中带“数字”的地方特别多，记住下面几个主要的数字，就等于把本书读得很薄了。

“一个定义”——企业数字化转型的极简单定义，只有26个字（26字诀）；

“四种模式”——企业数字化转型的四种模式；

“四步法规划”——企业数字化转型的规划四步完成；

“五步法”——企业数字化转型的实施、落地分五步推进；

“三定律”——企业数字化转型的三定律；

“五星成熟度”——企业数字化转型的成熟度分为五个级别；

“七步师”——企业开展数据治理简单、实用的作业步骤——七步可以为师矣；

“八仙过海”——实施企业数字化转型的技术操作指南——八仙过海、各显神通。

当然，还有第五种力、信息化发展六阶段、“三个一”工程等其他数字。抓住数字，就抓住了企业数字化转型的关键。企业数字化转型其实可以很简单。

本书内容分为四个部分：序篇、上篇、中篇、下篇，这里分别用一句话介绍四篇内容。

序篇是讲企业转型的发展演变历史。从工业革命的历史发展、技术变迁中观察各种各样的企业转型，时至今日，企业转型的主流是数字化转型。

上篇对企业数字化转型给出了明确的定义、划分了转型的类别，提出了转型规划、转型成熟度评估、转型风险等，是对企业数字化转型的全面认知。

中篇讨论技术，介绍企业数字化转型的技术基础。提供了系统化的转型工具，活学活用这些技术手段，企业数字化转型其实不难。

下篇是企业数字化转型案例。透过这些案例，可以加深对转型的理解，也可以照葫芦画瓢，开展自身的转型。

下篇中的首章比较详细地讨论了石化企业 IT 业务数字化转型的案例。我作为转型的践行者，深刻地认识到 IT 转型应该成为传统企业中所有业务条线中数字化转型的引领者，只有 IT 业务成功转型，才能为企业其他业务转型提供技术支撑，也才能通过树立转型样板，更好地传播转型理念，提升全员数字化意识，为企业转型打下坚实基础。

三、高速膨胀的数字宇宙

随着5G技术的落地，万物互联日益成为现实。我们已经习惯了的物理世界在数字化转型大潮中一点点崩塌，逐渐变身为数字世界。一个栩栩如生、活灵活现的“数字孪生”世界正在生成。在物理世界中靠人力艰难操作的一切事务，在数字世界里变得如游戏般轻松，移动鼠标、轻松点击或者摇动游戏棒，即可移山填海，亦可遥控无人机歼敌于千里之外。

2013年，互联网数据中心（Internet Data Center，IDC）发布《数字宇宙》研究报告，曾预测到2020年，数字宇宙规模将达到超出预期的40ZB[①]。

地球上所有海滩的沙粒加起来大约有700 500 000 000 000 000 000（七万零五亿亿）颗，40ZB相当于地球上所有海滩的沙粒数量加总后的57倍。

一个快速膨胀的数字宇宙正在云端迅速形成，而且数字宇宙的规模每两年翻一番。随着数字宇宙的基础设施进一步互联互通，近40%的信息将被云计算所“触及”。

（1）各国政府建设都在走向数字化

2019年10月，中国共产党第十九届四次会议通过的《中共中央关于坚持和完善中国特色社会主义制度，推进国家治理体系和治理能力现代化若干重大问题的决定》明确指出：建立健全运用互联网、大数据、人工智能等技术手段进行行政管理的制度规则。推进数字政府建设，加强数据有序共享，依法保护个人信息。数字政府建设被提上最高议程。

在北京举行的中国发展高层论坛2021年会上，就“全球数字治理新格局”的话题，清华大学国家治理研究院副院长张小劲表示，中国数字经济、数字社会和数字政府的“三元”互动，可以为未来的全球数字治理提供更多的启发和价值。

---

① ZB即Zettabyte，十万亿亿字节。

（2）军事数字化成为新的军备竞赛方式

人工智能催生的“军事事务变革”可以追溯到20世纪90年代，特别是1991年美国及其盟国击败伊拉克军队之后，专家们总结出一种新模式，即通过用传感器覆盖战场，全面收集数据，利用人工智能自动分析敌我双方复杂数据，制定出相应的战术选项，甚至可以进一步把敌方策略或指挥方式的数据、心理参数、文化因素、社会学因素或经济能力、过去的案例等数据结合在一起，快速分析并对战场形势做出预判。

人工智能提供了无与伦比的机会。通过快速智能分析，做出最佳决策，指挥其他自动化平台在空间和时间上开展军队和机器人的协同配合。智能机器能够以极快的速度传送指令，并进行识别、预测、决策或行动，与人类相比，计算机具有持续优势。算法处理数据的速度将决定某些任务的成败。

“人类决策过程完全消失的战争或完全由新技术驱动的快速战争将成为常态。”

西班牙先锋报网站，发表了法国国际关系研究所安全研究中心的一篇文章，题目是《未来士兵：控制一群机器人的“牧羊人”》。文章称，人工智能在军事领域已经有许多应用，将点燃被军事史学家称为“军事革命”的重大变革，推动军事架构及作战方式发生质变。未来的士兵可能是控制一群专业机器人的“牧羊人”。

（3）数字货币激起全球性角逐

美国经济学家、伦敦政策研究中心高级研究员戴维·戈德曼发表了一篇文章，题目是《数字人民币有可能打败美国》。文章写道：“历史学家们仍在就什么标志着罗马帝国的终结争论不休。一些未来的历史学家可能会选择2021年1月16日作为‘美利坚帝国’的死亡时刻。因为就在那一天，中国人民银行和环球银行金融电信协会（Society for Worldwide Interbank Financial Telecomm，SWIFT）成立了一家合资企业，以推动数字人民币在跨境支付中的使用。”

数字货币有望大幅降低国际贸易融资的交易成本，同时提高交易的安全性。国际清算银行2020年对全球65国的中央银行进行的一项调查显示，有86%的中央银行都将目光聚焦于数字货币，而其中已将数字货币推进至实证阶段的超过30家，还有几个国家正在进行试点。

2020年10月，日、美、欧7家中央银行和国际清算银行共同制定了央行数字货币（Central Bank Digital Currency，CBDC）的必要基本原则。同年10月，欧洲中央银行发布《数字欧元报告》，并启动针对数字欧元的公共咨询。欧洲中央银行内部已经成立研究数字货币的工作组，希望能在5年内推出数字欧元。

2020年1月，日本中央银行宣布与英国、加拿大、瑞士和欧洲中央银行及国际清算银行共同组建专门工作组，以研究发行中央银行货币。2020年2月，日本中央银行在其结算部门设立了中央银行数字货币研究小组，10月宣布将于2021年启动中央银行数字货币实证实验。

2020年7月31日，俄罗斯总统普京签署《数字金融资产和加密货币调解法》，批准自2021年1月1日起进行数字金融资产交易。俄罗斯中央银行行长表示，数字货币试点项目或在2021年底前启动。

（4）数字生活

我父亲明年就要90岁了，从国家干部岗位上离休，是个老式知识分子，床头总是堆满了书，他最大的爱好就是阅读大部头的古典名著，我常看到里面每隔几页就有折叠过的痕迹。

但是，这几年情况慢慢变了。今年“五一”回家，我发现他床头的书不见了，随时拿着手机，不停地刷新闻、刷视频，原来持续、悠长的阅读，变成了现在以秒、分钟为计算单位的碎片化阅读，原来漫长、舒缓的古典时光，变成了数字化的时光碎片，生命的光阴已经绵延成了数字化的海洋。

个人如此，家庭又何尝不是如此。

隔壁住的小夫妻已经很久没有动过厨房设施了，每天下班回来，预订好的外卖已经放在门口，两人一人一份，在小餐桌前相对而坐，一手拿筷子、一手持手机，一边吃外卖、一边刷小视频，遇到有趣的内容把手机递过去分享一下，真正达到了“食不言”的至高境界。数字世界，别有意味的浪漫温馨。

数字经济也在改变传统的“采菊东篱下”的乡村生活。

抖音、快手等逐渐成为农村用户的新式“朋友圈”，视频聊天、移动支付、网上买年货成为乡村新风尚，大量品牌店走入乡间村镇，越来越多的人选择离开城市，回乡创业，数字经济缩小了城乡差距，部分偏远地区群众通过直播带货走出贫困，更多人参与到了互联网经济当中。

每年7月、8月，随着旱季的来临，水草干枯，非洲坦桑尼亚塞伦盖蒂国家公园的角马都会展开一次长达3000千米的宏大迁徙，哪怕沿途要经过狮子、豹子的领地，穿越鳄鱼潜伏的马拉河，角马大军也义无反顾、一往无前，这样的场面震撼心灵！

尽管路途艰难、困难重重，但走过去就是水草丰美的“天堂”，而留下来只能抢夺残存的稀疏枯草。这和数字化转型何其相似！

作为企业，你转型了吗？作为个人，你转型了吗？你是不是塞伦盖蒂草原上最后一只角马？

四、野蛮生长的人工智能

数字之后，智能丛生。

云计算已经成为像供水、供电一样的基础设施，为世界提供无尽的计算能力、存储能力、网络能力。数字宇宙能够提供取之不尽、用之不竭的数据。无尽的算力+无尽的数据=无尽的智能。在通向无尽的机器智能的路上，人类将被一点点地取代，一点点、一点点……终至全部。

德国媒体列举2021年最具前景的17项技术，包括超级芯片、量子计算机走出实验室、卫星互联网应用、L3以上的自动驾驶上路、自动同声传译、3D打印成熟、黑客的爆发、减少现实等。每一种技术的落地，都可能颠覆一个行业，或者创造一个新行业。

信息技术的飞速发展打破了传统的时空限制，我们正在进入一个“人—机—物”“三元”融合的万物互联时代。

以芯片和元器件、计算能力、通信技术为核心的新一代信息技术正在突飞猛进，核心硅基芯片和元器件的制程工艺不断提高，处理速度越来越快，存储能力越来越强，能耗越来越低。目前，大规模应用的 7 纳米手机芯片集成了 69 亿个晶体管；5 纳米手机芯片可以集成 300 亿个晶体管，已经从 2020 年开始试生产；3 纳米芯片正在研发中。图形处理器、现场可编程门阵列、神经网络芯片等也在加速发展。

量子计算机的发展已经初露曙光。科技部 973 项目“量子通信与量子信息技术”首席科学家中国科学院院士郭光灿介绍：“量子计算机与传统计算机相比，犹如电脑与算盘。”“在信息时代，从某种意义上讲，量子计算的地位相当于原子弹。”

大国之间的竞争早已展开，虽然兵不血刃，但却处处硝烟。

2019 年 10 月，谷歌发布 Sycamore 量子计算机，声称 20 分钟破解某一加密算法。如果用传统计算机进行同样的计算，即使当时世界排名第一的超级计算机也要 1 万年。一年之后的 2020 年 12 月，中国科技大学宣布“九章”量子计算机研制成功，声称其计算能力是谷歌 Sycamore 的 100 亿倍。

如果你的对手实力超过你 50%，你可以坚忍不拔、浴血奋战；如果你的对手实力超过你 100%，你仍然可以卧薪尝胆、破釜沉舟；但如果你的对手的实力超过你“一万年”或者“100 亿倍”，又当如何？

人力有穷时，机器无极限！

人工智能取代人的进程早已开始。高德纳咨询公司认为，如果企业以自动化为目标重塑其业务流程，未来 5 年能够降低 30%的运营成本；麦肯锡咨询公司估计，仅在金融领域，现有的人工智能技术就能完成 27%的任务量。

早在 2013 年，麦肯锡咨询公司的一项研究就表明，通过分析消费者信用评级和提供金融建议等知识密集型任务实现自动化，可以消除高达 9 万亿美元的全球人工成本。用软件机器人可以使银行创建新账户的速度大幅提高，算法会按照人事部门的标准快速筛选求职简历；客服机器人能 24 小时回答关于疫情和航班取消的标准化问题。

今天我们所做的各种人工智能研究，就是找到越来越多的办法，从根本上降低人类参与工作的必要性！

2021 年 1 月 11 日，美国每日科学网站发表了一篇文章，题目为《理论计算机科学的新发现：我们将无法控制超级智能机器》。文章提到，构想一种理论遏制算法，在 AI 的行为有害时予以制止，但细致的分析结果显示，在我们目前的计算范式中，这种算法无法建立。

是的，人类也许已经无法遏制人工智能的发展。突如其来的新冠肺炎疫情是一个莫名其妙的契机。自世界卫生组织宣布新冠肺炎疫情大流行，大部分国家采取封控措施以来，企业不得不面对工作模式和领导方式的重大改变……这是很多文章的开头。

“事实上，新冠肺炎疫情成了企业数字化转型的加速器。”麦肯锡咨询公司高级合伙人埃里克·哈桑谈到，“未来 7~8 年，企业对数字设备和工作自动化的投资将会因新冠肺炎疫情以快得多的速度实现。企业将业务数字化的速度是原先预计的 20~25 倍。”

其实，新冠肺炎疫情不过是个偶然飞来的火星，亟待燃烧的“干柴”早已堆满这个星球的各个角落。人类已经在不知不觉间行走到了两个世界的交汇处，熟悉的世界就在脚下，但道路的尽头已经隐约可见。吸引我们眼球的新的数字世界正在不远处徐徐展开，转过去还是不转，这是一次决定命运的终极选择。

写作本书的这段时间，我思绪纷繁，千回百转，在光阴的夹缝和思维的乱麻中踟蹰。就像戴望舒笔下的那位女郎——撑着油纸伞，独自彷徨在悠长，悠长又寂寥的雨巷……

五、转型之后

本书提出的转型模式、转型方法及转型路径，在企业业务的各个层次上都能产生巨大的价值，发挥意想不到的指导或者引领作用。如果所有的企业家都看到了本书，我相信，所有的企业都会认真推进企业数字化转型。倘果真如此，我们将进入一个五彩斑斓、变幻莫测的数字世界。

在这个世界里，“智能”滋生，如春雨之后的竹笋、夏雨过后的蘑菇，各式各样的智能技术、智能系统、智能物件、智能机器……将替代我们的工作，劳动将成为必须通过资格考试才能获得的奢侈品，司机开车没有自动驾驶安全、教师教书没有机器人知识丰富、医生看病没有机器人精准，就连浇花也可能因为总把花“浇死”而被剥夺权利，大多数人将成为《人类简史》作者尤瓦尔·赫拉里所说的“无用阶层”。

转型之后，在数字宇宙中，也许人类真的将再无用武之地，数字化转型将成为人类的最后一项事业。

人类沿着惯性的方向滚滚向前，脚下的土地在扬起的轻尘中如一片沉寂的红海，蔚蓝色的数字世界海洋在远方云端轻轻荡漾，每一朵浪花都是一次召唤：来吧，转过来吧，走进去，你会融化在蓝海中。

数字化转型是一条翻滚向前的大河，世间万物的数字化进程都是汇入这条大河的涓滴溪流。溪流汇入大河，大河奔流到海，一切都是那么自然，“几于道！”——老子说：“上善若水，水善利万物而不争，处众人之所恶，故几于道。”

数字化转型之后是数字世界，数字世界之内是喷薄而出的人工智能，人工智能一点一滴地取代人类的工作，顺流而下、顺势而成，一切都是“顺其自然”。

回头望去，数字化转型的确可能是人类的最后一项事业。做好数字化转型，就像大诗人李白在白帝城登上的那一叶小舟，“两岸猿声啼不住，轻舟已过万重山”，无须助力，顺流而下，一泻千里。做好数字化转型，人类就登上了诗仙的小舟，小舟自行，人类只需要吟诗、赏景！

朋友从遥远的兰州寄来一盒子新鲜百合，下午收到，晚上就上了餐桌。坐在餐桌前，一边品尝脆甜的百合，一边思索关于数字化转型这一深邃、旷远的课题。

“你的思考有用吗？你说生产百合的公司如何转型？”坐在对面的小派派突然发问，她灵动的眼眸中仿佛都是问号。我思索片刻，答道：“智慧农业呀！”我虽然不熟悉，但也知道，在育种、播种、施肥、田间管理、产品管理与市场销售中，都可以采用数字化技术，通过传感器和物联网技术，可以知道土壤的酸碱性、肥力、墒情，从而实现自动化施肥、浇水、喷洒农药、采摘、包装，最终在电商渠道销售，甚至可以利用区块链技术，实现对每一棵百合的溯源。通过数字技术、平台技术、实时视频交互技术等，把农业转型成工业，甚至转型成服务业。

是啊，还有什么是不可以转型的吗？汹涌而至的第五种力，将捕获现实世界中的万事万物，并将之迁徙到数字世界。数字化转型第二定律告诉我们，一旦踏上转型之旅，后面的路就已经注定！

望着窗外鳞次栉比的楼宇房舍，在夕阳下，我仿佛看到了《黑客帝国》中那个著名的镜头，一排排数码如雨水般流淌，数码背后是电脑中的数字世界，而我们不过是脑后插着连线的肉体，我们看到的和感知到的一切，不过是通过连线传递给我们的数字。

愿数字化转型之后，就是人类的天堂。

六、致谢

认真写过书的人都说写书是一项有遗憾的事业。的确，一本书无论写多久、写多少，总会觉得还有更多、更好的没有写出来，总是留有遗憾。

对我而言，还有另外一种遗憾，就是应该感谢的人总是写不完。首先要感谢中国石化集团公司王子宗副总工程师，是他大力推进集团公司数字化转型，大力倡导IT新模式，中石化的IT转型才得以落地；我的同事们——中石化信息部的张朝俊和景帅副总经理、宫向阳高级专家以及肖波、蒋楠、孙丽华、赵学良、任嵬、吴建军、王永耀、许基、刘远等各处室负责同志，都对IT新模式的具体执行付出了无数的努力和艰辛，与他们的交流、讨论乃至争论，都对本书不少观点的形成大有裨益。综合室牛颖琦帮助做了很多文字整理工作。平时不好意思开口的感激之情，在这里一并表示：谢谢你们！

还有总部其他职能部门、事业部的领导和专家们，专业公司、分子公司的领导和专家们——油田部的蔡勋育首席专家、范智慧高级专家；

炼化板块的王立东、杨峰、李锁山副总经理，贺宗江高级专家，谭杰经理；分子公司的牛栓文、路保平、冯志强、熊晓阳、杨耀忠、肖莉、储祥萍、高文清、何红魁等。

领导、专家、同事、朋友很多很多，无法尽列，都对我的工作和本书的形成提供了很多启示和帮助，“三人行，必有我师焉”，凡看到此书者，请和大家一起领受我真诚的感谢！

中国石化集团公司的领导，以及国资委、工信部很多领导的讲话、批示以及上级文件，都是我的思想营养和行动指南；书中不少图片乃至文字来自互联网（百度、微信、知乎等）中万能的网友们，这里不便写、不能写或者不知你们的名字，但如果您偶然读到此书，请一定接受我发自内心的感激。

还有身边的很多同事、朋友、家人以及本书的编辑朋友们，有时候你们的一句话、一个调侃、一份感慨，都可能触发我写作的灵感，在我感觉思路枯竭、艰难挣扎的时候，你们不经意的鼓励、含蓄的鞭策，都可能让我灵光乍现、文思泉涌，本书的完成有你们的功劳，谢谢你们！

李剑峰

2021 年 5 月 17 日

于北京朝阳门

目录
CONTENTS

序篇

企业转型的前世今生

1 转型往事
2 从信息化到数字化
3 数字经济的蓝海
4 企业数字化转型的根本动力

【2分钟快读】

企业作为社会经济的核心组成部分，从诞生之日起就处在不断的“转型”之中。政权在更迭、文化在变迁、技术在发展、人类需求也在发生变化，企业作为一个通过为社会提供服务谋取自身价值的经济组织，必须随时随地调整自身的发展方式和发展路径。

推动工业革命的底层动力是技术，每一个新技术的创新和投用，都会带来一股经济浪涌。工业革命巨人的抬足和落下，都会造成无数企业的灰飞烟灭或破茧重生。在这个过程中，如何做到顺应潮流而不是“逆历史潮流而动”，如何争得先机、拔得头筹，就需要审时度势、鉴古喻今，就需要一套方法论的科学指导。

而今，我们正站在第四次工业革命的风口浪尖上，正在经历的复杂的局面，我们的先辈在第一次工业革命、第二次工业革命或者是第三次工业革命中都已经经历过，他们折戟沉沙的教训、惊险过关的遭遇，抑或一帆风顺的经验，都值得我们认真总结和借鉴。

转型的复杂性在于每一个转型关头，总是面临无数条可选的道路，此时的关键在于把握“主流”。明代理学家朱熹有一首小诗《行舟》：

昨夜江边春水生，艨艟巨舰一毛轻。

向来枉费推移力，此日中流自在行。

“主流”就是朱熹诗中的“中流”，就是雷军提到的“风口”——“找准风口，猪也能飞起来”。找到主流的企业和没有找到主流的企业，虽然同样处于转型发展中，但很快就会拉大差距，高下立判，紧接着就是生死殊途。

这个时代是数字经济时代，转型的主流就是数字化转型！本篇告诉你：转型寻常事，从来多发生，历史大趋势，数字居正中。

是为序篇。

转型往事

历史的长河奔涌向前！

人类文明数千年的发展历史，战祸连绵、灾难频仍、朝代更替，由政治和文化为主体汇集而成的史书汗牛充栋，阅读起来波澜壮阔，但从生产力发展水平来看，一直是波澜不惊，就像长河入平原，尽管曲折回绕，但一直在差不多的高度上流淌。这种情况一直持续，直至第一次工业革命爆发，人类的发展翻开了波澜壮阔的新篇章，四次工业革命高潮迭起，把人类社会推上了智能化的新高度。

我们谈论工业革命，是因为革命虽然变革了整个社会，但承担变革的核心经济单元就是企业，企业通过一次次的变革、转型、改革、重组、转换等，构成了经济大河汹涌向前的底层潜流，推动经济社会的巨舰破浪向前。

因此，我们说一次次的工业革命掀起了企业转型的大潮，也可以说，通过企业转型完成了工业革命。

每一次工业革命的大潮袭来，遭受冲击最大的是各类企业组织。人类经济的大河遭遇急转弯，作为经济主体的企业如何应对才能避免灭顶之灾，才能在危急关头化危为机，考验着每一个企业的生存智慧，这就是转型。

阅读工业往事，就是阅读企业转型的历史。

以史为鉴，可以知兴替。

1.1　工业革命与企业转型

工业革命是人类社会经济发展的主线，也是企业这种经济组织兴起、发展、转型、消亡的演化线路。观察工业革命的潮起潮落，就是观看在工业革命的潮水中一个个企业或乘风破浪，或沉没消亡，或扬帆远航转型发展的生动的、活的悲喜剧。

人类社会已经经历了三次工业革命，正处在第四次工业革命的洪流中（如图1-1-1所示）。

图1-1-1　人类历史上的四次工业革命

（1）第一次工业革命

第一次工业革命也被称为工业1.0，爆发在18世纪60年代至19世纪40年代（大概是1760年至1840年）。

在这场革命中，人类的生产方式发生重大转变，出现了以机器取代人力或兽力的趋势。由于机器开始被广泛使用，历史上将这个时代称为“机器时代”。

工业革命这场巨大变革与1万年前的农业革命一样，使社会发生了巨大变革，人类因此进入了崭新的“蒸汽时代”。

1712年，英国工程师汤玛斯·纽科门发明了第一台蒸汽机，它主要用于煤矿开采，从矿井中抽出水，这使得矿工能够进一步挖掘煤炭。但是由于早期的蒸汽机效率极其低下，需要耗费大量的煤才能获取较少的机械能输出，所以并没有获得太多关注和应用。

1776 年，英国机械工程师詹姆斯·瓦特在纽科门蒸汽机的基础上改良并制造了圆周式蒸汽机，效率大大提高。瓦特改进的蒸汽机采用蒸汽膨胀做功，而不是纽科门蒸汽机的真空活塞做功，因此机械能输出效率比纽科门蒸汽机效率高十几倍。

在瓦特改良蒸汽机之前，整个生产所需动力依靠人力、畜力、水力和风力。伴随蒸汽机的发明和改进，工厂不再依河或溪流而建，很多以前依赖人力与手工完成的工作，被机械化生产取代。

1785 年，瓦特制成的改良型蒸汽机投入使用，提供了更加便利的动力，推动了机器的普及和发展。人类社会由此进入了“蒸汽时代”，从而开创了以机器代替人工的工业浪潮。第一次工业革命使用的机器都是以蒸汽或者水力作为动力驱动的，首次用机器代替人工，具有划时代的意义（如图 1-1-2 所示）。

图 1-1-2　欧洲的早期蒸汽船

1814 年，在英国康沃尔郡的煤矿区，由英国工程师史蒂芬孙研发的蒸汽机车正式开始了煤炭运输，这被证明是一项十分成功的发明。到 1825 年，英国达文顿开通了第一列由蒸汽机车牵引的客运列车，虽然时速只有 41 千米/时，但是各国看到这个发出隆隆巨响的“钢铁怪物”，不但没有疑惑和畏惧，反而争相开始部署和研发自己的火车线路。

美国人当然没有放弃这个崛起的机会，为了更好地适应本国的工业生产，美国改进了史蒂芬孙的蒸汽机车，加宽了轨道间距并减轻了上层重量。通过使用效率更高的锅炉，美国直接提升了自身的工业化水平。深厚的工业储备为美国在第二次工业革命中的领军地位打下了基础。

工业革命的进行和工业化的推进，使得资本家的资本快速积累，工人并没有得到想象中的解放，反而被资本家变本加厉地压榨剩余价值。无产阶级和资本家之间的矛盾、冲突加剧，为之后马克思主义的提出和无产阶级政权的诞生埋下了伏笔——不仅是科技方面的进步，世界的政治格局也在发生翻天覆地的变革。

工业革命不仅是工业的革命，也是社会与政治层面的革命：它不仅改变了欧洲，也改变了世界。

卡尔·马克思，人类历史上最伟大的思想家，通过对欧洲工业革命浪潮下的资本家和工人处境的思考，提出了马克思主义，彻底改变了世界。

英国率先完成了第一次工业革命，综合国力位居世界第一，在世界各地建立起自己的殖民体系。

1840 年，英国工业生产总额占世界工业生产总额的 47%（当今中国与世界的比值是 30%），商品出口总额占世界商品出口总额的 21%，是名副其实的“世界工厂”。同时，英国舰船吨位位居世界第一，正所谓“国家利益所至，舰艇航迹必达”。英国殖民地数量众多，分布广泛，横跨地球经纬，是继西班牙之后新的“日不落帝国”。

法拉第在第一次工业革命后期揭开了第二次工业革命的序幕，他发明的“法拉第圆盘”是电气时代最初的起源机器。

1866 年，德国物理学家维尔纳·冯·西门子研发了第一台真正意义上的发电机，国际单位制中导纳的单位“西门子”正是因纪念他而得名。西门子研发的发电机可产生稳定的直流电压和电流，真正开启了“电气时代”，也从真正意义上开启了第二次工业革命。

（2）第二次工业革命

第二次工业革命也被称为工业 2.0，发生在 19 世纪 70 年代至 20 世纪初（大概是 1870 年到 1900 年）。

在第一次工业革命中，使用蒸汽和水力的机器满足不了人类社会高速发展的需求，新的能源动力和机器引导了第二次工业革命的发生。得益于内燃机的发明和电的应用，电器得到了广泛使用，此时的机器有着足够的动力，汽车、轮船、飞机等交通工具得到了飞速发展，机器的功能也变得更加多样化。由于电话机的发展，人们之间的通信变得简单、快捷，信息在人们之间的传播为第三次工业革命的爆发奠定了基础。

19 世纪六七十年代出现了一系列重大发明。

1866 年，德国人西门子制成了发电机；到 70 年代，发电机问世。电器开始代替机器，成为补充和取代以蒸汽机为动力的新能源。随后，电灯、电车、电影放映机相继问世，人类进入“电气时代”（如图 1-1-3 所示）。

图 1-1-3　电力的投用使得传统的制绳工厂必须重建

科学技术应用于工业生产的另一项重大成就是内燃机的创新和使用。

19 世纪七八十年代，以煤气和汽油为燃料的内燃机相继诞生，90 年代柴油机创制成功。内燃机的发明解决了交通工具的发动机问题。早在 80 年代，德国人卡尔·弗里特立奇·本茨等人成功地制造出由内燃机驱动的汽车，内燃汽车、远洋轮船、飞机等也得到了迅速发展。内燃机的发明，推动了石油开采业的发展和石油化工工业的生产。1870 年，全世界生产大约 80 万吨石油，而 1900 年石油年生产量猛增到了 2000 万吨。

科学技术的进步也带动了电信事业的发展。

19 世纪 70 年代，美国人贝尔发明了电话。90 年代，意大利人马可尼试验无线电报取得成功，为快速传递信息提供了便利。世界各国的经济、政治和文化联系进一步加强。19 世纪七八十年代，三轮汽车、四轮汽车、电灯、自动电报记录机、电话、电影放映机等相继出现。

（3）第三次工业革命

第三次工业革命也被称为工业 3.0，发生在 20 世纪中期到 21 世纪的第一个十年，以自动化和信息化为主要标志。

第三次工业革命相对于第二次工业革命发生了更加巨大的变化，不再局限于简单机械，原子能、航天技术、电子计算机、人工材料、遗传工程等具有高度科技含量的产品和技术得到了日新月异的发展。以互联网为核心的信息技术的发展和应用几乎把地球上的每个人都联系了起来，工业生产中出现了各种各样的机器人。人类在这个时代的“野心”不再局限于目光所及的地球，而是放眼于星辰大海，并且在航天技术的高速发展下得到了实现。

1957 年，苏联发射了世界上第一颗人造地球卫星，开创了空间技术发展的新纪元。

1958 年，美国发射了人造地球卫星。

1959 年，苏联发射的“月球”2 号卫星成为最先把物体送上月球的卫星。

1961 年，苏联宇航员加加林乘坐飞船率先进入太空。

1969 年，美国人尼尔·阿姆斯特朗实现了人类登月的梦想。自 20 世纪 70 年代以来，空间活动由近地空间为主转向探索整个太阳系。

1970 年，中国发射第一颗人造卫星，中国宇航空间技术迅速发展，现已跻身世界宇航大国之列。

1981 年，美国第一架可以连续使用的哥伦比亚号航天飞机试飞成功，并于 2 天后安全降落。它身兼火箭、飞船、飞机的特性，是宇航事业的重大突破（如图 1–1–4 所示）。

图 1–1–4　美国哥伦比亚号航天飞机

原子能技术的迅猛发展，改变了国际政治和军事格局。

1945 年，美国成功试制原子弹。

1954 年，苏联建成第一个原子能电站。

最具时代特色，影响最为深远的是电子计算机技术的利用和发展。计算机已经成为这个时代的典型标志。

1946 年，诞生第一代计算机——电子管计算机。

世界上第一台电子计算机 ENIAC，于 1946 年 2 月 14 日在美国宾夕法尼亚大学诞生，是美国人莫克利（JohnW. Mauchly）和艾克特（J. Presper-Eckert）发明的，它是个庞然大物，用了 18000 个电子管，占地 150 平方米，足有两间房子大，重达 30 吨，耗电功率约 150 千瓦，每秒可进行 5000 次运算，如图 1-1-5 所示。

图 1-1-5　世界上第一台计算机 ENIAC

由于它使用的电子管体积很大，耗电量大，易发热，因而工作时间不能太长。它使用机器语言，没有系统软件；采用磁鼓、小磁芯作为储存器，存储空间有限；输入/输出设备简单，采用穿孔纸带或卡片。它主要用于科学计算，当时美国国防部用它来进行弹道计算。

1959 年，诞生第二代计算机——晶体管计算机。

这个时期，计算机软件有了较大发展，出现了 Fortran、Cobol 等计算机高级语言，并采用了监控程序，这是操作系统的雏形。第二代计算机运算速度快，提高了操纵系统适应性，应用领域扩大。

1964 年，诞生第三代计算机——集成电路计算机。

集成电路可在几平方毫米的单晶硅片上集成十几个甚至上百个电子元件。第三代计算机开始采用中小规模集成电路元件，这一代计算机与上一代相比，体积更小，耗电更少，功能更强，寿命更长，应用领域扩大，所以性能比上一代计算机有了很大提高。

1971 年，诞生第四代计算机——大规模集成电路计算机。

第四代计算机采用了大规模和超大规模集成电路逻辑元件，体积与第三代相比进一步缩小，可靠性更高，寿命更长。同时，运算速度加快，每秒可达几千万次到几十亿次。在这个时期，系统软件和应用软件获得了巨大发展，软件配置丰富，程序设计部分自动化；计算机网络技术、多媒体技术、分布式处理技术有了很大发展，微型计算机大量进入家庭，产品更新速度加快；计算机在办公自动化、数据库管理、图像处理、语言识别和专家系统等各个领域得到应用，电子商务也开始进入家庭，出现了个人电脑。自此，计算机的发展进入了一个新的历史时期。

计算机在人类社会发展中的作用是颠覆性的，特别是随着芯片集成度的不断提升，计算能力小型化并且融入人类生产、生活的各个方面，伴随互联网、移动应用普及，整个社会的生产组织模式和个体生活方式都发生了根本性变化，信息时代的到来比以往任何一次工业革命都更彻底、更全面地重塑着整个社会。

从工业 1.0 到工业 3.0，人类经过了两个多世纪的努力，取得了远超过去数千年的发展成就。无论是社会经济实力、科学技术发展，还是生产力发展水平都达到了前所未有的新高度。

工业 1.0 在英国发端，影响主要集中在英国，以工匠的技艺提升、工具改进为主要形态，科学技术发展水平还处于较低阶段。工业 1.0 的显著标志是蒸汽机的发明和使用。工业 1.0 之前的企业组织发展水平较低，以人力和手工作业为主要方式，当工业 1.0 来临时，蒸汽动力取代人力、机械取代手工成为企业转型的主要形式。工作动力及工作方式的变化，带动企业组织围绕新的机械进行重组，企业组织方式从传统的手工作坊式向现代企业迈进。

工业 2.0 在德国发端，发展影响范围扩大到美国、英国以及欧洲等主要发达国家和地区。这一阶段的发展以科学技术上的发明创造为龙头，通过科学技术的应用带动新兴产业发展。科学技术的发明创造作为推动人类社会发展的核心力量，正式登上历史舞台。重视教育、发展科学、保护知识产权等意识开始得到普及。工业 2.0 的显著标志是电力的发展和应用。

工业 3.0 的发展中心在美国，这一次的工业革命不再是以单一技术的突破为牵引，而是科学技术发明创造的全面爆发。工业门类日趋多样，影响范围也进一步扩大到世界大部分国家和地区。特别是信息网络技术的发展，打破了传统的时空局限，信息网络把全球链接为一个地球村，普惠经济、共享发展在更大的范围内成为可能。

从工业 1.0 到工业 3.0 的发展演化，无数企业在其中扮演着重要角色，它们既是发展的推动者，也是变化的承载者。如果能够顺应技术发展的每一次飞跃，企业就能够跨过“险滩”，平稳向前；如果不能及时跟随技术“转型”，无数企业就会“陨落”在新时代降临的前夜。研究工业革命的发展史，就是研究企业转型规律，“以史为鉴可以知兴替”。

1.2　工业 4.0 的企业转型

第四次工业革命即工业 4.0，以 2013 年德国汉诺威博览会为标志。第四次工业革命是以人工智能、物联网、虚拟现实、量子信息技术、石墨烯、可控核聚变、清洁能源以及生物技术为标志的工业革命。

如今，我们已经进入这个时代，人类在这个阶段将要完成的任务就是工厂智能化，也就是一场“绿色革命”。各个国家都在发力，希望自己能在科技竞争中占据领先位置。这种竞争力最终会转化为科技成果，对于人类的进步是极大的利好。

自 20 世纪 80 年代初以来，世界发达国家掀起了一股“再工业化”浪潮。为了应对 21 世纪全球化的挑战，巩固德国制造业的传统优势，增强德国工业的竞争力，2006 年，德国政府便着手制定“德国高技术战略”，2010 年 7 月，德国政府正式发布了《德国高技术战略 2020》。在 2011 年 4 月举办的汉诺威国际工业博览会上，以德国人工智能研究中心董事兼行政总裁沃尔夫冈·瓦尔斯特尔为代表的德国企业界首次提出了工业 4.0 的概念，探讨在制造业领域通过广泛应用物及服务互联网（Internet of Things and Services）以提升德国制造业的竞争力。2011 年 11 月，德国政府特别提出把德国工业 4.0 作为《德国高技术战略 2020》的重心（十大未来发展项目之一），即支持工业领域中制造技术的革命性研发和创新，从而将德国工业 4.0 上升成为德国国家战略。在 2013 年 4 月举办的汉诺威国际工业博览会上，德国联邦教育与研究部工业 4.0 工作组正式推出《保障德国制造业的未来：德国工业 4.0 战略实施建议》（以下简称《实施建议》）。2013 年 12 月，德国电气电子和信息技术协会发表了《德国工业 4.0 标准化路线图》。

第四次工业革命的演进时间比较模糊，2010 年 7 月，德国政府通过了《德国高技术战略 2020》，把工业 4.0 确定为十大未来发展项目之一。时至今日，第四次工业革命的成就并没有覆盖第三次工业革命，我们仍然处于第三次工业革命到第四次工业革命的过渡期。

在《德国高技术战略 2020》中，德国政府希望在未来 10～15 年里，最大限度地实现生产自动化。物联网技术和大数据在第四次工业革命中作为核心技术支撑，越来越多的机器人会代替人工，甚至是完全替代，实现“无人工厂”。虽然第四次工业革命对人工的解放做到了极致，但是有关高度智能的机器人在具有“思维”后会对人类产生不利企图的担忧也随之而来。

工业 4.0 的建设还在路上，但是它已经不局限于德国工业 4.0 的理念，而是成为一个新的工业时代的代称，其中融合了最新的理念、最新的技术——智能工厂、智能生产、人工智能技术、人机交互、3D 技术、物联网、资源整合、移动互联网、数字化制造、大数据革命、机器自组织、数据驱动、工业互联网……这些理念和技术所代表的方向，就是企业转型发展的方向。

1.3 企业转型——从自然到自觉

我们正处在第四次工业革命的出发点，世界各国重装上阵，千帆竞发，各国政府、企业乃至整个社会都在谈论第四次工业革命，都在谈论企业数字化转型，这种自觉的革命行为，在前几次工业革命中是不曾出现的。

人类是个善于总结的物种，不断地反思过往，总结经验，汲取教训，使人类成为万物之灵。

在落后的狩猎时代，猎人和猎物基本处于“猎和被猎”的对等地位，猎人成为猎人的概率和成为猎物的概率差不多。当人类开始认真思考“打猎”这种行为时，情况立刻发生了根本性变化，狩猎活动从无意识的“游猎”上升到有意识的“狩猎”，人们对狩猎的认识得到深化，投放诱饵、布设陷阱、准备武器、组织埋伏、围追堵截等“狩猎”关键要素成为狩猎团队的“关键知识”。自然的行为和自觉的行为、有意识的行为和无意识的行为，是人类将自己从动物界分离出来的重要标志。

企业数字化转型就面临着这样一种状况。很多人把企业数字化转型等同于这个时代的数字化转型大趋势，把企业数字化转型这种有意识的企业行为，等同于企业处在数字化时代顺流而下的自然行为。

就像前面提到的狩猎活动一样，大家都要去狩猎才能活下去，但作为部落首领，不能简单地看别的部落三三两两的猎人手持大刀、长矛去狩猎，你也有样学样，这样简单跟从的结果可能是别的部落抬回来的是猎物，你自己的部落抬回来的是狩猎成员的尸体。所以，重要的差别就是对“狩猎”活动的深刻认识和精心设计。

很多企业的数字化转型都处在“游猎”的危险境地中。

历史的长河奔腾向前，人类社会的巨轮顺流而下。我们可以把各个国家、企业乃至个人看作一艘艘规模不等、大小不一的航船，有的浑浑噩噩顺流而下，离开了主流，甚至滞留在岸边浅滩而不自知；有的对历史趋势有清醒的认识，能够有意识地分辨大势，认清主流，从而顺风顺水。

企业转型是一个比较宽泛的称谓，一般是指企业长期经营方向、运营模式及其相应的组织方式、资源配置方式的整体性转变，是企业重塑竞争优势，提升社会价值，达到新的企业形态的过程。经常能见到的近似词汇有“转型”“转制”“转轨”“转行”“战略转换”等。往往是自身竞争能力降低、竞争优势衰退、利润降低和营业额下降等状况的发生，促使企业通过变革提升企业在产业内的竞争生存能力；或者由于企业所处行业的衰退、市场转移、企业发展前景黯淡，迫使企业不得不主动或者被动地采取产业转移战略，寻求新的经济增长点，使企业获得新的生机。

《哈佛商业评论》描述了三种类型的转型：一是运营转型，即改变运营方式，以使运营更好、更快或更便宜；二是核心转型，即转向根本不同的运作方式；三是战略性转型，即将公司的本质转向新的关注领域。《哈佛商业评论》在2018年初对132位高管进行的一项调查中显示，有80%的人表示他们正在经历业务转型。企业转型已经成为当下最热门的话题。

从历史来看，企业在激烈的市场竞争中生存发展，根据自身状况和市场趋势不断调整自己的发展方向，是其生存发展的常态。因此，可以说从历史上有企业那一天起，不管有没有转型这个概念，企业转型这种现象都一直存在。在波澜不惊的日常状态下，企业的转型调整可能是方向的微调，也可能只发生在市场的局部，还可能只是个别企业的行为，但是，在遭遇巨大产业变革的时期，企业的转型就成为多数企业的共同行为，从而形成一种潮流。

18世纪中后期，第一次工业革命爆发，机器开始大范围取代手工劳动，欧洲大量的手工纺织工厂面临巨大的转型发展压力——放弃已有的巨大优势，重建厂房、安装机器、解雇劳工，不如此就会逐渐丧失竞争力。这是历史的潮流，单个企业或者某个行业都没有主动选择，只能被动接受。所以，要么转型生存，要么遭遇淘汰。

19世纪中期，以电力发明为标志的第二次工业革命爆发，选择再次摆在每一个企业，甚至每一个国家面前。内燃机的发明解决了交通工具的发动机问题——小汽车出现了。袁世凯曾经把小汽车送进大清帝国的紫禁城，慈禧太后试坐时，发现司机坐在前面开车，与她平起平坐，这让至高无上的慈禧太后勃然大怒。从此以后，慈禧太后就不坐汽车了，还是回归坐轿子了，汽车被永远封存。这件事情不但成了外国人的笑柄，也让大清帝国错过了“转型发展”的一次重大机遇，如图1-1-6所示。

图 1-1-6　慈禧太后的司机跪着开车（影视剧照）

类似的事情也发生在大英帝国。汽车被发明后，它的生产企业和当时的主流交通工具马车的生产企业发生了剧烈冲突。英国女王签署了《机动车法案》，其中规定，每一辆在道路上行驶的机动车，必须由 3 个人驾驶，其中一个必须在车前面 50 米以外做引导，还要用红旗不断摇动为机动车开道，并且速度不能超过 4 英里/时（6.4 千米/时），这就是广为后人嘲笑的“红旗法案”，如图 1-1-7 所示。但这一妥协政策也算是迈出了转型的半步，给英国汽车工业预留了发展空间。

图 1-1-7　英国《机动车法案》被后人嘲笑为“红旗法案”

历史是一面镜子，作为历史的看客，我们会嘲笑前人在面临转型选择时的犹疑和挣扎，而今，我们自己深陷数字化革命大潮，徘徊和选择的痛苦正折磨着每一位企业家。2018 年 9 月 26 日，时任中国海洋石油公司董事长的杨华写了一封公开信，信的第一句话就是："最近我常常感受到一种焦灼，数字技术正在依照库兹韦尔定律按指数规模爆炸，海啸般颠覆着很多边界与规则。"毫无疑问，这种"焦灼"18 世纪的纺织企业家经历过，19 世纪的马车企业家经历过，而今我们不过是在"重复先辈的经历"。转型发展是一种没有选择的选择。

从技术的角度来看，转型的方式绝不止数字化转型一种，而是多种多样的——合并和收购、发展方向调整、组织变革、技术变革等，各种成功转型的案例不胜枚举。

著名的苹果公司，在 20 世纪 90 年代初陷入困境之际，召回了被放逐的创始人史蒂夫·乔布斯，随后在史蒂夫的领导下改变了发展方向，专注于创造时尚的消费品，推出了风靡世界的 iPhone、iPod、iPad 等一系列时尚产品，这个战略转型获得了巨大的成功。

日本富士胶片曾经是与美国柯达胶卷并称于世的"胶片双雄"，数码相机兴起后遭遇毁灭性打击。但富士胶片凭借在胶片领域积累的技术、运营和市场经验，大胆跨界转型，大举进军医疗和生命科学领域。2008 年，富士胶片以 1300 亿日元收购日本富山化学，标志着富士胶片正式转型到医学领域，紧接着就对日本唯一的再生医疗公司 Tissue Engineering（J-TEC）注资。2011 年，富士胶片收购美国默克公司的两个子公司——英国 MSD Biologics 公司和美国 Diosynth RTP 公司，直接跨入分子生物医药领域。2014 年，富士胶片以 243.6 亿美元的营业收入闯入世界 500 强，而富士胶片当年的竞争对手柯达胶卷早在 2012 年就因未能成功转型而申请破产。准确定位、果断出手，使曾经显赫一时的富士胶片闯过"险滩"，成为通过并购、融资等金融手段跨界转型的成功者。

尽管各种各样的转型都不乏成功案例，但从当今世界技术、经济发展的大势来看，数字经济已经逐渐成当今世界最活跃的经济形式，数字技术驱动的第四次工业革命已经轰然降临，向数字世界的迁移趋势已经日渐成为全人类的共识。就像富士胶片可以通过金融手段实现成功转型一样，众多的转型方式可供自身状况各不相同的公司选择，但数字化转型无疑是这个时代的主流。

当今中国企业向何处转型？当然要看准主流、顺水行舟，轻舟快行才是最佳选择。

观察中国经济发展的潮流可以从半殖民地的旧中国看起，那时的民族企业在帝国主义列强的压榨下艰难求生。中华人民共和国成立以后，经济环境发生了天翻地覆的变化，从公私合营、土地改革起步建设社会主义经济，这是第一步；改革开放时期，企业经营环境为之一变，现代企业制度开始萌芽，这是第二步，而且是很大的一步；第三步是加入 WTO，中国经济与世界经济开始全面接轨。迈过三大步，中国企业已经和世界企业站在了同一条起跑线上。当新世纪来临时，已经准备好的中国企业同世界一道进入了互联网经济的蓝海，这一轮变革诞生了阿里巴巴、华为等一系列世界级企业。接下来，在新世纪的第一个十年中，智能化时代来临，数字化大潮汹涌澎湃，这就是当前我们的企业面临的大环境。数据走遍天下，环球同此凉热。

站在未来看现在（这是笔者一直在宣扬的一种思维方式），就像我们现在观察第一次、第二次工业革命一样。变革的洪流浩浩荡荡，但主流清晰可见，那就是数字化，这也是为什么数字化转型成为当前企业界讨论的最热门的话题。

总而言之，企业转型不是什么新概念，企业转型的模式多种多样，企业自身状况各不相同，未来的道路选择也多种多样，这种多样性还将继续存在下去。从时代发展的潮流来看，数字化转型无疑是这个时代的主流。

2 从信息化到数字化

2.1 极简的企业信息化史

企业信息化可以理解为将信息技术用于企业管理和组织生产的过程，从这个角度来看，从信息技术诞生的那一天起，信息化就已经开始了，就像在安静的池塘投下的一粒石子，涟漪一圈圈扩展开来，影响的深度和广度都越来越大。随着信息技术的“石子”不断被投入，信息化的影响也日益深入人心，信息化时代逐渐被人们所接受。

企业信息化是企业经营者有意识地引进和推广使用信息技术的过程，也是信息化和工业化“两化”融合的过程。可以从以下六个层面看信息化春风化雨、润物无声地融入企业并普及、深化的过程。

（1）起步

企业信息化大多从办公自动化开始，最早是用电脑加打印机取代传统打字机，后来开始无纸化办公，降低办公费用，提高公文流转速度，进而提升办公效率，这个是推行最快、接受程度最高的信息化。如今无纸化办公、无纸化会议已经成为很多企业的“标准配置”。

（2）进步

再进一步就是所谓的“会计电算化”，让会计人员从堆积如山的票据和账、表、册中解脱出来，降低劳动强度、错误率、会计成本，提高会计效率等，财会部门的信息化是效益最显著的信息化，企业的财会部门往往是推动信息化最有力的部门。

（3）漫步

第三个层面的信息化建设是信息基础设施的建成和使用，特别是企业内联网（Intranet）、企业门户和网站群、邮件系统、视频会议系统的建设。不少大型企业都建设了自有的“计算中心”和异地容灾中心。

上述三个层面的信息化工作一般在20世纪八九十年代已经完成，其意义也非常重大：一是让很多企业领导层和管理层认识到信息化的好处，加大了决策层推进信息化的决心和信心；二是信息化基础设施的建设和投用，提高了企业整体层面对信息化的认识，信息化意识普遍提升；三是在这个过程中，很多企业都建立了自己的信息化人才队伍。这三个方面的重要意义，为信息化进一步发展奠定了基础。

（4）齐步

第四个层面的信息化建设是企业的企业资源计划（Enterprise Resource Planning，ERP）系统建设，这是一个质的飞跃。国内大多数企业是在21世纪初开始ERP建设的，它裹挟着企业物流、资金流、信息流“三流合一”的先进管理理念和成熟的产品套件，如一阵旋风，在大型企业特别是国有企业内部迅速普及，大多数企业选用的是思爱普（SAP）的ERP系统，一时间洛阳纸贵，围绕SAP的ERP产品的咨询公司、建设服务公司生意火爆，如图1-2-1所示。

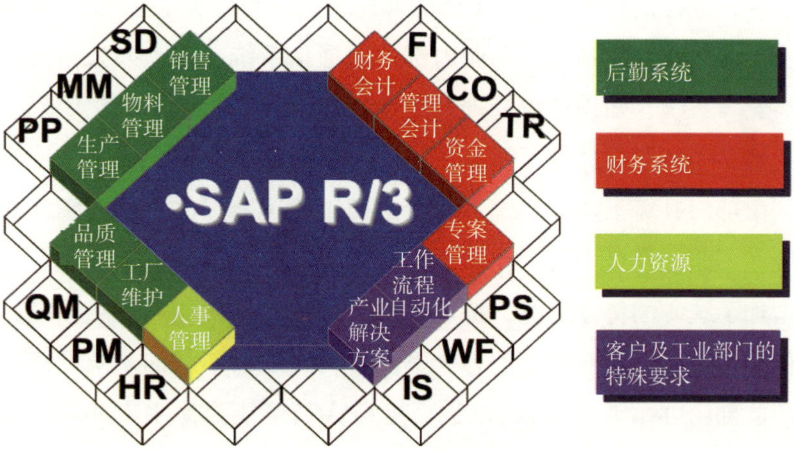

图1-2-1　SAP公司的ERP系统

审视中国企业的 ERP 系统建设和应用过程，有很多经验教训值得讨论。第一个要点就是所谓的企业管理的国际先进理念与中国企业管理文化的冲突。引进国外 ERP 系统的一个重要理由就是国外的产品中包含国际先进的管理理念，但在产品落地实施时，还要依据国内企业的管理现状“修改”原产品的功能设计，修改后的产品适合国内管理需求，而所谓的先进管理理念还剩下多少值得深思。削足适履固然不可取，但为了矫正“足”上的缺陷而购买的新“履”，不正是我们想要的吗？第二个要点是“三流合一”的理念在不少企业并没有实现，不少企业只是在“财务、物资、生产”三个部门中的一个或两个部门建设了 ERP 系统，有的企业物资采购部门强势，坚决不愿意使用 ERP 系统。

尽管存在这样或那样的问题，但瑕不掩瑜，ERP 系统的浪潮式推广，从整体上提升了传统产业的信息化水品，强化了企业的信息化意识，对传统企业管理水平的提升具有不可估量的推进作用。很多企业实现了业务流程的标准化，有的企业分业务板块建设了本板块的标准化模板，实现了财务报表的快速生成，提升了财务分析能力、资金管控和共享能力，进而推动传统财会业务的数字化转型。

（5）快步

第五个层面的建设是业务部门推动的遍地开花的信息化建设，如合同管理系统、审计信息化系统、HSSE 管理系统、风险防控系统、应急指挥系统、工业视频监控系统、企业内部即时通信系统、移动办公系统、法务系统、党务系统、知识产权管理系统等。在这一阶段，信息化展现了强大的渗透性，一个部门建设了业务系统，邻近部门很快也会提出系统建设需求；一个部门升级了业务系统，邻近部门很快也会提出系统升级需求。信息系统在不断的升级中得到完善，可能是提升了系统性能、优化了用户界面、增加了统一的待办提醒，抑或增加了移动应用功能。信息系统就像爬虫一样，很快爬遍企业管理的各个领域，构成疏而不漏的系统网络。前些年去职能部门办事儿，如果宕机①，业务人员还能为你手工办理，而现在

① “宕机”是计算机术语，指电脑不能正常工作。

大多数时候就是一个理直气壮的告示："电脑故障，暂停办理业务。"信息系统已经不知不觉地成为企业经营管理的必备工具，也是企业的神经中枢，业务人员掌握了工具，反过来，工具也控制了业务人员，二者相互依存、不可分离。神经系统受损，人类肯定会出现行为异常，信息系统出问题，企业的生产经营活动肯定受到影响。

（6）跃步

第六个层面是数字化、智能化建设。随着企业信息化建设的持续推进，信息系统已经覆盖企业信息化的方方面面，随之暴露出来的信息化"孤岛"现象、成本高企等问题越来越突出，许多企业进行了信息系统的集成整合、系统优化，但各种问题依然存在，而且出现了累积效应，信息化建设触摸到了"天花板"，转型发展势在必行，数字化、智能化应运而生。近几年数字化、智能化建设如火如荼，已经从企业的生产业务跃升为国家战略，从企业发展竞争演变为世界大国之间的博弈（如图 1-2-2 所示）。

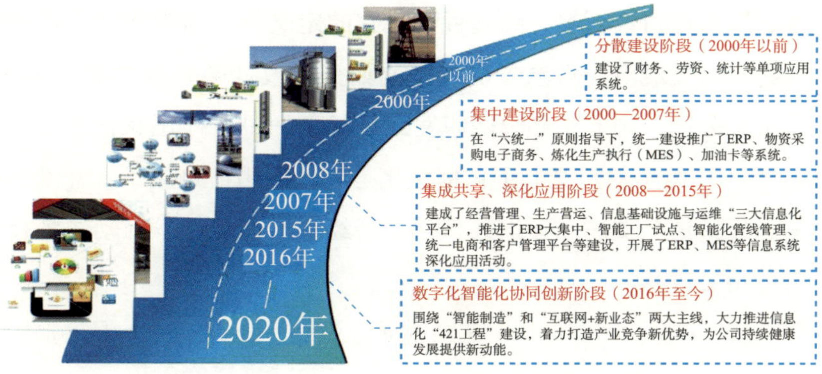

图 1-2-2　中国石化集团公司信息化建设四个发展阶段

西方列强在这次事关未来领先优势的国际竞争中，强盗嘴脸暴露无遗。西方世界一直在倡导的民主、自由、科学，我们一直在谦虚地对标学习，他们高喊的全球气候治理国家责任我们在认真地履行，他们所说的知识产权保护，我们也在不断地审视和改进，但当他们突然发现我们在民主、自由、科学、污染治理、知识产权保护等诸多方面已经走到了人类社会的前列时，他们产生了巨大的恐慌，尤其是在数字技术、智能化技术方面，我们稍微展现出一点领先的迹象，他们就急不可耐地挥舞起制裁的大棒，毫无底线地打击、封锁中国企业，中兴公司、华为公司等中国企业遭遇美国的无理制裁就是最典型的案例。

人类迈过21世纪第一个十年的门槛，人工智能如钱塘江大潮，滚滚袭来，所有的企业，无论大小、不分行业，都只能没有选择地登上数字化、智能化的航船。

2.2 从信息化到数字化

在日常工作中，“信息化”和“数字化”是常常被混用或者并用的两个术语，主要是因为对两个概念界定不清，由此产生了歧义。这里我们要从三个意思相近的英文单词说起——Informatization、Digitization 和 Digitalization。

Informatization 通常被翻译为信息化，这个概念起源于20世纪60年代的日本，在欧美讨论不多。维基百科对它的定义是，通常指现代信息技术应用，特别是促成应用对象或领域（比如企业或社会）发生转变的过程。中共中央办公厅、国务院办公厅印发的《2006—2020年国家信息化发展战略（2006）》给出的定义如下：信息化是充分利用信息技术，开发利用信息资源，促进信息交流和知识共享，提高经济增长质量，推动经济社会发展转型的历史进程。

Digitization 和 Digitalization 在国内通常被翻译成数字化，但从常用语义来看，Digitization 的本意是 Conversion of analog information into digital information，翻译成中文是将模拟信息转换为数字信号，即模数转换，所以翻译成数码化更合适。对于 Digitalization 一词，高德纳咨询公司（Gartner）给出的定义比较准确，即 The use of digital technologies to change a business model and provide new revenue and value-producing opportunities; it is the process of moving to a digital business。从定义可以看出，这个词汇应该翻译成数字化。谷歌词条中很好地解释了数字化和数码化的区别，即 What is difference between digitization and digitalization? Digitization is the conversion of analog to digital, whereas digitalization is the use of digital technologies and digitized data to impact how work gets done, transform how customers and companies engage and interact, and create new (digital) revenue streams。

信息化是将企业的生产过程、物料移动、事务处理、现金流动、客户交易等业务过程，通过各种信息系统、网络加工生成新的信息资源。它可以使企业内各个层次的人员清楚地了解业务现在是什么情况、流程到哪里等一切动态业务信息，从而做出有利于生产要素组合优化的决策，合理配置资源，增强企业应变能力，获得最大的经济效益。数字化是基于大量的运营数据分析，对企业的运作逻辑进行数学建模、优化，反过来再指导企业日常运行。这实际上就是一个“机器学习”的过程，系统、反复地思考和学习企业的数据和运营模式，变得更专业和更了解企业，然后指导企业运营。

可以看出，在中文语境下，很难给信息化和数字化确定一个严格清晰的边界，二者是相互衔接的两个发展阶段，在技术和方法层面有很多并存共用的东西，但跳出技术层面，从时代发展的高度也许更容易看出二者的不同。

信息化时代，人类的活动还是集中于物理世界，少量的行为可以借助信息化手段进行改进和提升。人类的思维模式还是线下的流程化思维，信息化是为线下的物理世界的活动服务的。当线上与线下规则发生碰撞和冲突时，以线下物理世界为主（这就是前文谈到的以业务需求为主的阶段）。这个时候，信息化是一种工具，是一种手段，并没有改变业务本身，大家还是习惯于物理世界的思维模式。这个时候，流程是核心，软件系统是工具，而数据是软件系统运行过程中的副产品（附属品）。

数字化时代到来，通过使用物联网、移动互联网、电子商务、增强现实技术/虚拟现实技术（AR/VR）这些数字化工具，物理世界正在被搬运并重构到数字化世界中，这既是一个技术过程，也是一个思维模式转变的过程。在物理世界里，人类大脑的算力、记忆力以及身体的行动力都是有限的，人类已经习惯了在有限的框架下思考和处理问题，所以传统的人类思维在数字化时代需要升级换代，构建新的数字化思维模式。

利用数字化技术将物理世界完全重构、建模到数字化世界后，人们的大部分协作、沟通、设计、生产，都可以通过数字化技术在数字化世界里实现。每天早上醒来，人们就沉浸在数字化世界里，智能穿戴设备随时记录着你的生活数据，移动办公设备连通着你的办公室业务，手机时刻更新着你的社交信息。在数字化世界里你是一个实际存在，一切以数字化世界为核心，而传统的物理世界则成了数字化世界的辅助和补充，只有少量决策指挥信息回到物理世界指挥设备和机器完成操作。

数据是物理世界在数字化世界的“孪生”，是一切的基础，而流程和软件系统则是产生数据的过程和工具。数字化带来的是数字化生存，而信息化时代，还是物理生存。

一言以蔽之，信息化推动物理世界向数字世界迈进，是业务数字化；数字化是实现数字世界对物理世界的服务，是数字业务化。二者起点不同、手段不同，目标也有差异。信息化的起点是模拟世界，数字化的起点是数字世界；信息化的手段是信息系统，数字化的手段是云平台；信息化的目标是要实现业务的可视可管可控，数字化的目标是要实现数据的价值增值或者驱动业务转型。

理解了信息化和数字化，我们就打开了一个全新的数字世界。从这个角度理解数字化转型（Digital Transformation），就是推动传统企业进入数字世界；从宏观经济层面理解，数字化转型就是推动传统经济转型为数字经济。

随着信息技术的发展，企业采用的信息技术越来越多，企业信息化越来越普及，不知道什么时候人们开始谈论“信息时代”。当然，这也不过是几年前的事情，现在已然进入了数字时代，两个时代就这么波澜不惊地完成了交接。正是因为交接不清，所以在称谓上就比较混乱，有人说是信息时代，有人说是数字时代，甚至还有人说是智能时代，也有不少人在不同场合混用这些概念。

从企业各自的发展状况来看，确实存在着巨大的差别，有的企业还处于信息化起步阶段，有的企业已经走过了信息化的高级阶段，开启了数字化征程，甚至有一些企业已经尝试智能化建设。从这个层面来看，多个概念并存有其存在的合理性。譬如海洋和陆地的划分，从深海、半深海、浅海、滩涂，到陆地、海洋，以及陆地的界线并不总是那么清晰，但有的地方海边就是悬崖，海和山直接交接，边界线就非常清晰。从认识论的角度来看，如果以某一个企业的发展路径为对象开展研究，是能够较为清晰地看出从信息化到数字化的演变过程的。

典型的信息化譬如办公自动化系统（Office Automation，OA），最早是从电脑打字替代打字机开始的，之后随着信息化的发展，我们开始梳理办公流程，模拟文件的制作、发出、流转、会签、签批、返回、办理等，制作的文件一定要和打字机打印的一模一样，领导签批页也要制作的和当初的纸质签批文件一样，领导批示要保留原笔迹等。在这个过程中，我们只是用一种新的技术工具，来支撑原有的企业业务，其他的并没有发生根本性变化，就像最初用计算机替代打字机一样，还是打字，只是工具变了。

这就是最初的信息化。信息技术不过是一个支撑工具，尽管电脑打印的文件已经可以存储在电脑中，这是一个很大的变化，但我们并没有关注这一点，所有的文件依然要打印出来以纸质的方式存储，所有需要签批的公文也要由秘书打印出来，交给领导手签才算数。当年，笔者的博士论文尽管是用电脑打印的，但必须上交手写的原稿给档案馆留存，因为没有手写的原稿，笔者不得不重新抄写一遍。

在这个阶段，人们只认识到工具的价值，没有认识到数据的价值，这就是信息化阶段的典型特征。因为只是工具，所以要业务驱动，一切都要业务人员说了算，我想怎么使用这个工具是我的事情，信息化和从事信息化的人员居于被动地位，信息化只能发挥“支撑作用”。

现在，这种现象在一些企业依然存在，尤其是传统企业；这种认识在一些人的头脑当中也依然存在，尤其是业务骨干和业务领导。这种现象和认识出现在信息化早期是正常的，也是正确的，但随着信息化的发展，“两化”融合的深化，这种现象和认识日益成为信息化走向数字化征途的阻碍。数字时代的最典型特征就是人们认识到了数据的价值！

还以 OA 系统为例，人们开始逐渐认识到电子文档可以取代纸质文档，实现无纸化办公，进而实现无纸化会议，文档无须打印出来，使用领导的电子签章也可以签批，人们越来越认识到电子文档的存储、管理和查找更加方便和高效，也意识到把 OA 系统当工具，把纸张当载体的模式并不高明，摆脱纸张，让整个业务在电子系统中运行才能发挥 OA 系统的真正价值。

一旦摆脱纸张的束缚，人们更进一步认识到在电子系统的数据空间中，完全没有必要仿照纸张时代的运行模式，可以按照数据流的运行规律，再造业务流程。业务驱动也不一定就完全正确，全新的、数据驱动的流程也许更流畅。数据的意识在增强、数据的作用在增大、数据的价值在不断被挖掘，数字时代不知不觉就到来了。

早期的信息化，都是用信息化手段去支撑业务的。每当业务部门提出一个信息化需求时，就会把自己的业务流程和盘托出，要求信息化人员按照这个流程做出一个一模一样的系统，这就是业务驱动。在业务驱动模式下的信息化建设，形成了一个个“信息孤岛”，每个“孤岛”背后都是一项业务或者一个业务部门。

随着信息化的不断深入，人们逐渐发现了很多不方便的地方。每个部门的业务都已经很好地被信息系统“支撑”起来，但部门之间的沟通和交流障碍逐渐凸显出来。这时候，很多人开始醒悟，他们意识到从一个个业务问题出发建设信息系统的思路存在问题，解决一个个问题固然很直接，但也最容易造成一个个“信息孤岛”。我们必须改变针对一个个具体问题“头痛医头、脚痛医脚”的信息系统建设模式，要从数据出发，采用数据驱动方式。

数据驱动方式的落地，标志着数字时代的真正来临。只有数字化的充分发展才能支撑智能化的提升。

2.3 人工智能技术的发展与企业智能化建设

进入 21 世纪的第二个十年，智能化已经成为大多数企业选择的发展方向，这一方面是企业信息化建设的深化和升级发展的必然，另一方面是得益于人工智能技术的再次兴起。

（1）人工智能技术的发展和应用

人工智能概念的提出最早可以追溯到 1956 年，这年夏天，以麦卡赛、明斯基、罗切斯特和申农等为首的一批年轻科学家在达特茅斯学院聚会，共同研究和探讨用机器模拟智能的一系列问题，首次提出了“人工智能”这一术语，它标志着“人工智能”这门新兴学科的正式诞生。这之后的 60 多年，人工智能的研究和应用经历了“三起三落”的曲折发展，但随着新世纪的到来，它也展现出了强大的生命力（如图 1-2-3 所示）。

人工智能是计算机科学的一个分支，它企图了解智能的实质，并生产出一种新的能以类似于人类智能的方式做出反应的智能机器。因此，人工智能的发展历史是和计算机科学技术的发展史联系在一起的。除了计算机科学以外，人工智能还涉及信息论、控制论、自动化、仿生学、生物学、心理学、数理逻辑、语言学、医学和哲学等多门学科。人工智能学科研究的主要内容包括：知识表示、自动推理和搜索方法、机器学习和知识获取、知识处理系统、自然语言理解、计算机视觉、智能机器人、自动程序设计等。

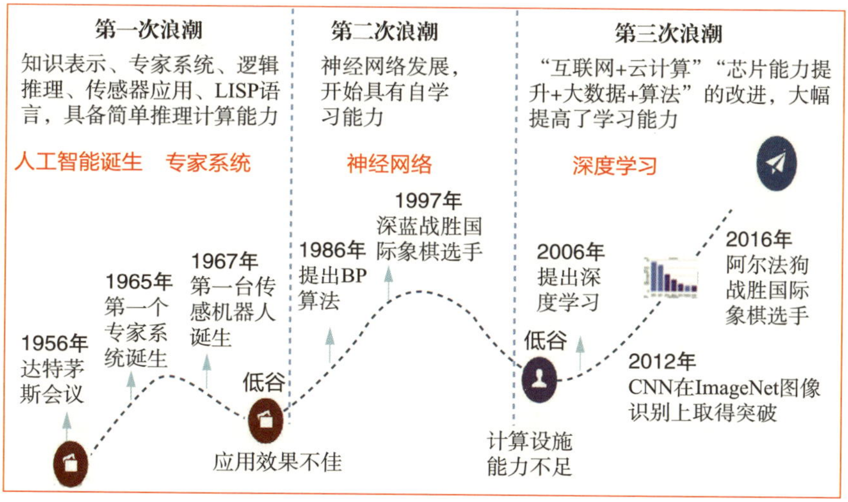

图 1-2-3　人工智能技术发展历程

人工智能通常被分为三种类型（三个等级）。

①弱人工智能（窄人工智能）。

弱人工智能的英文是 ANI（Artificial Narrow Intelligencr），它可以代替人力处理某一领域的工作，目前全球的人工智能水平大部分处于这一阶段。就像超越人类围棋水平的阿尔法狗一样，虽然它已经超越了人类在围棋界的最高水平，不过在其他领域还是差得很远，所以只是弱人工智能。

②强人工智能（通用人工智能）。

强人工智能的英文是 AGI（Artificial general Intelligence），它是指各方面都能和人类比肩的人工智能，拥有和人类一样的智能水平，可以代替一般人完成生活中的大部分工作，这也是当前所有人工智能企业想要实现的目标。走到这一步之后，机器人大量替代人类工作，进入人们的日常生活就成为现实。

③超人工智能。

超人工智能的英文是 ASI（Artificial Super Intelligence），科学家把超人工智能定义为在几乎所有领域都比人类聪明得多的人工智能。人工智能的发展速度也许很快，当人工智能发展到超人工智能阶段的时候，人工智能就会像人类一样能够通过各种采集器、网络进行学习，而且每天会进行多次自身的升级迭代。那个时候，人工智能的智能水平会完全超越人类，甚至超越人类万亿倍。超人工智能如何与人类相处，是当前很多人对人类发展人工智能提出的担忧。

进入 21 世纪以来，人工智能发展进入了一个新的高潮期，人工智能领域取得了一些重大突破，理论和技术日臻成熟，应用领域也不断扩大，机器开始能够胜任一些通常需要人类智能才能完成的复杂工作，展现了无限的发展可能。

目前，工业界应用较多的人工智能技术包括以下四种。

①机器学习。

机器学习（Machine Learning）是一门涉及统计学、系统辨识、逼近理论、神经网络、优化理论、计算机科学、脑科学等诸多领域的交叉学科，研究计算机怎样模拟或实现人类的学习行为，以获取新的知识或技能，重新组织已有的知识结构使之不断改善自身的性能，是人工智能技术的核心。基于数据的机器学习是现代智能技术中的重要方法之一，研究从观测数据（样本）出发寻找规律，利用这些规律对未来数据或无法观测的数据进行预测。

依据学习模式、学习方法以及算法的不同，可以将机器学习分成不同类别。依据学习模式可以将机器学习分为监督学习、无监督学习和强化学习等；依据学习方法可以将机器学习分为传统机器学习和深度学习。

深度学习是目前应用最广泛、研究最集中的前缘领域，它是在早期人工神经网络的基础上发展起来。脑神经科学的一些突破性进展使人们彻底改变了对大脑学习机制的传统看法，认识到大脑实际上是一台“通用学习机器”（Universal Iearning Machine），同样的学习机制可以用于完全不同的应用。换言之，学习的机制人人相同，但是学习的内容决定了人的思维。人的大脑具有极强的可塑性，许多功能取决于后天的训练，这表明大脑神经网络具有极强的可塑性。这种对大脑学习算法的普适性和可塑性的认识一直激励着计算机科学家不懈地努力探索。

2006 年左右，计算机科学家 Geoffrey Hinton、Yann Lecun 和 Yoshua Bengio 突破传统神经网络的技术瓶颈，引领了深度学习浪潮。深度学习的最大特色在于神经网络的层数大为增加。目前，深度网络动辄上百层，连接参数数十亿，训练样本经常以千万甚至亿计算，训练算法需要在大规模计算机集群上运行数月，这些训练过程需要非常庞大的计算资源。计算机计算能力的提升，特别是 GPU 的迅猛发展，为深度学习提供了强有力的硬件保障。

深度学习需要大量数据积累提供数据保障。互联网的大规模普及和智能手机的广泛使用，使得规模庞大的图像数据集能够被采集，上传到云端，并集中存储处理。目前，可使用非监督学习来训练模型以达到特征自动提取的目的，这加速了学习过程的收敛，提高了学习效率。

②自然语言处理。

自然语言处理是计算机科学领域与人工智能领域中的一个重要方向，研究能实现人与计算机之间用自然语言进行有效通信的各种理论和方法，涉及的领域较多，主要包括机器翻译、机器阅读理解和问答系统等。

机器翻译是基于统计的机器翻译方法，它突破了之前基于规则和实例翻译方法的局限性，翻译性能取得了巨大提升。基于深度神经网络的机器翻译，在日常口语等一些场景的成功应用已经显现出了巨大的潜力。随着上下文的语境表征和知识逻辑推理能力的发展，自然语言知识图谱不断扩充，机器翻译将会在对话翻译及篇章翻译等领域取得更大进展。

机器阅读理解是指利用计算机技术实现对文本内容的理解，并且回答与篇章相关问题的过程。机器阅读理解更注重对上下文的理解以及对答案精准程度的把控。语义理解技术将在智能客服、产品自动问答等相关领域发挥重要作用，进一步提高问答与对话系统的精度。

问答系统是指让计算机像人类一样用自然语言与人交流的技术。人们可以向问答系统提交用自然语言表达的问题，系统会返回关联性较高的答案。尽管问答系统目前已经有了不少应用产品出现，但大多是在实际信息服务系统和智能手机助手等领域中的应用，在问答系统鲁棒性方面仍然存在着问题和挑战。

自然语言处理主要面临以下挑战：一是在词法、句法、语义和语音等不同层面存在不确定性；二是新的词汇、术语、语义和语法导致未知语言现象的不可预测性；三是数据资源的不充分使其难以覆盖复杂的语言现象；四是语义知识的模糊性和错综复杂的关联性难以用简单的数学模型描述，语义计算需要参数庞大的非线性计算。

③计算机视觉。

计算机视觉是使用计算机模仿人类视觉系统的科学，让计算机拥有类似人类提取、处理、理解和分析图像以及图像序列的能力。自动驾驶、机器人、智能医疗等领域均需要通过计算机视觉技术从视觉信号中提取并处理信息。近年来，随着深度学习的发展，预处理、特征提取与算法处理渐渐融合，形成端到端的人工智能算法技术。根据所解决问题的类型，可以将计算机视觉分为计算成像学、图像理解、三维视觉、动态视觉和视频编解码五大类。

目前，计算机视觉技术发展迅速，已形成初步的产业规模。未来计算机视觉技术的发展主要面临以下挑战。一是如何在不同的应用领域和其他技术更好地结合。计算机视觉在解决某些问题时可以广泛利用大数据，已经逐渐成熟并且可以超过人类，而在某些问题上却无法达到很高的精度。二是如何降低计算机视觉算法的开发时间和人力成本。目前，计算机视觉算法需要大量的数据与人工标注，需要较长的研发周期以达到应用领域所要求的精度与耗时。三是如何加快新型算法的设计开发，随着新的成像硬件与人工智能芯片的出现，针对不同芯片与数据采集设备的计算机视觉算法的设计与开发也成为亟待解决的问题。

当前，在工业企业中应用比较普遍、成效比较显著的技术有以下几种。

①图像识别。

2009 年，普林斯顿大学计算机系的一位华人学者宣布建立第一个超大型图像数据库 ImageNet，供计算机视觉研究者使用。2010 年，以 ImageNet 为基础的大型图像识别竞赛 ImageNet Large Scale Visual Recognition Challenge 2010（ILSVRC2010）开始举办。竞赛最初的规则是以数据库内 120 万个已被分类标志的图像为训练样本，用于对 5 万个测试图像进行自动分类，以分类的成功率决定最后的比赛结果。经过多年的持续努力，在 2015 年 12 月的 ImageNet 图像识别竞赛中，来自微软亚洲研究院（Microsoft Research Asia，MSRA）的团队夺冠，创造了识别错误率 3.57%的新低，这个数字已经低于一个正常人（大约为 5.00%）的错误率。

这一卓越的成果使图像识别技术成为人工智能技术中应用最普遍的技术之一。这之后，图像识别应用遍地开花——交通运输领域的车牌号识别，公共安全领域的犯罪识别，生产领域危险区域的闯入识别，生产过程中各种危险识别或产品识别，仓储领域的库存盘点、自动装卸等。

②语音识别。

语音识别采用另一类神经网络算法。2012 年，研究者们用 Hinton 使用的“限制玻尔兹曼机”（RBM）的算法对神经网络进行了“预培训”，用深度神经网络模型（DNN）来估算识别文字的概率。在一个谷歌的语音输入基准测试中，单词错误率（Word Error Rate）最低为 12.3%。2015 年 5 月，谷歌依靠 RNN/LSTM 的相关技术，使谷歌语音（Google Voice）的单词错误率降到了8%（正常人大约为4.0%）。2015年12月，百度人工智能实验室发表论文《英语和汉语的端对端的语音识别》，使用的模型是“封闭循环单元”（Gated Recurrent Unit）。英文语音识别系统接受了将近12000小时的语音训练，在一个叫WSJ Eval’92的基准测试中，其单词错误率低至3.1%，已经超过正常人的识别能力。在另外一个小型汉语基准测试中，机器的识别错误率只有3.7%，而一个五人小组的集体识别错误率则为4%。机器在各种语音识别的基准测试上的准确度已经全面赶上并且超过普通人类，这是继图像识别之后，人工智能攻克的又一难关，这也使得语音识别迈入实用化阶段。

③虚拟现实。

虚拟现实（Virtual Reality）是利用计算机生成一种模拟环境，如飞机驾驶舱、操作现场等，让使用者在视觉、听觉、触觉等感官上如同身临其境，并可以通过多种传感设备使用户“投入”到该环境中，实现用户与该环境直接进行自然交互。

虚拟现实是多种技术的综合，包括实时三维计算机图形技术，广角（宽视野）立体显示技术，对观察者头、眼和手的跟踪技术，以及触觉/力觉反馈、立体声、网络传输、语音输入/输出技术等。

从本质上说，虚拟现实就是一种先进的计算机用户接口，它通过同时向用户提供诸如视、听、触等各种直观而又自然的实时感知交互手段，最大限度地方便用户的操作，从而减轻用户的负担，提高整个系统的工作效率。

虚拟现实技术有以下四个重要特征。一是多感知性。所谓多感知性就是除了一般计算机所具有的视觉感知外，还有听觉感知、力觉感知、触觉感知、运动感知，甚至包括味觉感知、嗅觉感知等。理想的虚拟现实应该具有人所具有的感知功能。二是存在感。存在感又称临场感，它是指用户感到作为主角存在于模拟环境中的真实程度。理想的模拟环境应该达到使用户难以分辨真假的程度。三是交互性。交互性是指用户对模拟环境内物体的可操作程度和从环境得到反馈的自然程度（包括实时性）。例如，用户可以用手直接抓取环境中的物体，这时手有握着东西的感觉，并可以感觉到物体的重量，视场中的物体也随着手的移动而移动。四是自主性。自主性是指虚拟环境中物体依据物理定律做出动作的程度。例如，当受到力的推动时，物体会向力的方向移动、翻倒或从桌面落到地面等。

虚拟现实系统的用户通过传感装置直接对虚拟环境进行操作，并得到实时三维显示和其他反馈信息（如触觉、力觉反馈等）。当系统与外部世界通过传感装置构成反馈闭环时，在用户的控制下，用户与虚拟环境间的交互可以对外部世界产生作用，如遥控操作、模拟仿真等。

④增强现实。

增强现实（Augmented Reality，AR）是在虚拟现实的基础上发展起来的新兴技术，它是通过将计算机生成的虚拟物体、场景或系统提示信息叠加到真实场景中，从而实现对现实的“增强”，增加用户对现实世界的感知。同时，由于与真实世界的联系并未被切断，交互方式也就显得更加自然。

增强现实技术能够将真实世界信息和虚拟世界信息“无缝”集成，把原本在现实世界一定时空范围内很难体验到的信息（视觉、声音、味道、触觉等），通过多种电脑科技，模拟仿真后再叠加到真实世界，被人类感官所感知，使得真实环境和虚拟物体实时地叠加到了同一个画面或空间，从而达到超越现实的感官体验。

增强现实技术不仅展现了真实世界的信息，而且将虚拟信息同时显示出来，使两种信息相互补充、叠加。用户通常利用头盔或者眼睛等设备，把真实世界与电脑图形多重合成在一起，看到超越真实的世界。

增强现实技术有三个显著特点。一是虚实结合。它可以将显示器屏幕扩展到真实环境，使计算机窗口与图标叠映于现实对象，由眼睛凝视或手势指点进行操作，让三维物体在用户的全景视野中根据当前任务或需要交互地改变其形状和外观。对于现实目标通过叠加虚拟景象产生类似于 X 光透视的增强效果，还可以将地图信息直接插入现实景观以引导驾驶员的行动。二是实时交互。它使交互从精确的位置扩展到整个环境，从简单的人面对屏幕交流发展到将自己与周围的空间、对象融合。运用信息系统不再是自觉而有意的独立行动，而是和人们的当前活动自然而然地成为一体。交互性系统不再只是具备明确的位置，而是扩展到整个环境。三是三维定位。用户可以在三维空间运动并调整计算机产生的增强信息，可在三维空间中增添定位虚拟物体。

增强现实技术包含了多媒体、三维建模、实时视频显示及控制、多传感器融合、实时跟踪及注册、场景融合等新技术与新手段，综合利用这些技术，将图像、视频、3D 模型等计算机生成的虚拟物与真实世界融为一体，实现了对真实世界的增强。与虚拟现实的完全沉浸相比，AR 用户仍然可以感受到由计算力视觉增强的现实世界。

（2）企业智能化建设

人工智能的发展推动了企业智能化建设，但从历史发展来看，类似“智慧城市”“智能矿山”“智能工厂”等概念的提出都与“智慧地球”的概念有关。

“智慧地球”是 2008 年 11 月美国知名 IT① 公司 IBM 提出的一个概念。在 2000 年前后，互联网泡沫破灭，全球 IT 企业遭受重创，景气低迷。IBM 作为当时的领军企业，首次提出了“电子商务”（e-Business）的概念，紧接着又提出了“电子商务随需应变”（e-Business on Demand），这些概念为 IBM 带来了巨大的经济效益，在 IT 界遍野哀鸿中一枝独秀，实现了高达 18%的增长率。IBM 食髓知味，尝到了打高端概念牌的好处，率先提出了“智慧地球”的概念。

2009 年 1 月，时任美国总统奥巴马公开肯定了 IBM 的“智慧地球”思路。2009 年 8 月，世界各国纷纷以美国马首是瞻，两年时间，IBM“智慧地球”战略已经得到了各国的普遍认可。数字化、网络化和智能化，被公认为是未来社会发展的大趋势，而与“智慧地球”密切相关的物联网、云计算等，更成为科技发达国家制定本国发展战略的重点，美国、欧盟、日本和韩国等纷纷推出本国的物联网、云计算相关发展战略。“智慧地球”的概念客观上有力地推动了世界各国信息技术的发展，为几年之后“智能时代”的到来打下了坚实的基础。

按照 IBM 的定义，“智慧地球”包含三个维度：第一，能够更透彻地感应和度量世界的本质和变化；第二，促进世界更全面地互联互通；第

① IT 即 Information Technology，信息技术。

三，在上述基础上，所有事物、流程、运行方式都将实现更深入的智能化，企业因此获得更加智能化的洞察力。根据设想，在“智慧地球”时代，IT 将变成让地球智慧运转的隐性能动工具，弥漫于人、自然系统、社会体系、商业系统和各种组织中。因此，在这样的时代，IBM 公司希望自己的技术能像空气一样渗透到地球运转的每个角落，成为人类地球生存不可或缺的因素。

“智慧地球”的概念客观上符合当时各行各业的发展对信息化的需求，所以这一概念得以在各行业纷纷落地，各种概念纷纷出炉，“智慧城市”“智慧矿山”“智慧农业”等冠以“智慧”名目的项目或者成果不断见诸报端，极大地提升了行业对信息化价值的认识。

不少企业、工厂也顺应这一热潮，提出了“智慧企业”“智能工厂”等理念，并开启了智能化建设进程。陆续到来的人工智能、大数据、物联网等技术，进一步助推了企业智能化建设，使企业智能化建设的内涵不断丰富，技术路线不断优化改进。当前，企业智能化的框架与几年前相比已经有了很大提升。

基于工业互联网平台的企业智能化建设是当前的主流，工业“互联网+”不仅仅是在工业互联网平台上添加企业业务，同样也要添加人工智能、大数据等最新技术。

图 1-2-4 是某企业智能工厂能力架构模型，从这张图上能够清楚地看到工业互联网平台发挥了很好的桥梁作用，实现了企业业务和 IT 技术的对接，促成了 IT、CT① 和 OT② 的融合。企业智能化建设的技术平台实际上也是企业数字化转型的技术支撑平台，平台的作用远非简单的业务和技术融合，而是组织、管理、流程、规范、标准、人员乃至认识的全面融合，目的是真正发挥支撑转型的关键作用。

当然，前述各种人工智能技术的应用已成为企业智能化建设不可缺少的“标志性”配置，成为当前装点企业智能化的亮点。

---

① CT 即 Communication Technology，通信技术。

② OT 即 Operation Technology，操作技术。

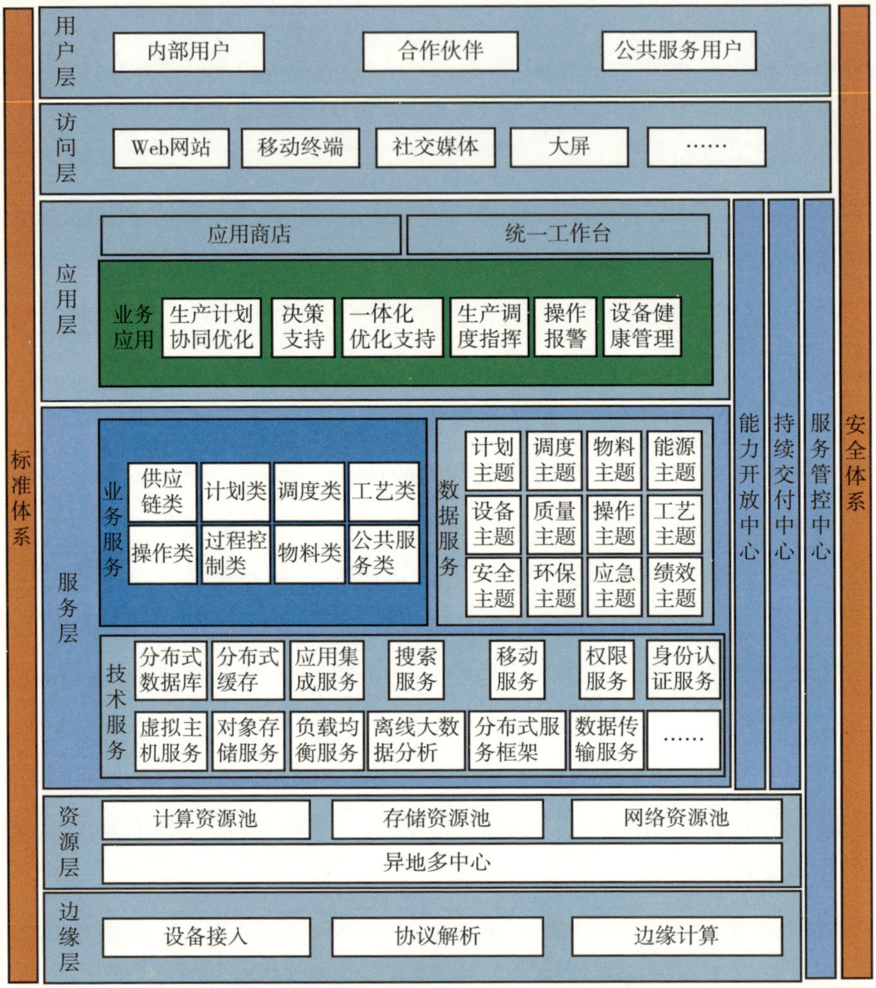

图 1-2-4　某企业智能工厂能力架构模型

（3）数字化与智能化

从信息化到数字化，再到智能化，是企业信息通信技术（Information Communication Technology，ICT）应用发展的三个阶段。

前面已经讨论了信息化和数字化的区别。信息化只是在人类工作过程中提供的一种“帮助”，它通过建设一个个信息系统，帮助人类更轻松、高效地完成工作。就像一首歌里所唱的那样，“世界还是那个世界”，所以业务也还是那个业务，有了信息系统这个助手，人类轻松了很多。

数字化就完全不一样了。它会创造一个完全不同的世界，把现实世界的所有东西都搬到数字世界中去，并赋能人类，使人类能够更好地在数字世界里生活，就像迁移到水世界，需要装上“鳃”一样。

数字化正在全面“赋能”人类。古老传说中的各种神仙手段已经稀松平常，每个人都可以有“千里眼”“顺风耳”，都可以“秀才不出门，便知天下事”。十几年前，几个年轻人封闭一周不出门的网络生存体验曾经是一个新闻事件，现在年轻人几周不出门的“宅生活”已经成了不少父母的噩梦。你几乎可以在网上找到你想找的任何人、想买的任何东西、想学习的各种课程，而因新冠肺炎疫情居家的那段时期，网络购物的便捷、网络学习的唾手可得让无数人成了大厨，这在没有网络的时代几乎是不可能实现的。数字赋能个人、赋能组织、赋能社会。

智能化是对数字化的提升。当前的人工智能研究虽然包含多个方面，但基于数字的智能是主要的发展方向，被广泛应用的图像识别、语言处理、智能决策等，无不是对大量数据的挖掘分析。阿尔法狗的能力来自对大量棋谱的学习，人脸识别来自对大量图片的学习，语音识别来自大量的声音训练，自动驾驶技术也需要道路数据和对随时采集的路况数据的即时分析。

因此，数字化具有普遍性、全体性和通用性，而智能化从某种意义上来说，是建立在数字化基础之上的高级应用，是算法对数据挖掘、加工之后导出的结果。如果结果正确，我们就认为是智能的，如果结果错误，我们就认为不够智能，就像我们经常使用的导航一样，如果能够让我们避开拥堵，以最快的速度到达目的地，我们会说“够智能”，如果把我们导航到一个错误的地方，我们会说“系统不够智能”。由此可见，提供的数据都是一样的，应用系统的算法才是智能化的关键。至少在弱人工智能阶段，智能化完全依赖于对数据的挖掘和学习，是一种高级应用。因此，从现阶段来看，用基础性、普遍性和全面性来衡量、讨论数字化转型比智能化转型具有更广泛的意义。

如果未来人类迎来了强人工智能阶段，讨论智能化转型也许已经不是人类的权力，因为对于任何一个问题，强人工智能都有搜遍全世界网络、阅读人类上下几千年积累的知识的能力，以超越人类万亿倍的速度找到所有可能的答案，而人类只是看客。

我们现阶段讨论数字化转型刚刚好！

3 数字经济的蓝海

从宏观层面来看，企业数字化转型的终极目的就是把企业从传统经济模式中转移出来，迁徙到数字经济的蓝海。因此，必须全面认识数字经济。

3.1 数字经济概念的历史沿革

从技术经济范式的角度来看，科技产业革命特别是关键技术创新，将深刻影响宏观和微观经济结构、组织形态、运行模式，进而形成新的经济社会格局。当下的经济社会，正处于从传统的技术经济范式向数字技术创新应用推动的数字经济范式转变的过程中。

20 世纪 40 年代，微电子领域取得重大技术突破，第二代晶体管电子计算机和集成电路被发明，人类的知识和信息处理能力大幅提高，信息技术对经济生活的影响初步显现。此时，信息经济概念萌生，美国经济学家马克卢普有过这样的表述，“向市场提供信息产品或信息服务的那些企业”，他所说的“那些企业”正是一种重要的经济部门，信息经济概念由此诞生。20 世纪七八十年代，大规模集成电路和微型处理器的发明以及软件领域的革命性成果都加速了数字技术扩散。数字技术与其他经济部门交互发展，数字技术广泛渗透，信息经济概念被广泛使用并且内涵不断丰富，数字技术创新应用对经济社会影响进一步深化。

20 世纪八九十年代，互联网技术日趋成熟，随着互联网的广泛接入，数字技术与网络技术融合，数字经济特征发生了新的变化，全球范围的网络连接生成的海量数据，超出之前分散终端的处理能力，云计算、大数据等数字技术快速发展。20 世纪末，数字技术快速从信息产业外溢，在加快传统部门信息化的同时，不断产生新生产要素，形成新商业模式，电子商务成为最典型的应用。正是在这样的技术发展和应用背景下，尼葛洛庞帝的《数字化生存》一书热销，数字化概念全面兴起。

1996 年，美国学者泰普斯科特在《数字经济时代》中正式提出数字经济概念，1998 年、1999 年和 2000 年，美国商务部先后出版了名为《浮现中的数字经济Ⅰ》《浮现中的数字经济Ⅱ》《数字经济》的研究报告，这些研究推动了 21 世纪之初数字经济概念的传播，并被广泛接受，数字技术经济范式朝着更广泛、更深入、更高级的阶段发展，并将带来经济社会面貌的巨变。

20 世纪 90 年代后期，世界经济的年均增长率在 3%左右，而信息技术及相关产业的增长速度是经济增长速度的 2~3 倍。在许多发达国家中，信息产业已成为国民经济第一大产业。有研究成果表明：1998 年，信息技术和信息产业对世界经济增长的贡献率为 14.7%，考虑产品和服务价值下降因素，实际贡献率超过 25%；1999 年，全球信息产业并购交易总额达到了 1 万亿美元，年增长率达到 200%。以上成果说明，对于信息技术和信息化的投入，是数字经济的重要动力。

当今世界正发生着人类有史以来最为迅速、广泛、深刻的变化，以信息技术为代表的高新技术突飞猛进，以信息化和信息产业发展水平为主要特征的综合国力竞争日趋激烈。信息化对经济发展和社会进步带来的深刻影响，引起世界各国的普遍关注。发达国家和发展中国家都十分重视信息化，把加快推进信息化作为经济和社会发展的战略任务。数字革命创造的信息产业是一种战略性产业。

数字经济是继农业经济、工业经济之后更高级的经济阶段。我们认为数字经济是以数字化的知识和信息为关键生产要素，以数字技术创新为核心驱动力，以现代信息网络为重要载体，通过数字技术与实体经济深度融合，不断提高传统产业数字化、智能化水平，加速重构经济发展与政府治理模式的新型经济形态。

在2016年杭州举办的二十国集团峰会（G20）上，中国作为会议主席国，首次将数字经济列为G20创新增长蓝图中的一项重要议题，并组织二十国集团成员、嘉宾国、国际组织及专家成立了G20数字经济工作组（Digital Economy Task Force）。工作组在半年内组织召开了各类多边、双边国际视频会议及面对面会议30余场，通过千余封邮件往来，征求了十几轮意见，最终形成了成果文件《G20数字经济发展与合作倡议》。在该倡议中首次完整阐述了数字经济的概念：以使用数字化的知识和信息作为关键生产要素、以现代信息网络作为重要载体、以信息通信技术的有效使用作为效率提升和经济结构优化的重要推动力的一系列经济活动。

中国信通院在其发布的《中国数字经济发展与就业白皮书（2019年）》中提到，数字经济的构成包含三大要素：一是数字产业化，具体包括电子信息制造业、电信业、软件和信息技术服务业、互联网行业等；二是产业数字化，是指数字技术为传统产业带来的生产数量和生产效率的提升；三是数字化治理，包括治理模式创新、利用数字技术完善治理体系以及提升综合治理能力等。但在具体测算上，这本书将数字经济分为数字产业化和产业数字化两大部分。

2021年5月，国家统计局发布国家统计局令（第33号）《数字经济及其核心产业统计分类（2021）》，明确了统计口径，确定了数字经济的基本范围，将其分为数字产品制造业、数字产品服务业、数字技术应用业、数字要素驱动业、数字化效率提升业等五大类。首次确定了数字经济的基本范围，为我国的数字经济核算提供了统一可比的统计标准。

笔者认为，可以把数字经济分成三类：一是数字基础产业，主要是一些传统信息产业；二是数字渗透产业，主要是数字技术渗透到传统产业中，从而使传统产业转变为或部分转变为数字产业；三是数字原生产业，即完全由数据或者数字技术发展起来的产业（如图1-3-1所示）。

数字经济是指一个经济系统，在这个系统中，数字技术被广泛使用并由此带来了整个经济环境和经济活动的根本变化。数字经济也是一个信息和商务活动都数字化的全新的社会政治和经济系统，企业、消费者和政府之间通过网络进行的交易迅速增长。数字经济主要研究生产、分销和销售

数字基础产业	数字渗透产业	数字原生产业
数字基础产业即传统的信息产业。 主要包括电信制造业、软件业、信息服务业等。生产信息基础设施，是传统信息化的核心产业。	数字渗透产业即数字技术渗透的传统产业，使传统产业数字化。 主要指传统产业中因数字技术改造而产生的产业，是多年来企业信息化成果产生的价值。	数字原生产业是指诞生在数字技术之上的企业。 一般是数字时代的原生企业，如阿里巴巴、快手、微信以及游戏产业。

图 1-3-1　数字经济分类

都依赖数字技术的商品和服务，它既可进行制造业活动，又可提供服务性业务，或者同时从事两种活动，是制造业与服务业的混合物。

作为经济学概念的数字经济，是人类通过对大数据（数字化的知识与信息）的识别—选择—过滤—存储—使用，引导、实现资源的快速优化配置与再生，实现经济高质量发展的经济形态。数字经济作为一个内涵比较宽泛的概念，凡是直接或间接利用数据来引导资源发挥作用，推动生产力发展的经济形态都可以纳入其范畴。从技术层面来看，数字经济包括大数据、云计算、物联网、区块链、人工智能、5G 通信等新兴技术；从应用层面来看，“新零售”“新制造”等都是其典型代表。

3. 2　数字经济的特点

（1）网络经济三大定律

数字经济与数字技术密切相关，因此数字经济受到互联网发展规律的支配，这里重点介绍网络经济三大定律。

①摩尔定律（Moore’s Law）。

摩尔定律：计算机硅芯片的处理能力每 18 个月就翻一番，而价格以减半数下降。摩尔定律由英特尔公司（Intel）创始人之一，曾任英特尔公司总裁和首席执行官的高登·摩尔（Gordon Moore）提出，并以其名字命名。

②梅特卡夫定律（Metcalfe's Law）。

梅特卡夫定律：网络的价值等于其节点数的平方。梅特卡夫定律是由以太网的发明人罗伯特·迈特卡夫（Robert Metcalfe）提出，并以他的名字命名，所以网络上联网的计算机越多，每台电脑的价值就越大，“增值”以指数关系不断变大。

③达维多定律（Davidow's Law）。

达维多定律：进入市场的第一代产品能够自动获得50%的市场份额，所以任何企业在本产业中必须第一个淘汰自己的产品。达维多定律是由曾任职于英特尔公司的高级行销主管和副总裁威廉·H. 达维多（William H Davidow）提出，并以其名字命名，实际上达维多定律体现的是网络经济中的马太效应。

（2）网络经济三大定律基本特征

①虚拟性。

数字经济中的电子商务、数字交付服务等提供的服务产品均以数字化的形态存在，并不像工业产品一样必定会有实物产品相对应。

②快捷性。

网络空间中的数据传输，突破了时间、空间的约束，使人们的信息传输和经济往来可以在更广阔的区域、更小的时间跨度上进行。互联网突破了传统的国家、地区界限，将它们连为一体，使整个世界紧密联系起来，把地球变成一个“村落”。现代信息网络用光速传输信息，数字经济以接近于实时的速度收集、处理和应用信息，节奏大大加快了。

③高渗透性。

迅速发展的信息技术、网络技术具有极高的渗透性，这使得信息服务业迅速地向第一、第二产业渗透，三大产业之间的界限模糊，出现了第一、第二和第三产业相互融合的趋势。

④指数效应。

数字经济的价值等于网络节点数的平方。网络产生和带来的效益将随着网络用户的增加而呈指数级增长。在数字经济中，从众心理、群体效应显著，在一定条件下，优势或劣势一旦出现并达到一定程度，就会导致其不断加剧而自行强化，出现“强者更强，弱者更弱”“赢家通吃”的垄断局面。

⑤直接性。

由于网络的发展，经济组织结构趋向扁平化，处于网络端点的生产者与消费者可直接联系，降低了传统的中间商层次存在的必要性，从而显著降低了交易成本，提高了经济效益。如新兴的直播带货，产品从原产地或制造商处直达消费者，厂效一体，消灭了中间环节，完全改变了传统的产供销模式。

⑥可持续性。

数字经济在很大程度上能有效杜绝传统工业生产对有形资源、能源的过度消耗，由此造成的环境污染、生态恶化等问题也会随之减少，实现了社会经济的可持续发展。

3.3　数字经济发展趋势

（1）数字经济发展阶段

从技术角度来看，数字经济经历了两个大的发展阶段：数字经济 1.0 阶段和数字经济 2.0 阶段。

数字经济 1.0 阶段是从数字经济萌芽到 21 世纪第一个十年，核心是 IT 化，互联网应用刚刚开始发育。在这个阶段，信息技术在传统行业和领域得到推广应用，属于 IT 技术的普及期。通过推广应用 IT 技术，大大提升了原有经济系统的运行效率，降低了运行成本。同时，以 IT 设备制造和相应软件业为主体的信息产业成长起来，互联网开始兴起并得到初步应用。这一阶段，移动互联网应用和电子商务刚刚起步，还没有在全社会形成成熟的互联网商业模式。这个阶段持续到 21 世纪第一个十年之后。

数字经济 2.0 阶段是从 2010 年至今。移动互联广泛应用，电子商务蓬勃发展，特别是 2012 年之后，工业互联网兴起，基于数字技术和以互联网平台为重要载体的新的数字经济呈现爆发式增长态势，可以称为数字经济 2.0 时代。

数字经济 2.0 的核心是 DT① 化，万物在线互联出现了前所未有的速度增长，数据成为驱动商业模式创新和发展的核心力量。数字经济 2.0 架构在“云网端”新基础设施之上，生长出互联网平台这一全新的经济模式，并带来了商业模式、组织模式、就业模式的革命性变化。

与数字经济 1.0 阶段相比，数字经济 2.0 阶段在技术水平、业务方向、组织架构方面都存在着巨大的差异。

一是平台化。平台是数字经济 2.0 阶段的基础，依托“云网端”新基础设施，互联网平台创造了全新的商业环境。信息流不再被工业经济供应链体系中存在的巨头所阻隔，供应商和消费者的距离大大缩短，沟通成本大大降低，直接支撑了大规模协作的形成。信息的透明使得企业信用不需要和规模挂钩，各种类型、各种行业的中小企业通过接入平台获得了直接服务消费者的机会。

在生态上，成熟的数字经济 2.0 平台上的生态极为丰富。以阿里巴巴为例，平台为买卖双方提供了基础、标准的服务，大量个性化的商业服务，则由生态系统内各种各样的服务商所提供。目前，服务市场已聚集数万家服务商及服务者，为千万家淘宝及天猫卖家提供服务，年交易规模数十亿元，提供了包括店铺装修、图片拍摄、流量推广、商品管理、订单管理、企业内部管理、人员外包等相关服务与工具几十万个，借助数字经济 2.0 平台能够实现超大规模的协作。在大淘宝的零售平台上，“大淘宝平台+4 亿消费者+约 1000 万在线商家”，共同构成了一个超大规模的分工/协作体系，这种超大规模的用户数，是工业时代的公司无法比拟的。

二是数据化。新兴的数字经济 2.0 阶段最重要的特征就是高度数据化。工业时代的公司以 IT 技术为核心实现数字化，数据的流动以及在线化范围有限，数据应用场景主要局限在以自我为中心的小的生态圈中。在数字经济 2.0 阶段，数据的流动与共享推动着商业流程跨越企业边界，编织全新的生态网络与价值网络。广泛使用的云计算模糊了企业内部 IT 与外部 IT 的界限，公司 IT 系统一旦穿过防火墙，就非常容易与其他公司的 IT 系统

① DT 即 Data Technology，数据处理技术。

实现信息交流与交换，从而越过公司界限执行业务流程。公司间传统的数据与程序相隔离的状态被打破，随之将出现新的商业生态和价值网络，公司间的业务流程可能会高速增长，这反过来将有助于商业生态系统的建立和发展。

三是普惠化。在数字经济2.0阶段，“人人参与、共建共享”的特点，实现了普惠科技、普惠金融和普惠贸易。在科技领域，以云计算为代表的按需服务业务形态使个人及各类企业可以用很低的成本就轻松获得所需要的计算、存储和网络资源，而不再需要购买昂贵的软硬件产品和网络设备，大大降低了技术门槛。阿里研究院测算，云计算的使用可以使企业使用IT的成本降低70%，创新效率提升3倍。在金融领域，以互联网信用为基础的新型信用评分模型，对于普惠金融的实现具有不可替代的作用。利用大数据技术可以对不同风险个体的风险评估开展精准建模，从而能够匹配差异化的金融信贷服务，让更多个体享受适合其风险水平的金融信贷服务，可授信的客户数量将大幅提升。

在全球贸易领域，数字经济2.0为全球带来了普惠贸易的全新局面。普惠贸易意味着各类贸易主体都能参与全球贸易并从中获利，贸易秩序也将更加公平公正。同时，贸易流程更加方便透明，弱势群体能够参与到国际贸易中。因为在国际贸易中实现了信息对称，所以全球消费者能更加便捷地购买来自全球任意地点的商品，从而促进跨境电商快速发展。在这样的贸易中，各类参与主体都能从中获益，如消费者、小企业。

（2）数字经济发展趋势

当今世界正发生着人类有史以来最为迅速、广泛、深刻的变化，以信息技术为代表的高新技术突飞猛进，以信息化和信息产业发展为主要特征的综合国力竞争日趋激烈。信息化对经济发展和社会进步带来的深刻影响，引起世界各国的普遍关注。发达国家和发展中国家都十分重视信息化，把加快推进信息化作为经济和社会发展的战略任务。数字革命创造的信息产业已经成为一种战略性产业。

数字经济的基础在于信息化，信息化包括信息技术的产业化、传统产业的信息化、基础设施的信息化、生活方式的信息化等，其中信息产业化与产业信息化，即信息的生产和应用两大方面是关键。因此，数字经济呈现出与信息技术、数字技术密切关联的发展趋势。

趋势一：追求更快的市场响应。

随着消费者的需求不断变化和竞争对手不断出现，产品与服务的更新周期越来越短，这要求企业以最快的速度对市场做出反应，以最快的速度制定新的战略并加以实施，以最快的速度对战略进行调整。

迅速反应和迅速调整都要求企业建设自身的“数字神经”平台，未来几年中，70%的中国企业将建设自己的信息共享平台。

趋势二：客户导向。

敏捷的发现客户需求已经成为影响数字经济并推动其发展的重要因素。大数据技术的广泛应用，使顾客的浅层次体验和深层次需求都更容易获得，企业需要及时的制定应对策略。电子商务销售商必须实时获取用户反馈，发现顾客的真正需要，并保护好用户信息等隐私。

基于大数据的精准客户画像将能够发现用户自己并不知道的潜在偏好，从而更好地服务客户，也为不良商家诱导客户非理性消费创造了机会。

客户导向的另一重含义是鼓励客户在产品研发阶段深度参与，从而拉近制造商与消费者的距离，制造出更能满足用户需要的商品。日益发达的网络技术为制造端和消费端的融合创造了条件。

趋势三：跨边界合作成为必然。

速度的压力使得企业必须通过合作进行资源整合并发挥自己的核心优势，规模经济的要求、新产品研发等巨额投入的风险也迫使企业必须以合作的方式来分担成本，甚至是与竞争对手进行合作，形成合作竞争关系。

信息技术手段特别是互联网技术，极大地降低了合作沟通的信息成本，使得广泛的、低成本的合作成为可能。通过信息平台而不是组织整合平台，伙伴间形成了虚拟企业，这样的虚拟企业既具有大企业的资源优势，又具有小企业的灵活性，为合作各方带来了极大的竞争优势。未来企业将有 60%的网络应用是用于内部业务和伙伴的业务沟通。

趋势四：更加重视产业链生态。

在信息技术的快速发展之下，许多行业出现了大的断层，产业的游戏规则在变化，新的对手来自四面八方，新的供应商随时产生。这种断层既对行业中的现存者提出了挑战，又为新生者提供了机会，各个行业都不同程度地存在行业重新洗牌的机会。

许多中间环节面临被消除的危险，它们被迫提供新的、更大的价值。许多企业进入价值链的其他环节（上游或下游），比如制造业向服务业转型，或者在价值链中重新定位（如从品牌制造商转为 OEM[①] 制造商）等。

企业主动或被动地利用数字化手段以应对价值链重构，或重新抓住自己的客户，或重组优化自己的供应商队伍。

趋势五：柔性制造越来越普遍。

在传统经济中，商品或服务的多样性（Richness）与到达的范围（Reach）是一对矛盾。大众化的商品总是千篇一律，而量身定制的商品只有少数人能够享用。

但数字技术的发展改变了这一切。企业现在能够以极低的成本收集、分析不同客户的资料和需求，通过灵活、柔性的生产系统分别定制，在这方面国外汽车和服装行业提供了许多成功案例。大规模量身定制生产方式将给每个客户带来个性化的产品和服务，同时要求企业具备极高的敏捷反应能力。

趋势六：数据驱动经济增长。

从数据量的角度来看，PB[②] 是大数据的临界点。根据 IDC 发布的《数字宇宙报告》，到 2020 年人类拥有的数据量将达到 ZB（1ZB = 1 048 576PB）级。随着 5G 以及物联网（Internet of Things，IoT）技术的应用普及和在线化，人类将迎来数据“核爆”。数据将如同农业时代的土地、资源、劳动力和工业时代的技术、资本一样，成为数字经济时代的重要生产要素。

数据驱动发展范式持续创新，消费者成为推动创新的核心力量，产业

---

① OEM 即 Original Equipment Manufacturer，指品牌生产者不直接生产产品，而是利用自己掌握的关键核心技术负责设计和开发新产品，控制销售渠道，具体的加工任务通过合同订购的方式委托同类产品的其他厂家生产。

② PB 即 Petabyte，千万亿字节。

模式的变革围绕消费者需求的变化而展开，生产者和消费者在线常态化。

最新一份报告显示，截至 2021 年 1 月，全球手机用户数量为 52.2 亿人，相当于世界总人口的66.6%；互联网用户数量为46.6 亿人，而社交媒体用户数量为 42 亿人。2021 年，全球社交媒体用户在社交媒体上花费的时间将达到 3.7 万亿小时。这是一片数字经济的蓝海。

（3）数字经济发展展望

过去二十年是移动互联网、云计算、物联网等技术自身积累与进步的时期，未来十年，这一轮技术则向零售、制造、教育、医疗、文化等行业深入渗透。与此同时，各种新技术将层出不穷，量子计算、区块链与生物科技等将在未来获得突破性进展。伴随技术进步，经济组织也将进一步演化，数字经济 2.0 时代的平台经济体将进入蓬勃发展的黄金阶段，成为全球经济活动的主角，彻底改变我们的工作、生活。

①“平台人”将成为数字经济的新主角。

随着 5G 技术的日益普及，工业互联网应用日益广泛，万物互联程度进一步加深，社交网络和商品网络的融合已经创造出了中国奇迹，并将进一步绽放光彩。在网络的连接下，亿万人（个体）将工作和生活在各类平台之上，成为数字经济生态系统中的新新人类——“平台人”，基于互联网的“平台式创业”将成为一种重要的就业方式，无数的平台将为社会创造上亿个就业机会，成为促进民生发展和社会稳定的重要基石。

“平台人”这一概念跨越地理距离、弱化种族差异、助力残障人士等弱势群体，为大众创造更加公平且更易获得的就业机会，使得“分布式就业”越来越普遍。基于数字技术的产业、商业和经济模式快速创新、演化、迭代，大量高度细分、高度差异化的新职业将大量涌现。

在平台上，每一个个体都有平等的权利和机会成为数字经济活动中的活跃主体。每一个个体的创新、创业、创意、创造能力将得到极大释放，人人设计、人人制造、人人销售、人人消费、人人贸易、人人银行、人人物流等新的生产经营模式将逐步涌现。众创、众设将成为企业技术研发和产品设计的重要方式，4D 打印将成为满足个人化、快捷需求的新型制造模式。

八小时工作制将被打破，大量人群将通过平台实现自我雇佣和自由就业，灵活就业成为未来人们的重要就业形态。在制造业领域和服务业领域大量重复、枯燥、繁重的劳动，以及大量的家庭服务将被人工智能机器人取代，人工智能机器人将成为重要的劳动力大军，这也必将造成人类在特定时期内的技术性失业。随着智能化技术的发展，“平台人”的工作将越来越简单，人类将更多地倾向于成为音乐家、数学家、运动员、服装设计师、瑜伽大师、小说作者等，成为给机器人安排任务的“主人”，人类和机器之间将形成一种共生共存的关系。

②数据“核爆”带来更大的不确定性。

随着物联网、移动互联网提档升级，超过万亿个传感器将接入互联网，使得数据汇聚的速度以“核爆”式增长，算力的增加、算法的进步和数据的汇聚产生的叠加效应，将引发更大的不确定性。

人与人、人与物、物与物构建了互联互通的网络，人与机器自由穿梭在边界日益模糊的虚拟与现实之间，共同编织着生动的实时在线世界。数据量将呈现爆发式增长，真正成为核心生产要素，通过在线数据、迭代算法、实时计算匹配供需，进行市场资源配置。

预计未来十年：超过万亿个传感器将接入移动互联网，超过10%的衣服、鞋、眼镜等都能接入移动互联网，首款植入人体式手机也将上市；无人驾驶汽车将占美国汽车保有量的10%，人们将乐于使用汽车共享计划而非使用私家车，全球范围内使用汽车共享服务的行驶里程将超过私家车；超过10%的人拥有人工智能私人助理，它可以为我们买东西、搭配饮食、提供健康咨询、安排行程、补充知识等；自然人机交互成为主流，人类可以通过自然语言、身体动作，甚至思考意识与机器进行交流；全球的数据量将超过230ZB，以数据计算为基础的零人工干预的经济模式也将迅猛发展，预计将超过经济总量的10%；计算量将代替耗电量成为衡量经济活跃度的重要指标。

数字经济是以交易和账户为中心的经济体系，交易效率远远超过生产效率，不同于以生产为中心的工业经济体系。从生产到消费，从柜台到平台，从IT到DT，数字经济的发展将对作为传统经济学基础的诸多经济理论假设带来巨大冲击，如市场理论、产业经济学理论、边际成本理论、产权理论、资源稀缺性、理性人假设等，很多理论可能被推翻，需要在新的背景下重构。

预计未来十年，经济学者将更深入地参与到数字经济实践中，创造性地提出数字经济的核心概念，研究数字经济的核心问题，并创造性地构建起数字经济的理论体系或框架；数据产权、消费者到企业（Customer to Business，C2B）产业组织、“平台+个人”的企业组织、互联网信用等理论研究将取得突破；对“平台经济体”的认识和测度取得突破并为社会各界接受，“数字经济”作为一个专门门类，成为国民经济统计体系的新类别。

不管我们是热切拥抱，还是熟视无睹，不管我们是兴奋，还是焦虑，都将会与技术的大变革相伴而生。想象未来，许多主导我们生活、工作的数字产品、数字服务还在路上，数字经济的创造才刚刚开始。

4 企业数字化转型的根本动力

在快速变化的市场中竞争发展，如何获得更大的市场份额、更多的盈利以及更广阔的发展前景，是企业不断转型升级的根本动力。在当下的宏观背景下，企业为什么要进行数字化转型，不同的企业可以罗列出很多必须转型的理由，但归结起来无外乎四大类：数字经济大趋势、市场竞争的需要、技术发展的引领和客户端的倒逼机制。

4.1 数字经济大趋势

2019 年 4 月 18 日，中国信通院发布《中国数字经济发展与就业白皮书（2019 年）》（以下简称《白皮书》），这是继 2015 年以来，中国信通院连续第五次发布数字经济白皮书。《白皮书》显示，2018 年，我国数字经济规模达到 31.3 万亿元，按可比口径计算，名义增长 20.9%，占 GDP 的比重为 34.8%。数字经济发展对 GDP 增长的贡献率达到 67.9%，贡献率同比提升 12.9 个百分点，超越部分发达国家水平，成为带动我国国民经济发展的核心关键力量。

2016 年，在杭州 G20 峰会上，“数字经济”成为热词。中国作为“数字经济”议题的主席国，组织二十国集团成员成立了 G20 数字经济工作组，组织召开了各类多边、双边国际会议共计 30 余场，最终形成了成果文件《G20 数字经济发展与合作倡议》，并第一次在会议决议中明确了“数字经济”的定义：数字经济是指以使用数字化的知识和信息作为关键生产要素、以现代信息网络作为重要载体、以信息通信技术的有效使用作为效率提升和经济结构优化的重要推动力的一系列经济活动。这是我国数字经济掀起的第一波大潮，之后潮涌不断。

2017 年，第四届世界互联网大会在浙江乌镇开幕，“数字经济”再次成为大会的最热词。国家主席习近平在致大会的贺信中指出：“中国数字经济发展将进入快车道。中国希望通过自己的努力，推动世界各国共同搭乘互联网和数字经济发展的快车。”

2018 年，首届中国国际智能产业博览会在重庆召开，国家主席习近平向会议致贺信。贺信指出，中国高度重视创新驱动发展，坚定贯彻新发展理念，加快推进数字产业化、产业数字化，努力推动高质量发展、创造高品质生活。中国愿积极参与数字经济国际合作，同各国携手推动数字经济健康发展，为世界经济增长培育新动力、开辟新空间。

2019 年，中国国际数字经济博览会在河北省石家庄市开幕，国家主席习近平致贺信指出，当今世界，科技革命和产业变革日新月异，数字经济蓬勃发展，深刻改变着人类生产生活方式，对各国经济社会发展、全球治理体系、人类文明进程影响深远。习近平主席强调，中国高度重视发展数字经济，在创新、协调、绿色、开放、共享的新发展理念指引下，中国正积极推进数字产业化、产业数字化，引导数字经济和实体经济深度融合，推动经济高质量发展。

2020 年被中国和东盟国家领导人确定为中国—东盟数字经济合作年。

中国如此重视数字经济，世界各国莫不如此。美、日、韩等国举措频出，2015 年，欧盟启动《数字化单一市场战略》，通过一系列措施消除法律和监管障碍，着力将 28 个成员国打造成统一的数字市场；2016 年 4 月，出台《产业数字化新规划》，计划在 5G、云计算、物联网和网络安全等重点领域加快建立共同标准，以统筹欧盟各成员国的产业数字化转型，逐步形成《欧洲工业数字化战略》。

表 1-4-1 是 2008 年和 2018 年全球市值前十的公司排名，从中能够看出一个颠覆性的变化——经营数字产品的公司占据主流。数字经济的来临就是大势，传统企业在各自的领域竞争多年，市场划分已经形成大致稳定的疆域，想从对手那里夺得哪怕一寸疆土也要经历残酷的厮杀。

数字经济则完全不同，这是一片陌生的疆域，究竟有多大，现在还看不到边际，先入者可以享受“跑马圈地”的领先优势。所以，是在一片传统的、拥挤的红海里生存，还是在一片广阔的蓝海里发展，如何选择，一清二楚。

表 1-4-1　2008 年和 2018 年全球市值前十的公司排名

2008 年全球市值排名				2018 年全球市值排名			
排名	公司	市值（亿美元）	行业	排名	公司	市值（亿美元）	行业
1	埃克森美孚	452.5	石油天然气	1	苹果公司	11331.1	信息技术
2	中国石油	424.0	石油天然气	2	亚马逊	9628.3	信息技术
3	通用电气	369.6	一般工业	3	谷歌	8786.6	信息技术
4	俄罗斯天然气	299.7	石油天然气	4	微软	8642.8	信息技术
5	中国移动	298.1	移动通信	5	伯尔希尔	5222.3	金融
6	中国工商银行	277.2	银行	6	脸书	5111.3	信息技术
7	美国微软	264.1	软件	7	阿里巴巴	4580.6	信息技术
8	美国 AT&T 公司	231.2	固定电信	8	腾讯控股	4333.6	信息技术
9	英荷壳牌	220. 1	石油天然气	9	摩根大通	4016.6	金融
10	美国宝洁	215.6	日化用品	10	强生	3619.6	医疗

早在 1996 年，尼葛洛庞帝就出版了《数字化生存》一书，被誉为 20 世纪信息技术及理念发展的“圣经”，书中预言：“数字化生存是现代社会中以信息技术为基础的新的生存方式。在数字化生存环境中，人们的生产方式、生活方式、交往方式、思维方式、行为方式都呈现出全新的面貌。”

潮流就是风口，小米创始人雷军说过：“站在风口上，猪都能飞起来。”直播带货的大潮流来了，49 岁的罗永浩两个小时带货 1.2 亿元，66 岁的董明珠两个小时带货 3.1 亿元，这就是顺应潮流的价值。

站在潮流当中，自然有神性的光环加持。数字经济大势成为数字化转型的第一推动力。

4.2　市场竞争的需要

在全球一体化背景下，几乎所有的竞争都是全球性的，一个企业只有比世界上任何一个角落的同类企业成本更低、性能更优、功能更多、响应市场变化更快，才能脱颖而出，这是企业生死攸关的大事。

什么是企业降本增效的利器？图 1-4-1 是麦肯锡公司对数字技术可能给企业带来的潜在价值的预测，有许多生动的案例都证明了这些预测的可靠性。中国石化集团公司在某下属炼化企业开展智能化仓库建设，用工总量从原来的三百余人降至十余人，而仓库周转效率提升一倍；在某油田开展油井物联网系统建设，实现了油井数据的自动化采集和智能巡井，用工数减少超过 80%。

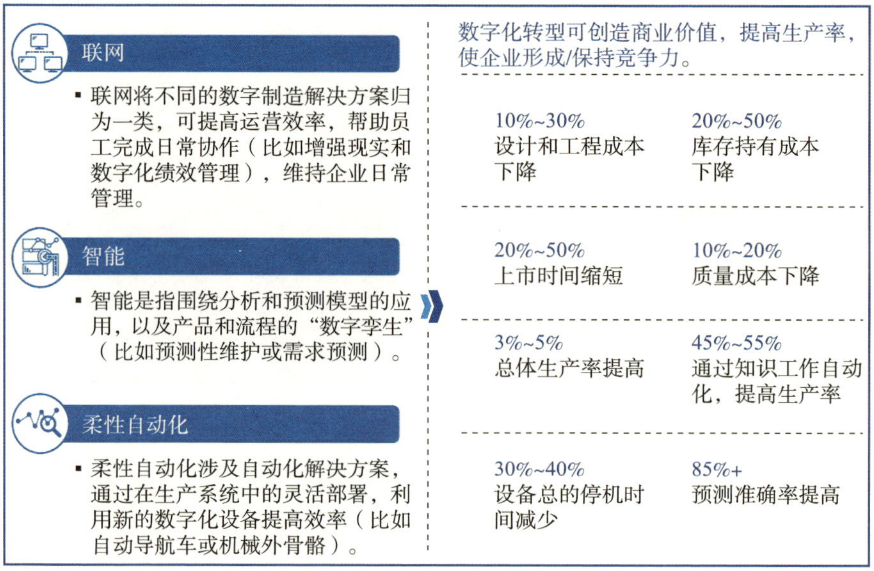

图 1-4-1　麦肯锡公司对数字技术可能给企业带来的潜在价值的预测

资料来源：McKinsey&Company。

2017 年 10 月，世界经济论坛发布的《第四次工业革命对供应链的影响》白皮书指出，数字化变革将使制造业企业成本降低 17.6%、营收增加 22.6%，物流服务业成本降低 34.2%、营收增加 33.6%，零售业成本降低 7.8%、营收增加 33.3%。

互联网时代信息不对称现象几乎消失，所有的企业在同一个市场上面对面竞争，优劣高下一目了然，拥有更低成本和更快响应速度的企业就能抢得发展先机。没有哪一种技术像数字技术一样，在提高劳动生产率、降本增效方面如此立竿见影。

在很多领域，是否采用了数字化技术甚至成为一种价值符号。在白色家电领域，空调加上智能遥控，身价倍增，冰箱加上移动应用就引导了消费潮流。数字化技术成为产品竞争的强大武器，越是竞争白热化的市场领域，越能凸显数字技术的价值。

激烈的生存竞争成为数字化转型的第二大驱动力。

4.3　技术发展的引领

《科技想要什么》是凯文·凯利的科技三部曲之一，另外两部是《必然》和《失控》。在这部书中，凯文·凯利向我们介绍了一种全新的科技观，他认为，作为整体，科技不是由线路和金属构成的一团乱麻，而是有生命力的自然形成的系统，它的起源完全可以回溯到生命的初始时期。凯文·凯利令人吃惊地宣称，现在人类已定义的生命形态仅包括植物、动物、原生生物、真菌、原细菌、真细菌六种，但技术的演化和这六种生命体的演化惊人相似，技术应该是生命的第七种存在方式。

我们不去讨论这种观点的正确与否，但我们能够清晰地感受到科技作为一种独立的力量甚至是颠覆性力量，在企业变革中发挥着巨大的引领作用。

19 世纪初，英国最大的煤油灯公司爱和灯具公司与德意志帝国的一家叫作苏梅的油灯公司为了争夺欧洲的煤油灯市场，展开了激烈的竞争。两家公司都投入巨资，在煤油灯的设计、亮度、持久度上进行改良，爱和灯具公司甚至用国家力量，搞贸易保护，以禁止德国的煤油灯登陆英国市场。这场英德之间的竞争，在历史上被戏称为煤油灯大战。然而，一个全新的科技借助爱迪生之手诞生了，这种科技叫作电灯，它轻易地摧毁了煤油灯行业。

同样的事情还发生在汽车和数码照相上，它们分别颠覆了马车行业和胶片行业。请注意，这里的颠覆性技术都不是用户提出的“新需求”。正如汽车大王亨利·福特所言：“如果我当年去问顾客他们想要什么，他们肯定会告诉我，是一辆更快的马车。”在电灯技术出现之前，没有哪个用户提出需要一盏电灯，他们需要的只是更亮的煤油灯。

一个更典型的案例发生在著名的欧洲手机厂商诺基亚身上。诺基亚曾经是全球的手机产业霸主，在全盛时期做了一件大事——建了一个详细的全球手机用户数据库。这个数据库的数据非常精准，诺基亚在全球找了很多调研公司和机构，花了天价（以亿元人民币计算），访谈了数以万计的用户。这个数据库被认为是诺基亚的核心竞争力之一，每当它们要做新产品时，就打开数据库调出目标用户的各项数据，一张清晰的用户画像就出来了：生活在哪里，年龄多大，做什么工作，有什么爱好，愿意花多少钱买一部手机，多长时间换手机……然而，精准的用户需求也抵不过科技发展的力量，苹果公司就用一个小小的数码产品，让诺基亚的商业帝国轰然倒塌。

打败煤油灯的，不是亮度更高的煤油灯，而是电灯；消灭马车的，不是速度更快的马车，而是汽车；颠覆传统胶片的，不是更精细的胶片，而是数码。这让我们看到，在所有传统企业面前，除了对手，还潜伏着一个更加恐怖的敌人——数字技术。所以，只有未雨绸缪，才能防患于未然。

在重大历史变革时期，企业最可怕的敌人不是商场上的对手，而是你根本意识不到的另一种“生物”——科技。对手可能会给你带来一定的损失，但科技带来的可能是整个行业的颠覆。所以，一定要认识到，科技作为一种独立的力量存在着，并且在历史长河中，以远比人类（至少是大多数人）更快的速度前进，它不容忽视，无法阻止，只能跟随，就像眼前的数字技术一样。

在这里，把驱动力单独拿出来讨论，还有一个深层次的原因，就是在大多数传统企业中，信息化部门都是作为企业核心业务部门的附属部门存在，企业信息化建设也往往围绕着业务部门提出来的需求开展，这就造成了业务部门的需求成为信息化建设的“天花板”，客户的需求永远是“一辆更快的马车”，如果遵从客户需求，就永远也不会有汽车的出现，这就严重抑制了来自数字技术的创新引领作用。每一个传统企业的管理层都应该反思，自己是不是堕入了只要“一辆更快的马车”的陷阱。有人说“客户只有欲望，没有需求”，这句话值得深思。

在传统企业，一定要更好地释放数字技术的独立价值，因为它本就是一匹野马，少一些管束，才能跑出一条新路。

4.4　客户端的倒逼机制

2020年4月，中国权威机构中国互联网络信息中心（CNNIC）发布了第45次《中国互联网络发展状况统计报告》，报告显示，中国网民数超过8.9亿人，几乎超过99%都是手机网民，这意味着接近70%的人已经成为“数字居民”，他们的生活方式、消费行为决定着企业的选择。

有一次，笔者在小区门口看到一个老人在摆摊卖菜，本来想买一些，但因为他无法接受手机支付，只得作罢。谁知第二天再见到时，老人主动出示了新打印的二维码，这就是一种倒逼。

随着数字时代的到来，企业必须习惯消费行为的“量子态”：各不相同、随时变化、多态叠加，这给企业了解和掌握用户行为带来了巨大的挑战，互联网技术、大数据技术等数字技术成为企业必须掌握的技术。基于大数据的客户画像、精准营销、自动推送等技术大行其道，这也是一种倒逼。

中国是全球最大的服装出口基地，过去一个外贸服装订单量可以达到百万级，后来订单量下降到了十万级、五万级，而今天外贸服装的订单最小批量只有3000件左右，线下订单降至1500件，而且还在不断下降。同时，订单的交期从过去的一年、半年、三个月进一步压缩到十五天。不仅如此，网络上还出现了很多B2C的服装企业，它们为顾客提供服装的个性化定制，一身可以，一件也行。可见，日益个性化的客户需求，倒逼企业采用最新的数字化技术。

以“客户为中心”是数字经济的核心理念之一，这个理念不同于传统的“顾客就是上帝”的概念，更加强调挖掘客户需求，甚至是引领客户需求。当前，蜚声世界的工业4.0强调，不仅要关注产品如何被制造出来，更要关注客户如何用好这个产品，为客户提供最佳的使用体验。无处不在的物联网技术能够实时获取产品使用过程的数据，大数据分析技术能够从这些数据中挖掘用户的偏好、习惯和感受。数字时代的工业界，卖给用户的不再是产品，而是一种有价值的能力。

客户消费模式的数字化趋向，成为企业数字化转型的第三大驱动力。

数字世界的宏大画卷正徐徐展开，正如18世纪中叶第一次工业革命发生时人们见到轰隆作响的“机器怪兽”的迷惑和震惊一样，站在数字世界的入口，其中的光怪陆离，让一些人迷惑不解，一些人沉醉沉沦，一些人目瞪口呆，一些人惊喜连连，这对世界上的所有人来说都是一个全新的契机。相对于土地和资本的厚重所有权，0和1代表的数字要素更加轻灵，也更加容易获得，就像你在网上不经意地发出一个奇谈怪论，就可以获得一大批“粉丝”数据。

太容易获得的数据总是不被人们重视！所以，我们自身的很多数据已经不知不觉汇集成“大数据”，流入互联网巨头的手中。这些数据不但为他们带来了巨大的经济价值，而且被巧妙地利用，反过来把我们这些贡献过珍贵数据的普罗大众当成了“韭菜”，一遍遍无情地被“收割”。譬如我们日常生活中购买蔬菜，互联网巨头通过简单几步就能形成垄断，控制生产端、零售实体店，进而控制消费者。

第一步：以低价甚至是“零价格”吸引终端用户在平台上注册，通过补贴等手段，吸引社区实体店“上平台”。

第二步：通过垄断终端用户，打压盘剥社区实体店。

第三步：通过充值才能打折、会员价等方式盘剥用户。

第四步：多花钱才能买到喜欢的菜，这是典型的大数据“杀熟”。

第五步：利用用户画像和用户分级数据定菜价——住高档小区、开豪车，菜就贵几倍。

第六步：压榨种菜人、供应商，打通供应链，为用户节约中间成本，其实节约的成本都进了平台自己的腰包。

第七步：互联网巨头开始自己种菜、养鸡，声称“原生态、无抗生素”。

第八步：从国外运回冷链猪肉，“用户”永远是正确的。

社区实体店消亡，终端用户只剩下使用平台这一条出路；价格无端地被抬上去，品质却降低不少；你想投诉，互联网就要封杀你，打客服电话，发现对方是机器人。像买菜一样，打车出行、旅行住宿等日常生活中的很多事情，都一步步走向了完全类似的“数字控制”的深坑。在数字世界这个崭新的世界里，我们需要小心翼翼地探索，谨慎，谨慎，再谨慎。

上篇

大人虎变——企业数字化转型认知

【2分钟快读】

数字化转型从宏观上看是从传统经济向数字经济的迁徙，这个星球上的万事万物概莫能外，都在这个“迁徙”的洪流之中。从个人、组织到政府，或被动或主动，或自觉或不自觉地都在迁徙，这既是一个现象，也是一股潮流。

从每个企业来看，作为一个以营利为目的的经济组织，做任何事情都要考虑投入产出和价值回报，还要兼顾眼前利益和长期利益，企业数字化转型也不例外，所以要主动、自觉地推动转型。

企业数字化转型是技术、管理、业务、人才等多个层面聚合演化的复杂系统工程，无论从哪个角度来看，企业数字化转型都极其复杂。综合国内外研究和咨询机构的研究成果以及各类企业的转型经验，结合自身的转型实践，本篇提出了企业数字化转型的极简定义，即“26字诀”，企业数字化转型是“以价值创新为目的，用数字技术驱动业务变革的企业发展战略”。

定义是“纲”，定义清楚了，纲举目张，其他所有复杂的问题都迎刃而解。

本篇还讨论了转型的四种模式、规划方法、落地策略、风险、趋势、保障措施以及成熟度评估等，构成了企业数字化转型的完整体系，这是一个复杂的生态体系，把复杂问题简单化即“14553”：一个定义、四种模式、五步法落实实施、五星级成熟度评价、企业数字化转型三定律和第五种力。这样看来，企业数字化转型就转化成了几个数字问题。

是为上篇。

企业数字化转型认知

近年来，笔者一直在关注、跟踪和研究企业数字化转型问题。一开始研究这个问题的时候，按照惯例，首先，咨询国际上一些知名的咨询公司，如高德纳、麦肯锡、德勤等，听它们带来国外的观点和看法；其次，是和国内外知名 IT 公司开展交流，如国外的 IBM、戴尔，国内的华为、阿里巴巴、百度等；再次，是邀请知名大学、科研院所开展交流；最后，是参加政府、协会或者企业主办的一系列交流会、研讨会、闭门会以及各种论坛。在这个持续了两年多的学习、讨论、争论的过程中，笔者发现了企业数字化转型落英缤纷、争奇斗艳的思潮、观点，也在不断地学习和研讨中，逐渐梳理、明晰了自己的认识和思路。

综合不同视角和不同内容，笔者将数字化转型分为四个层级进行研究，如图 2-1-1 所示。

图 2-1-1　数字化转型的四个层级

第一层级是现象级。数字化转型是一种广泛存在的社会现象，可观察、可讨论。如议论纷纷的“宅生活”，就是一种数字化生活现象，利用网购、外卖、快递和移动支付，一个人可以很长时间不离开自己的家，与世隔绝、与网为伴，依靠数字技术独自生活。这一现象已经引发不少问题，引起广泛社会关注。

其实，关于数字化生存的话题，早在 1996 年，美国学者尼葛洛庞帝就出版了著名的《数字化生存》一书。尼葛洛庞帝是麻省理工学院教授、MIT 媒体实验室主席和共同创办人，1996 年 7 月，被《时代》周刊列为当代最重要的未来学家之一。

尼葛洛庞帝早就观察到，数字化生存是一种社会生存状态，即以数字化形式显现的存在状态；是一种生存的方式，即应用数字技术，在数字空间工作、生活和学习的全新生存方式，是在数字化环境中所发生的行为的总和及其体验和感受。数字化生存体现了一种全新的社会生存状态，它将给人们带来另类的生存体验。在互联网另类生存空间中，人们可以寻找和体验各种超越现实空间拘囿的生存状态。

①体验虚拟生存状态：超越现实，实现自我。

②感受网络人际交流的魅力：实话实说，重在过程。

③体会虚拟社区的逼真：另类自我，真实呈现。

④尝试新型的情感交流与体验：摈弃物质属性，重新学会爱人。

⑤领略网络语言千姿百态：另类语言表达，另类存在体验。

数字化生存作为一种社会现象，早已被有识之士发现并开展相关研究，但随着技术的发展，数字化生存状态也处在不断升级和变化中。

第二层级是趋势级。数字化转型是一种初露端倪的社会发展趋势，可感受、可描述。如从实体商场倒闭潮，到小区周边小卖店的明显减少，人们深切感受到数字化电商汹涌而来的大趋势。与此同时，不少消费者也感受到了从补贴、低价诱惑下载使用 App，到逐渐垄断市场、肆意定价，再到打压生产端、摧毁中间层、压榨消费端的电商策略，这是一种不好的发展趋势，数字化垄断甚至是数字霸权日渐显现。

第三层级是战略级。任何一个组织，小到普通企业，大到国家，都可以也应该把数字化转型作为一个长远发展战略。世界上各主要发达国家都在大力推进数字化转型，纷纷把数字经济当作经济发展的新引擎。

企业层面的数字化转型也是一项战略级任务，是一项需要“一把手”推动的宏大工程，可操作、可实施，是企业发展道路上的一次重大抉择。企业数字化转型既要有人力、物力、时间、金钱等各方面的投入，也要有对近期和远期收益的预判。在企业经营者看来，企业数字化转型不是可供茶余饭后闲谈解闷的一种现象，也不是一种大众追捧的趋势，而是企业主动的价值追求。

第四层级是技术级。数字化转型和数字技术密切相关，因此，大谈数字技术，甚至把数字化转型当作一种技术来讨论的不乏其人。尤其是 ICT 技术公司，更是不遗余力地扛起数字化转型的大旗，推销自己所谓的“解决方案”。随着数字时代的到来，技术无疑发挥着越来越重要的作用，但绝不能单打独斗，单靠技术能解决某些生产问题，但解决不了从生产力到生产关系的全面转型问题。

从转型对象来看，广义而言，这个星球上的万事万物都在经历数字化转型，“5G+物联网”构成了万物互联的技术基础，也许下一个周末晨跑，你会发现路边的垃圾桶和电线杆已经数字化，它们会主动和你打招呼或者热情地向你推销产品。从研究的角度来看，我们关注这个星球上所有“有个体意识”的对象，比如个人、家庭、组织等都在经历数字化转型，如图 2-1-2 所示。

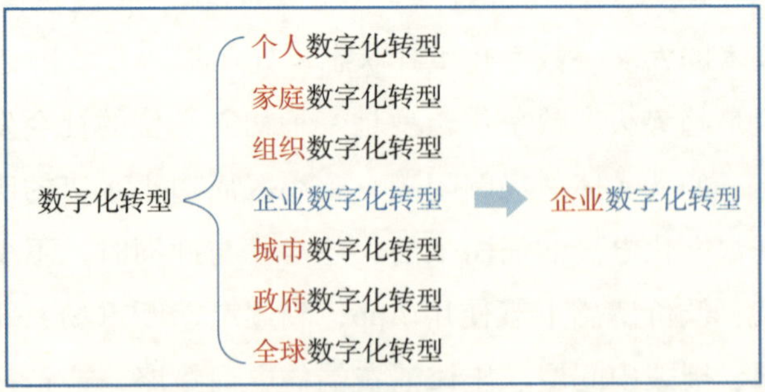

图 2-1-2　各个领域的数字化转型

在我们身边能观察到很多这样的现象：一名七八十岁的老人，带着老花镜，拿着智能手机刷短视频，在小小的屏幕上费力地阅读，身边放着的书已经落上了厚厚的灰尘；菜市场卖菜的头发花白的老婆婆在用二维码收钱；老人使用手机 App 的转账功能给孙子、孙女发红包；老人通过定期在平台上发短视频，将自己打造成了“网红”。

个人如此，家庭、企业乃至政府、国家，也都同样经历着数字化大潮的洗礼，或被逼无奈，或主动出击。数字化转型是时代给出的考题，这个星球上的万事万物都必须交出自己的答卷。

本书所讨论的数字化转型是企业数字化转型，再次强调，这不是一个只可观察、感受而无从下手的现象或趋势，而是一项可以深刻认识、认真谋划、精心设计、稳步推进，能够给企业带来价值，保证企业基业长青的系统工程。

1.1　企业数字化转型——为什么需要一个定义

概念是思想的基石，只有概念清晰了，思想才不会模糊，才不会出现众声喧嚣、自说自话的可笑场景。一个清晰的定义，无论是对企业数字化转型的推动者还是参与者来说，都非常重要。万众一心才能形成前进的合力，众说纷纭会因为沟通不畅产生大量内耗，只能徘徊不前。

首先，在很多企业，数字化转型的第一推手是企业的首席信息官（Chief Information Officer，CIO），CIO 经常遇到的一个问题是被决策层追问：“什么是数字化转型？你用一句话说清楚！”如果没有一个简洁明了的定义，而是长篇大论的特征描述，只会让董事会成员们觉得你考虑得还不够透彻，势必会动摇高层启动转型的决心。当你好不容易将数字化转型“挤入”董事会议程，却很可能因为定义不清，被推入“下次再议”的无穷等待之中。简洁明了、朗朗上口的定义有助于解决企业内部，特别是高层的统一认知问题。

其次，没有统一定义，会给讨论、交流和分享制造诸多困难。笔者应邀参加过一些所谓的数字化转型典型案例评选活动，审阅上报的案例材料时发现，清一色的信息化开发项目或者信息技术应用项目，可能上报者认为他们做的这些就是数字化转型，但是在笔者看来，这些项目仅仅是和企业数字化转型有一定联系的信息化项目而已，这跟一个相声里的台词意思差不多："两个小孩子都声称自己午饭吃的是炸酱面，一家的炸酱面是面条加鸡蛋卤，一家的炸酱面是玉米面做的卤，而且没有面只喝卤。"披着企业数字化转型的亮丽外衣，内里却兜售各自的"私货"，这是缺少准确定义的常见危害。

再次，因为没有准确定义，不少企业就随便把一个项目贴上数字化转型的标签，看似"高大上"，实则破坏了对数字化转型工作的整体评价，导致一系列虚假的"成功"或者"失败"案例产生。有些企业在申报项目时，为了提高通过率，给项目贴上数字化转型之类"高大上"的标签，其实项目与数字化转型毫无关联；也有些企业为了申报奖项，拿已经完成的项目做文章，也不管项目属于管理类、经营类还是生产类，统统挂上数字化转型的名头，这些不当行为扰乱了行业发展秩序，也败坏了数字化转型的"胃口"，在一定程度上迟滞了数字化转型进程。

最后，如果不准确定义企业数字化转型，在舆情的推动下，容易让企业把数字化转型作为当下唯一的选择，影响企业的健康发展。如前所述，尽管数字化转型是这个时代的主流，但企业所处的行业不同、发展状况不同，有多种多样的选择，没有高低之分，只有效果好坏的差别。所以，对于数字化转型不能过度宣传，不能把数字化转型当成万能"良药"。

要把历史发展的大趋势同企业在这一趋势中应该采取的策略区分开来。

虽然企业身处数字化转型的大时代，但是不能将企业的每一个行为都称作数字化转型。

人类社会的发展如滚滚长江，从历史走向未来的不同江段，时而舒缓、时而湍急。目前，人类社会的发展马上就要进入"三峡江段"，两岸收紧、河面变窄、曲折弯转、水流湍急、暗礁丛生，处于水流中的鱼鳖虾蚧、草木泥沙都能从流速的变化、天空视域等的变化感觉到"三峡时代"的来临，正在经历"三峡转型"。无数"生灵"都在讨论"三峡转型"，开始认识到这是一个大趋势，应该顺应这个大趋势，把不适应的东西剔除。无数专家都在讨论“三峡转型”的特点，呼吁企业积极地参与转型。

其实，处于江水中的每一个“生灵”都无法置身事外。一些“生灵”觉得既然是大趋势，而且已经身处其中，顺其自然就好；一些有实力、有能力的“生灵”群体则不同，他们开始结合自身特点，根据自己对趋势发展规律的理解，研究对策、制定策略，不仅要平安度过“三峡时代”，还要在转型中发展、谋利，并谋求转机。

我们讨论企业数字化转型，不是讨论当前人类社会数字化转型的大趋势，而是探讨在这个大趋势背景下，一个企业应采取的具体的数字化转型策略，使企业不仅能在变化的大时代生存下去，还要在变局中开新局，在转型中谋发展，力争掌握新时代的主动权，要凸显“企业”这个主体的核心地位。

要把日常开展的信息化项目建设同企业数字化转型区分开来。

我们日常完成的某一个信息化项目可能对企业向数字化迈进有所帮助，但这不是企业数字化转型，不能把这个项目的成功说成是企业数字化转型的成功。这就好比到离家近的地方出差，顺便休假回家探亲，你绝不会同意把出差也当作休假。

首先是目的不同。日常的信息化项目一定是为了解决企业的某个特定问题，如建设一个门禁卡系统，是为了解决办公场所的进出和考勤问题，项目建设达成这一目标并通过验收就算完成了。这个项目的完成对企业数字化转型有所助益，但项目的成功和企业数字化转型的成功完全是两码事儿。

其次是技术手段不同。单一项目一般会从投资回报的角度选择最简单、实用的技术手段，快速推进、快速见效，对企业的长远价值考虑较少。

要把传统的企业改革与企业数字化转型区分开来。

来自行政管理的组织扁平化、压缩管理层、改革重组等改革措施，是从管理科学角度提出的优化、调整需求，从动力、手段和目标来看，都与基于数字技术驱动的组织变革不一样。

总之，一个简洁、清晰、准确的定义，对深化认识、统一思路、共享成果等都非常重要，对企业数字化转型的平稳推进、健康发展也至关重要。

1.2 企业数字化转型认识上的乱象

“数字化转型”是近年来工业界最流行、最时髦的词，新冠肺炎疫情的来袭，让视频会议、远程教育、网络展览、云签约等互联网商业行为大行其道，推动数字化转型的热度更上一层楼，从 IT 圈、工业界，到政府各界人士都在讨论数字化转型。

非常有趣的是，几乎每个人心中都有一个数字化转型的样子，一旦大家坐在一起谈论数字化转型的定义就会发现，同样的五个字竟然会有那么多不同的解释。

笔者搜集并研究了十几个不同行业的专家或者业界领袖对数字化转型的论述，参加了多个冠以“数字化转型”的讨论会，翻阅了众多关于数字化转型的专著，发现很多从不同角度对数字化转型的定义，大致可以分为四种。

第一种是政府部门的定义，关键词是“经济”。政府部门认定的数字化转型定义更宏观，更多地强调企业或者社会向数字经济的迁移，鼓励发展与数字技术相关的新经济，开创新的就业领域。这个定义体现了政府对数字化转型发展大趋势的认识和把控，也代表了一种政策导向。

第二种是咨询公司的定义，关键词是“方法论”。无论是埃森哲、麦肯锡、德勤，还是高德纳，它们都认为转型与所有的咨询项目一样，最重要的是方法论。一套合适的方法论是企业成功转型的重要保障，所以一定要从顶层设计出发，按照一定的方法论进行规划、设计和实施。同时，要对企业文化、组织管理等方面的因素有比较周全的思考。

第三种是 ICT 技术界的定义，关键词是“技术”。目前这个阶段，无论是微软、IDC，还是华为、阿里巴巴等信息技术公司，讨论数字化转型都更加关注技术、平台和数据治理能力等，着力推出自己的“完整解决方案”（Total Solution）。

第四种是企业界的定义，来自企业的专家给出的论述更多、更细，异彩纷呈、各具行业特色。由于所处行业不同，企业界大多是从行业甚至是本企业的业务特点或信息化发展现状出发对数字化转型进行定义，很多论述其实是暴露了自身在信息安全、软件产品化、物联网建设、5G应用等方面的问题。这些定义看似各抒己见、各有道理，实则盲人摸象、以偏概全。

Microsoft	数字化转型	· 客户交互 · 赋能员工 · 优化运营 · 产品转型
IBM	数字化重塑	· 数字化 内部人员与流程 · 数字化转型 面向客户的业务流程 · 数字化重塑 产品服务与用户体验创新
HUAWEI	数字化转型	通过新一代数字技术的深入运用，构建一个全感知、全连接、全场景、全智能的数字世界，进而优化、再造物理世界的业务，对传统管理模式、业务模式、商业模式进行创新和重塑，实现业务转型
Alibaba	数字化转型	· 基础设施云化 · 触点数字化 · 业务在线化 · 运营数据化 · 决策智能化
McKinsey & Company	数字化转型	· 战略与创新 · 组织变革 · 客户决策旅程 · 技术发展 · 流程自动化 · 数据与分析

图 2-1-3 不同企业对数字化转型的不同描述

图 2-1-4 盲人摸象

以上这几种对数字化转型的定义都有其正确的一面，都从一个侧面描述了数字化转型的某种特征（如图 2-1-3 所示），却像盲人摸象中的盲人一样，对于大象特征的描述都是正确的，但都不足以准确定义"什么是大象"（如图 2-1-4 所示）。要想准确定义数字化转型，需要从更宏观、更本质的层面去把握。

1.3 企业数字化转型定义

定义是思想的灯塔，一个清晰的定义能为企业数字化转型澄清思想、扫除混乱、指明方向、厘定道路，也能够帮助我们抓住事物的本质、坚定信念，给事业以出路，给成功以勇气。

笔者在此给出企业数字化转型的极简定义，即"26 字诀"，企业数字化转型是"以价值创新为目的，用数字技术驱动业务变革的企业发展战略"（如图 2-1-5 所示）。

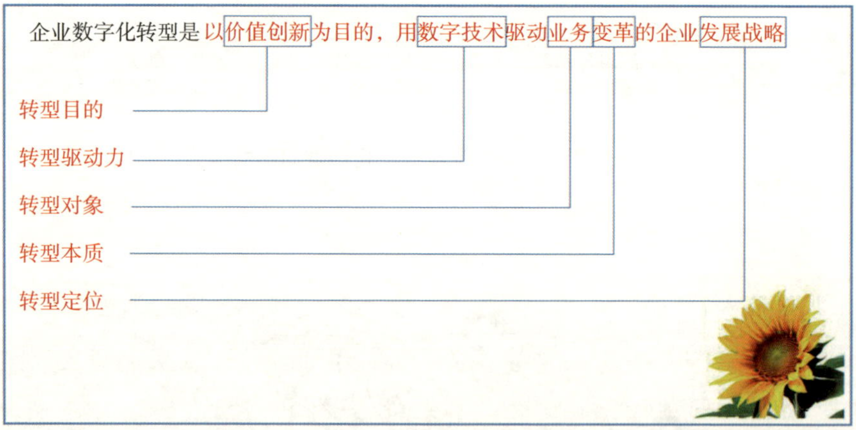

图 2-1-5 企业数字化转型的极简定义

第一，定义明确了企业数字化转型的目的，即通过数字化转型为企业带来新的价值。这些价值可以体现在新的业务上，体现在降低成本上，体现在流程优化上，也可以体现在人员效率上，它们都是原来没有的，是创生出来的。

第二，定义明确了企业数字化转型的驱动力。企业数字化转型的驱动力一定是数字技术，其他驱动力带来的企业变革不能算企业数字化转型。

前文谈到，企业转型的模式多种多样，但并不是所有的转型都是企业数字化转型，如利用金融杠杆带来的简单并购，以及中国石化原来主营的是汽车加油业务，现在开辟了汽车加氢业务等。

第三，定义明确了企业数字化转型的对象是业务。业务是企业发展的核心，管理层是为业务发展服务的，业务发生变化了，就需要管理层及时调整发展战略，这是被动因素。所以，要抓住数字化技术催生业务变革这个根本，让老业务创生新价值或者创生新业务，抑或对业务运行方式、盈利模式进行创新。当业务变革之后，再根据需要进行组织和管理变革，这样环环相扣，驱动发展。

第四，定义明确了企业数字化转型的本质是变革，是业务变革。大多数传统的信息化项目只是起到了业务支撑的作用，并不能变革业务，如原来用打字机打印文件，现在用电脑打印文件，实际上并没有让业务发生变革，算不上企业数字化转型。

第五，也是最重要的一点，定义明确了企业数字化转型的性质是企业发展战略，它是一个长期的过程，而不是一个短期的信息化项目。

这里需要再次强调两点。一是要把企业数字化转型和改革区分开来。改革通常是由高层决策驱动的，而不是由数字技术驱动的，改革通常从组织变革入手，进而带动业务调整；企业数字化转型正好相反，它由数字技术驱动业务转型，业务转型带动组织进行与业务相适应的调整（转型）。企业数字化转型的实质是生产力（数字技术）的进步，进而带动生产关系的变革。二是要把企业数字化转型和数字化项目区分开来。企业数字化转型是企业战略，是一个长期且宏观的目标，不可能一蹴而就，如果过分关注短期效益，忽略长期价值，就会导致评价体系失当，这就是为什么企业数字化转型成功率很低的原因。著名咨询公司麦肯锡曾在研究中披露，其研究范围内的企业数字化转型成功率不到10%，原因之一就是把很多短期项目当作数字化转型了。

并非所有的业务转型都是数字化转型，企业并购是业务转型的常见手段，但这种转型是否是数字化转型，关键要看驱动力是什么。天津融创房地产开发公司（以下简称“融创”）入主乐视网信息技术公司（以下简称“乐视”）是一个典型的跨界案例，即一个传统的房地产开发公司向新技术公司转型发展，但是融创根本不具备数字技术能力，当然也可能是双方的高层根本没有转型发展的想法，所以这只能算一个简单的并购，并不是数字化转型，不能把这一场败仗记在数字化转型头上。

假如融创自身有功能强大的数字技术平台，把乐视的业务加载到自己的平台上，用数字技术赋能、提升并放大已有的网络技术业务；或者融创把自己的业务加载到乐视强大的数字化平台上（如果有的话），借之提升、放大自己的房地产业务，这场融创和乐视的转型大戏肯定不会如现在这般惨淡收场，也许就是一场成功的“乐融”式数字化转型轻喜剧。

我们是否把所有带来新价值的企业变革都归入企业数字化转型，关键要看驱动力是不是数字或者数字技术，数据是否在价值创新中发挥了核心作用。东风能吹来花香，西风也能吹来花香，如果认定了东风，就不要把西风的贡献也算进来。

企业数字化转型不是一个“垃圾筐”，不能什么货色都往这个筐里装。没有清晰的认识，就不会有准确的评价体系，会出现思想和行动上的混乱，这种混乱足以毁掉企业数字化转型的美好前景。

还有一个经常被问到的问题：所有企业都需要进行数字化转型吗？笔者的答案是，除了数字原生企业之外，所有企业都需要进行数字化转型。

数字化转型是时代大趋势，率土之滨，概莫能外，所有企业都应该顺应这个潮流，这样才能让企业获得更好的发展，至少可以通过赋能模式、优化模式等基本手段，给企业带来额外的价值。

1.4 数字原生与数字原生企业

数字原生企业是指从企业创立之初就是完全数字化的新生代企业，如滴滴出行，自己没有一辆汽车，只是在运营数字资产，靠数字提供服务并产生价值（如图 2-1-6 所示），类似的企业还有头条、快手、字节跳动等，海外有脸书、Uber 等。这些企业都是数字原生企业，从企业创立之初，就以数据作为核心生产要素，用数字技术对数据进行“加工”，形成数字化产品，通过网络手段为用户提供服务并获取价值。这类企业本身已经完全数字化，从产品生产到产品交付，乃至业务运营方式都是数字化的，尽管它们在运营的各个方面都存在持续优化、不断提升的空间，但已经不属于数字化转型的范畴了。传统企业和数字原生企业分别存在于两个世界：物理世界和数字世界。

图 2-1-6　传统企业 VS 数字原生企业

要想深入理解数字原生企业，首先要讨论一下数字原生概念。在英文中能找到两个对应词汇。

一是 Digital Native，通常解释为数字原生代，泛指儿童时期便使用因特网和手机的人，以及自幼就熟悉信息技术的人。在美国，20 世纪 80 年代就诞生了很多这样的人，而中国这个时间要滞后很多。就个人电脑和网络的普及率而言，也许 2000 年以后出生的孩子才算真正意义上的数字原生代。

二是 Digital Born，直译为天生数字或者数字出生，有时翻译为数字原生。维基百科的解释是以数字形式产生的材料，专门用以区别通过数字手段将模拟材料转换为数字形式的数字资源，即区分“原生数字资源（数字原生资源）”和“后天的数字资源”。这里的数字资源泛指在计算机系统及其他类似设备中保存、管理和使用的数字信息资源。

自计算机等以二进制进行计算的数字设备诞生以来，同时发生了两件大事：一是数字原生资源不断产生，譬如数字音乐、数字电影，它们是数字设备自己生成的；二是不断地通过数字化手段把非数字资源转化为数字资源，譬如将老旧的书籍、图画、唱片等转化成数字形式存储到计算机、手机等电子设备上。

能够直接生产数字信息并将模拟信息或者实体转化成数字信息的技术或者设备就是数字化技术与数字化设备。比如，办公软件、设计软件、数字影像采集设备等。长期以来，计算机是最大的数字化生产工具，基于个人电脑设计的各种软件每天都在生产和转化海量的数字化信息。在手机、可穿戴设备等智能终端，特别是移动社交软件、电商平台和物联网出现以后，全球数字宇宙真正迎来了大爆炸时代。

从思维方式上看，数字原生就是数字世界优先于物理世界的逻辑思考方式。在数字计算机发明之前，人类几乎没有什么数字资产和技术；从数字计算机发明到今天，人类数字资产的积累呈指数级持续增长。中国社会更是具有后发优势，实现了跳跃式发展，使得一个鲜活、充满魅力且实用有趣的数字世界正在我们面前徐徐展开。

对于大多数人而言，现在出门不带手机就感觉寸步难行，而在21世纪以前，我们并没有这种感觉，这种变化本质上是手机可以带领我们进入崭新的数字世界。通过手机，你可以向数字世界发出各种请求，调动物理世界的资源为我们所用；而离开手机，我们就无法进入那个充满诱惑、助力满满的数字世界，内心自然就有失落感。数字世界就是用难以阻挡的诱惑改造我们的思维方式，促使我们一步步向数字世界迁移。

在某种程度上可以把企业数字化转型看作企业面向云原生的持续改进，这个改进过程分为三个阶段。

第一阶段是联系。通过数字应用实现数字世界和物理世界的无障碍交互。

云计算技术的广泛应用，特别是P层云的应用，带来了企业数字化浪潮。传统企业通过P层云可以迅速达到顶级互联网公司的迭代和软件发布速度，将与客户的交互变成消费级的数字化应用。譬如，用户通过手机平台进入数字世界，在滴滴出行应用中发送订单，滴滴出行平台通过选择最优执行路径，把订单发送到滴滴出行司机那里，滴滴出行司机在物理世界中把汽车开到用户起点。随着有辅助的无人驾驶技术的逐渐成熟，数字应用的运行链条会继续延长，数字平台可以直接把无人车派送到用户起点。在其他行业，数字应用的运行链条同样也在持续延长。

第二阶段是迁移。通过大数据平台实现数据积累和数学模型、机制模型的运行。

随着数字应用的运行链条持续延长，企业需要一个大数据平台积累应用生成的数据。当数据积累到足够量（如达到 PB 级别）时，可以构建现实工厂的“数字孪生（Digital Twin）”，完整映射物理世界。但同时，对于海量数据的存储、备份和管理也是让企业非常头疼的事情，更何况企业的数据平台还要支撑高度复杂的机器学习和人工智能数学模型。

第三阶段是助控。通过对数字世界中数学模型的持续优化来提升物理世界的服务。

企业通过第一阶段和第二阶段的努力捕获了大量数据，为了更好地理解用户需求，企业需要大数据驱动的机器学习和人工智能。大数据科学家们会在大数据平台上创造和优化数学模型，首先在数字世界实现最优，其次关联到物理世界来更好地为人类服务。在滴滴出行这样的企业里，数学家、科学家可以创建一个汽车需求热力分布模型，使用这个模型预测用户的下单起点位置，在用户下单之前，系统就在时时刻刻地调度车队，以实现最快响应速度和最短总体派遣路径。

还有一个与数字原生相近的概念，就是云原生。在互联网体系中，服务器是基本的数字化工具，它是整个互联网的基础设施，毕竟整个互联网都是架设在服务器的基础上的，没有服务器就没有互联网，也不会有基于互联网的数字原生。同样，没有互联网，也就没有现在的万物互联，更不会有如今这么大体量的数字经济。

早期的互联网企业都是自建数据中心，随着虚拟化、分布式计算、宽带网络等技术的成熟，以及大量企业按需部署、增效降本需求的提出，2006 年以后，企业服务器开始向云服务器过渡，很多企业不再需要自建机房进行数字化业务。与此同时，云计算的普及也让数字原生更多地被云原生（Cloud-Native）替代。从技术上看，云原生包括微服务（Microservices）、DevOps

（Development 和 Operations 的组合）、持续交付（Continuous Delivery）和容器化（Containers）（如图 2-1-7 所示）。

图 2-1-7　云原生的概念

可以这样说，只要是面向云计算、互联网、数字化转型等场景提及的数字原生，基本都是云原生。因为云计算已经成为社会数字化建设的基础设施，各行各业的数字化转型与升级都离不开它。

上述讨论的云原生、数字原生都是技术层面的概念，结合企业数字化转型的趋势，自然而然地引出另一个概念：数字原生企业（Digital Native Enterprise）。笔者尝试给出一个定义，数字原生企业是数字经济的主体，它以数据作为核心生产要素，以平台作为主要业务载体，企业内部运作和外部运营主要在平台上完成，数据、数字技术及数字化人才是其核心竞争力。

一般而言，数字原生企业具有以下几个特点。

①从员工素质上看，数字素质是企业员工的基本素质和核心素质。

②从核心资产上看，数据是企业核心生产要素。

③从公司经营上看，技术和数据可以提高生产效率，比传统业务更快地创新和扩展业务。

④从客户服务上看，数字原生企业以客户为中心，用数字技术提高客户忠诚度并获得新的收入来源。

⑤从产业链上看，数字原生企业被嵌入更广泛的生态系统中，利用更加多元化的模式改善以客户为中心的产品。

传统企业只要能够做到以上几点，就能成为一个合格的数字原生企业。当然，成为数字原生企业的过程，也就是企业数字化转型的过程。数字化转型是传统企业增效降本的最好方式，而企业“上云”，又是数字化转型的最佳途径。数字经济正在成为各国的主体经济，数字化转型也成为全球传统企业的一致选择。国际数据公司IDC预测，到2023年，几乎每个企业都将成为日益数字化的全球经济中的数字原生。毫无疑问，数字原生将是所有企业的归宿，数字化转型是所有企业的宿命。

2 企业数字化转型的四种模式

企业数字化转型不是天外飞来的 UFO，而是数字技术与企业业务不断融合之后，自然而然出现的一种新的经济现象。因此，一定要清晰地看到这种融合从无到有、从低到高、从被动融合到主动驱动这样一个递进的发展路径，沿着这条路径，我们可以定义企业数字化转型的四种模式（如图 2-2-1 所示）。

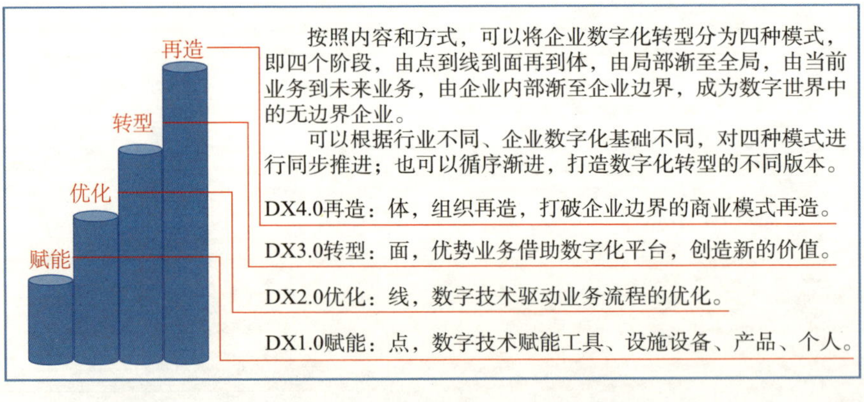

图 2-2-1　企业数字化转型的四种模式

2.1　第一种模式——赋能

赋能就是利用数字技术为传统生产要素插上数字翅膀，大幅度提升生产效能，为企业带来新的价值。数字化赋能是企业数字化转型的初级阶段，也是必要阶段，通过这一阶段的实践，能够培育企业的数字化文化，提高员工的数字化意识和对转型的信心。这里将赋能分为四种类型。

一是设备赋能。传统的设备、设施、生产装置等不具备数字化能力，如联网能力、感知能力等，需要企业安排专人定期巡检设备、设施的运行状况，通过抄表发现安全隐患，也有些企业通过给设备加装数字仪表、传感器以及联网设备等，从根本上改变传统的巡检、查表模式。笔者家的电表已经完全实现了数字化，可以随时随地在网上购电，但是水表还没有实现数字化，经常能听见查表工作人员的叫喊声。通过数字赋能，节约了人力，提高了服务水平，改变了原来的生产组织模式，实现了业务转型。

二是产品赋能。通过进行数字化赋能，能够为产品附加很多新的功能，从而提升产品的价值，给用户带来全新体验，也给企业带来更多收益。对白色家电的数字化赋能是企业应用最多的数字化赋能方式，比如给家用空调加装上网设备，实现遥控开关机，在主人下班回家前实现家庭恒温；给冰箱加装数字设备，可以知道冰箱里还有多少储备，通知主人提前购买；等等。同时，数字化赋能的产品还给企业售后服务带来便利，让企业可以随时掌握产品的运行状况，实现预知性维修、维护。通过对产品的数字化赋能，不仅给用户和企业带来新的价值，也改变了用户的消费模式和企业的售后服务模式。

三是员工赋能。用数字技术武装企业员工，从而减轻员工劳动强度、提高劳动生产效率、改变对员工的组织方式和管理方式。这就像现代战争中的单兵作战系统一样，在传统战争中士兵遇到的最大问题就是在广袤的战场上不知道自己在哪里，也不知道战友在哪里，甚至不知道敌人在哪里，从而无法实时接收上级指令，单兵作战能力非常弱。加装了数字化设备的现代化士兵，作为一个独立的作战单元，通过卫星通信设施、定位技术、视频技术，能够清晰地知道自己所处的位置、战友所处的位置以及敌人所处的位置，能够随时接收指挥部的指令，随时呼叫地面和空中的远程炮火支援。数字化赋能不但极大地强化了单兵作战能力，而且改变了传统的作战组织方式，如图 2-2-2 所示。

数字化赋能员工还有另一个作用，就是对员工工作状态随时掌控、监督和考核。譬如，原油长输管道暴露在地面，在荒无人烟的地区经常面临自然损坏或者人为破坏的风险，巡线工需要定时沿线巡查，而在条件恶劣地区或者遭遇恶劣天气时，总有一些不负责任的巡线工把每 2 小时一次的巡查随意改为每 5 小时或 6 小时一次，或者更长时间不到现场，给犯罪分子打孔盗油留下可乘之机。通过加装数字化设备，可以给巡线工设定巡检路线，实时跟踪记录，确保工作高质量完成。结合前述的设备赋能，还可以改变巡检方式，从定时巡检改为有问题报警再巡检，甚至可以完全取消巡检，从而重塑业务组织模式。

图 2-2-2 数字技术赋能的单兵作战系统

四是团队赋能。我们可以把团队赋能看成员工赋能的升级版，有些需要团队协作甚至远程协作才能完成的工序或者任务，通过数字技术，把团队成员“武装”起来，可以实现高效协同。

团队赋能的典型案例就是新冠肺炎疫情暴发后，很多企业采用的居家办公模式。疫情暴发前，员工都是在办公场所集中办公；疫情暴发后，为了降低传播风险，员工各自在家，通过远程协同工作系统、邮件系统、视频会议系统、即时通信系统等完成会议、交流等日常工作。

总之，通过对物联网、卫星定位、传感器、5G、移动应用等数字技术的应用，企业可以实现对运行环节、装备、产品以及参与人员的赋能，从而大幅度降低员工的劳动强度和企业用人数量，提高生产效率，改进生产安全状况，优化生产组织模式，增加产品附加值，使企业、员工和客户多方受益。

赋能具有规模小、易操作、风险低、见效快的特点，是企业数字化转型的最佳入手点。虽然它具有“点状”特征，但是在实际运用中往往多点并行，甚至星罗棋布，产生“面状”价值。

将赋能定义为企业数字化转型的基本模式，对全面推进企业数字化转型有巨大的现实意义。其规模小、易操作、风险低、见效快等“短平快”特点，给许多信息化技术薄弱的中小企业提供了一个力所能及的起点，企业数字化转型不再是高不可攀的宏大目标，而是具有可以逐步攀登台阶的可实现的目标。对正在推进数字化转型的企业而言，能够快速见到效果，会给予它们坚持下去的勇气和信心，让它们阔步向前。

也有一些个人或企业，已经在享受赋能带来的便利却不自知。其实在生活中，我们每个人都已经得到了移动互联的强大赋能，用一部手机满足购票、打车、订餐、住宿、交友、支付等需求，对中国人而言已经是司空见惯的事情了，这也让外国人羡慕不已。

2.2　第二种模式——优化

优化是所有智慧生命的基本能力，小孩子知道抄近路，知道从对比中优选大一点的水果，以及趋利避害、避重就轻等行为，都是这种基本能力的体现。在企业生产中，具有丰富知识和经验的资深工作者更受重用，这些工作者在日常工作中习惯于按照经验或套路进行工作，往往能够取得很好的效果。

但在数字化时代，一定要用基于数字模型的优化取代基于个人经验的优化，用“15 克”取代“少许”，用“6 厘米”取代“一巴掌宽”，不仅要锱铢必较，取得“卡边”效益，还要取得利用经验无法获得的新效益。

在企业生产、经营、管理的各个层面，优化无处不在，从会议安排、出差安排、员工用车调度、生产班组安排，到原材料仓储布局、产品配送方案等，产品生产周期中的每一个环节都需要优化，而全局更需要优化。

在没有实现数字化的企业里，有些可以依靠经验在一定程度上完成粗略的优化，但有些根本无法实现优化，这就体现出企业数字化转型的必要性和迫切性。

优化通常是针对一个或者多个业务流程，在数字化的基础上，利用数字化建模技术进行流程优化。优化可以在部分流程上展开，也可以在全流程上展开。通过优化，可以实现最优的资源配置，包括人力投入，设备设施使用，原材料、能源和水的消耗等，通常能够达到缩短流程、减少人力、降低能耗物耗、提升时效等效果，优化已经成为企业降本增效的利器。

流程优化通常需要较高的数字化水平、大量的数据积累、强大的建模能力和算力，很多情况下还需要大量的仪器、仪表、传感器等配置，来提供实时数据采集，有些情况下甚至还需要强大的平台能力和业务集成能力等。比如，根据市场上产品的价位变化，从生产端优化产品结构，这就需要获取市场信息的能力、预测分析能力、生产端产品结构调控能力以及对市场的供给能力等。

以一个数字化的炼化企业为例，它已经不是简单、僵化地根据上级下达的年度、季度指标安排生产了，而是根据市场需求的变化、产品价格的高低，通过数学优化模型进行实时预测，及时调整产品结构。当汽油价格高时，就多生产汽油；当柴油价格高时，就多生产柴油；当化工产品价格高时，就适度压缩汽柴油产量，多生产化工原料，以此形成“市场—生产”一体化的动态优化、实时调整的生产供应体系。

成功的优化能带来巨大的经济效益，物流是优化效果最显著的行为。随着我国数字化转型的推进，社会物流总成本占 GDP 的比重，从 2012 年的 18%持续降低到 14%左右，但和发达国家的 8%左右相比，仍有很大的优化空间。

优化通常具有“线状”特征，常见的如离散工业的流水线、装配线，流程工业的某个流程，物流配送、能流配置、野外施工的作业路线等。区域优化和全局优化通常围绕一个业务主线展开。

2.3　第三种模式——转型

转型是数字化转型的原始形态，使原来“转不动”的传统业务，经过数字化技术的赋能和润滑，实现轻松转身。“大象也能跳舞”——“大象”蕴含的巨大能量将得以有效释放，从而产生巨大的额外价值。云计算是传统计算能力转型最成功的案例，它不仅造就了世界排名第一的亚马逊云，而且创造了整个云产业。

亚马逊公司原来是美国最大的消费品电商公司，为了能够满足圣诞季疯狂大采购（类似中国的“双 11”）的购物需求，亚马逊公司购置了大量的计算机服务器来应对购物高峰，但圣诞过后，购物狂潮消失，大量的计算机处于闲置状态，构成了很大一笔闲置的“优良”资产。亚马逊公司的技术人员通过虚拟技术，把大量闲置的计算机“池化”成标准的计算单元，公开对外出租。此举不仅盘活了公司资产，还催生了当前已经成为基础设施的云计算产业。一套虚拟技术加上一种新的商业模式，让亚马逊公司成功地转型成了云计算服务公司，并一直高居全球云计算产业榜首。

转型具有“面状”的特征，通常是覆盖一定范围的一个完整业务单元。这样的完整业务单元使转型具有更高的价值，更容易实现服务化，更容易找到用户并打开新的市场。中国石化的物资采购部门每年有巨额的采购任务，要完成这样的任务就必须拥有最高的效率、最优的价格和最可靠的产品质量。凭借多年的积累，中国石化获得了具有巨大竞争优势的采购能力，即保供能力，这种能力通过电子商务平台的赋能，转换为一种可交付的采购服务能力，使中国石化能够服务其他企业，从而为自己带来新的利润增加值，这就是采购部门这个业务单元（BU）的数字化转型。

2.4　第四种模式——再造

再造是数字化转型的高级阶段，也是传统企业转型为数字化企业的关键一步。一般有两种类型的再造。

一是企业内部与数字化生产力相适应的生产关系的再造，它可以是企业内部某一独立的业务单元（如产品销售板块），也可以是企业整体。通过再造，让古老的企业焕发青春，使数字化生产力得到充分释放。这种再造方式扬弃了传统的组织管理架构，但业务本质并没有变化。

二是打破企业边界，以并购、融合、创新等跨界方式实现企业的商业模式再造。这种再造意味着逐渐抛弃或转变原有的核心业务，寻求新的盈利模式。

以上四种转型模式也可以看成企业数字化转型的四个阶段，这四个阶段不一定要依次完成，其中的某两个阶段可以交叉或者并行展开。尤其是在一些大型企业，由于业务性质或者数字化水平的差异，不同业务单元有可能分别处于数字化转型的不同阶段。因此，我们也把四个阶段称为四种模式，有些企业内部会出现多个模式并存的局面。

这四种模式的划分对于企业认识自身的数字化转型状况很有帮助。每个企业的 CEO，尤其是 CIO 的脑海中（最好是在桌面上）都应该有一幅清晰的数字化转型路线图，就好比一个军事沙盘，对照沙盘不但能清晰地看到自己的军力部署，而且能够准确地找到主攻方向，快速取胜。

3 企业数字化转型的路径和转型规划

企业数字化转型是一项重大的战略任务，企业是否具备进行数字化转型的条件、何时开展工作、从哪里入手、按照什么步调逐步展开等，都需要全面分析，精准施策。

3.1 企业数字化转型影响因素分析

对企业数字化转型的平稳推进有影响的因素非常多，如企业的信息化发展水平、信息化组织队伍建设、信息化基础设施、员工的数字化意识等，都是转型的基础条件。管理层特别是决策层的正确认识，是转型作为一个战略能够持续推进而不会半途而废的重要保障，企业自身是否具备强大的平台能力也是数字化转型成功的关键。

企业数字化转型的影响因素很多，包括但不限于以下几个因素。

（1）决策层认知

决策层对企业数字化转型是否有统一的认知、是否达成共识非常重要。企业数字化转型不仅是技术的更换，更是生产力的更新。生产力决定生产关系，生产力的更新必然带动生产关系的变化，也就是业务流程、组织模式、管理模式等的变革，这其实就是企业的“改革”。

决策层对“改革”二字非常敏感。人们常挂在嘴边的一句话是：“改革就是利益再分配，触动谁的利益，谁就有可能成为改革的阻力，甚至成为改革的‘毁灭者’。”由此可见，决策层的深刻认知和统一意志对企业数字化转型至关重要。

（2）数字化转型的推动

对于这个问题，不同的企业给出了不同的答案。这里有一个非常典型且普遍的现象，领导将编写企业数字化转型规划方案的任务交给了发展计划部，三个月之后，这个任务被推给了企业改革部，半年之后，任务最终落在了信息部的头上；在另外一些企业的数字化转型过程中甚至能看到财务部、人事部甚至办公室的身影。这充分说明大家对哪些部门应该参与企业数字化转型并没有统一的认识，而达成统一认识的难度也非常大，更表明了参与部门的确定是转型成功的关键。

笔者认为应该从企业数字化转型的定义中寻找答案：

价值创新——要有价值判断和评估，需要财务部门参与；

数字技术驱动——要有数字化技术能力，需要信息化部门参与，为变革提供动力；

业务变革——要有业务主管部门参与；

企业战略——要有战略主管部门参与。

从以上分析中可以看出，至少要有四个部门参与企业数字化转型，其中最有力度的是战略主管部门。但从实际情况来看，动力部门是最活跃的部门，总是冲在最前面。所以，企业数字化转型的可行路径是，由动力部门即企业的 ICT 部门发起，驱动业务主管部门，两个部门形成合力，一起谋划企业数字化转型规划方案，之后找到战略主管部门，把规划方案升级为企业战略。

（3）信息化基础

企业首先应具备一定的信息化发展基础。企业的基础网络应实现全面覆盖，具备相当的算力和存储能力，以及必要的容灾能力和信息安全管理能力。基础应用包括邮件系统、视频会议系统、即时系统、OA 系统等普遍应用；从经营管理层面来看，应具备 ERP 系统、财务资金系统、合同系统、风险管控系统等日常应用；从生产层面来看，应具备必要的自控系统、数据采集系统、安全环保管理系统、能源管理系统、设备管理系统等基本信息化系统。这些系统不仅支撑了企业生产经营管理各个层面的业务运行，更培养了企业员工基本的信息化意识。

与此同时，企业最好具备一定的信息化组织基础。中国石化集团总部的信息化管理部门负责全面统筹，各下属企业的信息化管理部门或信息中心具有一定的业务研发能力，至少应该具有基本的系统运维能力。

（4）数据治理状况

数据是企业数字化转型的核心要素。从管理层面来看，应对各项经营管理数据进行全面采集，建设相应的数据库系统，最好具备统一的数据管理、挖掘、服务平台。从生产层面来看，应对数据标准、主数据和元数据管理、数据质量管理等有一定程度的覆盖。从企业整体来看，应具备主要的生产装置，核心设备应配置数据采集系统、实时数据库系统等；一些先进企业应具备专门的数据治理和数据管理团队，有一定的数据资产积累和相当丰富的数据挖掘、建模、使用经验。

（5）数字化基础设施

数字化基础设施主要是指生产层面设备设施的数字化装备程度。关键设备应具备一定的数字化仪器、仪表，如分散控制系统（Distributed Control System，DCS）、数据采集与监视控制（Supervisory Control and Data Acquisition，SCADA）系统、实时数据库系统、在线分析仪器等；大型装备应具备运行监控的各类传感器和自动监控系统。

（6）新技术应用情况

企业是否积极应用5G、人工智能、物联网、区块链、互联网、实景角色演绎（Role Play Activity，RPA）等新技术非常重要。如果在大多数业务部门都能找到新技术落地的场景，则证明新技术与企业具体业务得到了很好的融合，这些成果、认识和经验都会成为帮助传统行业数字化转型的重要支点。

（7）技术人才队伍

企业数字化转型需要强大的信息化、数字化建设队伍支持，绝大多数工作不可能依靠外包来完成，企业一定要有自己的技术队伍，特别是平台管理队伍和数据管理团队。在数字化时代，平台不仅是一种技术，而且已经成为企业的核心竞争力，所以一定要掌握在自己手中。数据更是数字时代企业的核心资产，《中华人民共和国数据安全法》的颁布执行对企业自建数据管理团队提出了更高的要求。

（8）数字化文化

企业员工的数字化意识是企业数字化转型成功的重要因素，因为转型涉及企业的方方面面，需要员工不断学习新的数字化技能，具备对数字化设施、工具和系统的使用能力，对数据的分析能力以及对分析结果的应用能力。同时，员工要能够和技术团队进行良好的沟通，能够对业务的数字化需求有清楚的认识。就像建立良好的公共交通秩序需要每一位行人都参与一样，构建良好的数字化生态同样需要每一位企业员工的参与。

数字化时代的到来，对每一位员工都有相应的要求。企业要通过各个层次的培训，提升员工对数字化的认知水平和相应能力，构建良好的数字化文化。

（9）转型切入点的选择

企业选择从哪里开始数字化转型工作是一个很容易被忽略的问题，只有切入点选得好，转型工作才能够快速推进，并迅速见效，这样能提振士气，增强决策层信心。有一句英文是：Think big，start small，act fast，即大处着眼、小处着手、快速行动，用在这里非常应景。尤其是大型企业，不可能一上来就全局推进。像所有改革一样，企业数字化转型也需要巨大的改革成本，所以一定要量力而行，遵循“摸着石头过河”的原则，让小部分人先“转型”起来，用“先进”带动“后进”。

在笔者看来，大型企业的 IT 业务板块需要最先开始数字化转型。它们在探索转型路径的同时，能够积累一定的操作经验，这也为其他业务部门的转型打下了坚实的数字化基础，同时提供了必要的数字化技术人才储备。

上述九大因素对企业数字化转型至关重要，每一家开始转型的企业都要结合自身状况，逐项展开分析。在启动之前，就要知道自己的弱项和强项，做到心中有数。只有这样，才能在漫漫转型路上行稳致远。

3.2 企业数字化转型的实施路径

各行各业的数字化水平不同，业务特点及相应的生产经营环境也有很大差异。因此，企业数字化转型不可能有整齐划一的步调，要规避转型风险，实现转型价值最大化，就要遵循试点先行、步步为营、循序渐进的转型落地策略，即企业数字化转型落地“五步法”（如图 2-3-1 所示）。

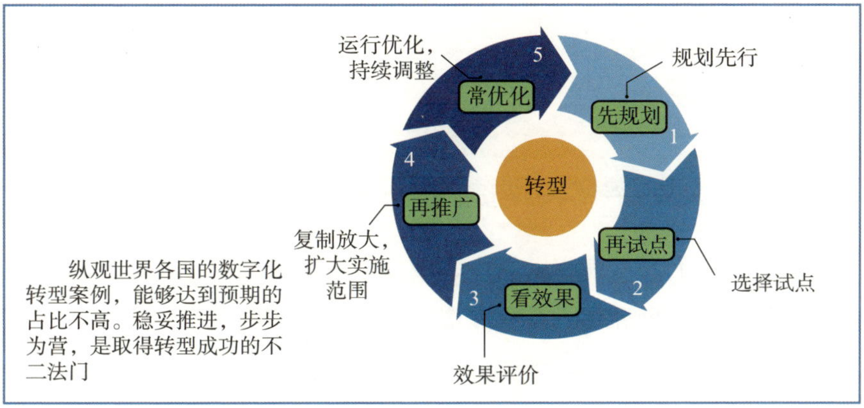

图 2-3-1　企业数字化转型落地“五步法”

（1）规划先行

企业数字化转型是经济发展的大潮流，要放眼长远、顺势而为，就要有一套适合本行业特点和现状的长远发展规划，久久为功，保证企业的可持续发展。

（2）选择试点

选择条件成熟，人才、技术等各种关键要素齐备，见效快的领域作为试点，力求快速见效、收获经验、树立信心。

（3）效果评价

必须随时评价试点工作成效，不要高估短期效益，更不要低估长期价值。

（4）复制放大，扩大实施范围

选择相近或相似的业务场景，复制并放大成功经验，扩大实施范围。

（5）运行优化，持续调整

在业务运行过程中，紧跟新技术快速发展的步伐，不断优化、快速迭代。适时评估转型的进展和成败得失，据此优化、调整企业转型发展路径。持续优化和快速迭代是数字经济的独特优势。

无论企业数字化转型处于哪个发展阶段，或者企业采用四种模式中的哪一种进行数字化转型，都应当遵循企业数字化转型落地“五步法”。因为企业数字化转型还处于探索阶段，无论是数字化技术，还是业务模式，都没有成熟可靠的成功案例可以参考，所以我们必须如履薄冰、如临深渊。

3.3 企业数字化转型捷径——“数字孪生”技术

前贤告诉我们，在现实世界中，做任何事情都要脚踏实地，永远没有捷径可走。但数字世界是一个充满魔幻色彩的世界，可以瞬间变身，更可以化身万千，只要有足够的想象力，数字世界充满奇迹。

“数字孪生”技术是现实世界与数字世界直接沟通的一个“时空虫洞”，是实现数字化转型名副其实的一条捷径，它可以让现实世界“化身”进入数字世界。一个在现实世界运行的工厂，只要经过“数字孪生”技术这个“魔镜”的照射，就能被复制到数字世界。

如前所述，数字化转型包括数字化和转型两部分内容，如果单纯依靠“数字孪生”技术，还不足以完成数字化转型大业。所以，一定要强调“数字孪生”技术天然具备的“优化”能力，以及与现实世界的交互能力。

一个“孪生”的数字化工厂会在虚拟世界中不断运行和优化，从而模拟推演出最佳的运行管理模式，然后将这个理想的模式落实到现实世界中去，从而实现现实世界工厂组织模式的数字化优化，完成数字化转型的最后一步。

这里之所以把“数字孪生”技术当作一条捷径，主要原因是当前已经有很多传统工厂通过数字化设计被建造起来，也有不少企业进行了所谓的数字化交付，让工厂具备了数字化的“躯干”。但遗憾的是，这些工厂大多没有让数字化的“躯干”在数字世界中“站起来”，即运行起来，所以没有真正建成并投入运行的数字化工厂。目前，工厂的数字化转型只是向前迈出了半步，之后就止步不前了。

笔者已经遇到了数个这样的案例，扼腕叹息之余也深刻认识到，只有

“躯干”是远远不够的，要想让这个交付的数字化“躯干”活起来、动起来，就要给它装上“内脏”——机制模型，“四肢”——操控仿真系统，以及“灵魂”——智能工厂平台。笔者相信，在数字世界中运行一个工厂的现实离我们已经不远了。

关于“数字孪生”技术的详细介绍可以在本书第三篇中找到。

3.4　做好企业数字化转型规划

在“后疫情时代”，这个世界已经不一样了，最大的变化就是这个世界的数字化特征更加明显。就像我国南方住户家中的棉被，每年雨季过后，棉被看起来还是原来的样子，但它吸收的水分已经有了大幅度的增加。

用户更加数字化的行为，倒逼企业生产更加数字化的产品、采用更加数字化的生产方式和更加数字化的管理方式。这个过程就是人类社会向数字世界迁徙的过程。

随波逐流是一种生存策略，但更加主动、积极的生存方式，无疑会带给未来更加从容的生存状态。所以，我们要主动推进企业数字化转型。起手式就是规划！

企业数字化转型是以价值创新为目标，用数字技术驱动业务变革的企业战略。数字化转型落地“五步法”包括规划先行；选择试点；试点效果评价；复制放大，扩大实施范围；运行优化，持续调整。由此可见，要想推动企业数字化转型，第一步就要做好规划。

企业数字化转型的主导部门是信息部门还是业务部门，或者是企业改革部门？从业界实践来看，企业数字化转型一般是由信息部门牵头，多部门参与，这也符合数字化引领变革的大趋势。

企业如果能够遵循从容起步、稳妥推进、步步为营的原则，并按照本书给出的方法制定规划，一定能够获得一个落地可行、目标明确、效益可期的规划方案。

其实，如果能够认真理解企业数字化转型的定义和内涵，那么规划的方法论就已经呼之欲出了。这里要把握三个关键词："业务""数字技术""价值创新"。一个完整的规划，三者缺一不可！同时，这三个关键词在企业中也分别代表着三个部门：业务部门、IT 部门和管理部门，一个合格的规划方案一定要有三个部门的共同参与。

传统企业的数字化转型是大势所趋，但转型并不是一朝一夕就能完成的，要重点突破、步步推进。所以，规划的价值首先体现在突破点的准确选择，选准了突破点才能真正发挥示范带头作用。

企业数字化转型规划"四步法"即业务选择、技术匹配、价值评估、体系整合（如图 2-3-2 所示）。

图 2-3-2　企业数字化转型规划"四步法"

第一步：业务选择（业务部门）。

因为转型的对象是业务，创新的价值也从业务中来，所以第一步要挑选合适的业务单元，把转型对象定下来，同时要分析业务转型方向，转型之后要达到何种状态，转型会带来哪些新价值，转型需要哪些基本条件和保障条件等。

对于一个大型企业而言，一般会有多个业务单元或者业务部门同时提出转型需求，所以一定要做好选择，不能"一窝蜂"都上。企业数字化转型很注重其带来的新价值，所以前期必定会有很大的投入，如果同时开展多个业务单元或者业务部门的数字化转型，一定要量力而行。

挑选转型对象时，一般以业务部门为主，因为它们最清楚哪些业务需要转型，业务部门自身有转型意愿的最好，同时要提出明确的转型预期。有些企业的信息化部门既了解企业的业务，又了解数字技术的发展，这样的信息化部门也能够提出非常好的业务发展方向。无论是哪个部门提出的转型方向，都要把责任落实到业务部门去，因为转型对象是业务，这些业务无论是否数字化，都需要业务部门组织生产，落实业务部门的第一责任是转型成功的重要保障。

第二步：技术匹配（IT 部门）。

业务转型要靠数字技术来驱动，没有合适的技术支持，企业数字化转型就不可能达成。所以选好业务方向之后，数字化部门就要登场，研究是否具备转型的技术能力，如何构建转型需要的技术能力。这里包括新基建的提升、数据治理、工业互联网平台建设，以及生产自动化水平提升，同时，还包括技术人才队伍建设，特别是复合型人才队伍建设。

这里的关键是做好匹配，多大规模的转型需要多大规模的数字技术能力进行匹配，对此要做出可行性判断。数字技术是转型的驱动力，如果动力不足，则很可能造成转型迟滞甚至失败。

第三步：价值评估（管理部门）。

价值评估是对选定的业务以及匹配的数字技术、人力、物力等进行综合分析，以此评估转型项目的技术经济预期，如投入产出是否划算、技术能力是否具备、安全合规是否达标、人才和管理等保障条件是否满足。同时，对所有备选业务进行综合对比，排出先后顺序，供决策层参考。

做规划既要考虑长远的、整体的发展，也要考虑当下的可操作性，尤其是一个能够奠定良好基础的开端，对转型有着深远影响。因此，企业要慎重选择起点，尽快做出样板，为数字化转型树立信心。

价值评估这一步很关键，也很重要，所以一定要跳出技术的“框框”、脱离业务的惯性，让第三方管理部门进行综合评估，让评估更客观，确保企业数字化转型的价值实现。

第四步：体系整合（跨部门）。

如果多个业务单元或者业务部门同时提出转型需求，而从数字化、平台化、智能化技术上看，这些部门的业务能够融为一体，就要对转型进行融合设计，形成生态、实现共享，绝对不能形成“信息孤岛”。

融合设计是关键。无论有多少个业务部门或者业务单元同时开展转型，企业数字化转型的动力配置都要形成一个整体。从技术保障上看，要对工业互联网平台的搭建、数据治理体系的设计、智能化能力的建设等进行统一设计，并组建数字技术团队；从管理上看，要组建管理团队并建立协调机制；与此同时，数字化文化建设、人才培养、组织机构的协同优化机制等也要跟上。

做好整合很关键，整合好了不但能够解决一体化建设问题，而且能够为转型的深入和推进奠定坚实的基础。通过整合，企业数字化转型基本可以落实到具体的数字化项目上。

企业数字化转型规划“四步法”在转型概念和落地项目之间架起了一座桥梁，一旦进入项目阶段，后续的操作对于传统企业来说就驾轻就熟了。

切忌将企业数字化转型规划变成项目的堆砌。一定要先明确业务转型的目标，再谈项目建设问题。算好投入产出的大账，是企业数字化转型规划能否成功实施的关键。

企业数字化转型需要业务发展的内生动力与技术牵引的外在动力形成的合力的推动。外来的和尚会念经，但光念经解决不了吃水问题，企业必须充分发挥内部团队的关键作用，让内部的“和尚”自发地去“挑水”，才能解决“吃水”问题。

希望大家能够参透越简单、越本质，越简单、越深刻的道理，利用极简的企业数字化转型定义和极简的企业数字化转型规划方法，真正理解并深入探索企业数字化转型。

在数字世界里只有 0 和 1。

4 企业数字化转型成熟度评估

4.1 企业数字化转型成熟度的参照系

要想评价一个企业数字化转型的成熟度，首先要明确一个完全成熟的数字化转型企业是什么样子。就像我们必须知道一根完全成熟的香蕉是什么样子一样，有了参照系才能去衡量另一根香蕉的成熟度；没有参照系就去衡量事务的成熟度，这种指标是毫无意义的。

本书所指的成熟度参照系是数字化原生企业。

以王府井百货和京东商城为例（如图 2-4-1 所示）。王府井百货是传统企业，京东商城是数字化原生企业，京东商城作为完全成熟的数字化企业，是此案例中的参照系，对比审查王府井百货在数字化转型的路上走了多远，即为该企业数字化转型的成熟度。

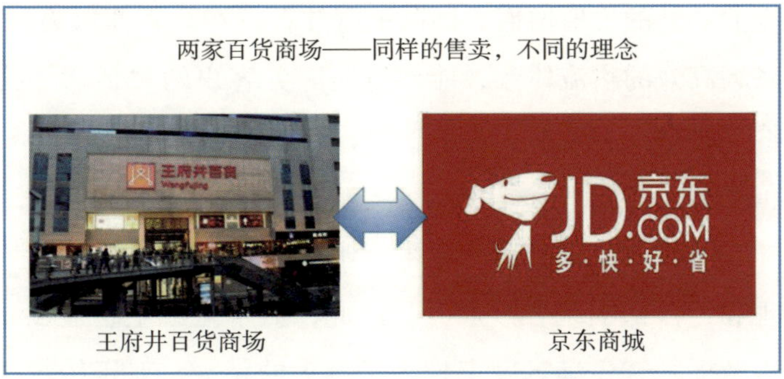

图 2-4-1　王府井百货商场和京东商城

传统企业数字化转型成熟度的高低，与其距离数字原生企业的远近成反比，距离越远成熟度越低，距离越近成熟度越高。

如果对传统企业和数字化原生企业进行全方位对比，将是一个非常复杂的工程，所以必须构建一套简单易行的成熟度评价指标体系。

通过对比传统企业和数字化原生企业，我们提炼出最能代表两者差异的五个方面，概括为转型五要素。

一是决策方式。数字化原生企业的决策过程是数字化的，一切都由数据说了算，所以决策流程短、响应速度快，人、财、物和管理都在系统中运行。传统企业都在向这样的决策方式转型。

二是生产过程。生产过程的数字化程度是企业数字化的核心，包括产品的设计、加工，生产的计划、调度，生产过程的管控、应急响应、节能、安全、环保、平稳有序，生产设施的操作、监控等环节的数字化程度和自动化程度。将王府井百货和京东商城进行对比发现，京东商城的整个生产过程都是数字化的，每一件商品都有一个数字化的对应物，无论是顾客挑选商品，还是京东商城内部的商品仓储、盘点等，都可以在数字技术的驱动下完成。

三是产品交付。产品交付是企业和客户联系的最重要环节，是企业产品价值的延伸。传统企业往往重视不够，而数字化原生企业在这一环节都有专门的设计、匹配的系统和专业的队伍，从而最大限度地提升客户满意度，获得企业额外的价值增值。还以王府井百货和京东商城为例，京东商城拥有完备、高效的物流体系，能够打通服务客户的“最后一公里”，不但提升了客户满意度，增加了客户黏性，还拓展了企业的新业务，获得了更多的价值增值。

四是“获客”方式。数字化原生企业是以客户为中心的企业，企业的生产、管理和经营都围绕客户展开，因此，数字化原生企业在获取客户、留存客户以及提升客户满意度上投入了巨大的精力。对于传统企业来说，这是一个被长期忽视的关键要素。传统企业很少主动研究“获客”方式，即使有市场部门，大多也与生产脱节；而数字化原生企业往往将系统用户和产品客户进行区分，如京东商城，一方面吸引、鼓励大家下载使用京东商城 App，使大家成为京东商城的系统用户，并且在对自己的系统用户的“拉新、促活”上下足了功夫；另一方面通过各种有针对性的设计和由大数据驱动的商业策略，把用户变为客户，再进一步通过客户画像、售前售后服务等增加客户黏性。

五是员工素质需求。在数字化原生企业中，员工的数字化素质是基本素质需求，数字化工具无处不在。数字技术是企业的核心技术之一，专职数字化人才应该占有很大比例。同时，企业内部的交互方式、员工和客户的交互方式以及员工和业务的交互方式，也应该全面数字化。对比王府井百货和京东商城，两者对员工素质的要求存在巨大差异。王府井百货大楼门前树立着一座铜像，那是全国劳动模范张秉贵，如图 2-4-2 所示，其最著名的技能就是“一口清、一抓准”，这种技能在今天的王府井百货也许依然有用，但对京东商城的员工而言，则完全不需要。当然，张秉贵同志的“一团火”精神永远值得我们学习并传承下去。

图 2-4-2　王府井百货大楼门前的全国劳动模范张秉贵铜像

4.2 企业数字化转型成熟度五要素

从宏观趋势来看，企业数字化转型的终极形态是企业从传统经济转向数字经济，因此，数字经济在企业营收中的占比是转型成熟度的一个重要衡量指标，但是这个指标在现实中难以度量。此外，作为一个整体指标，用数字经济在企业营收中的占比很难区分不同业务部门或业务单元数字化转型程度，因此，我们倾向于采用一些更便于度量、易于对比的技术指标。

本书从分析企业生产经营核心要素的数字化程度入手，创新性地提出了企业数字化转型成熟度五要素（与上一章讲的“企业数字化转型五要素”相对应），并设计了“神秘地图”，便于判断企业在数字化转型过程中的优势和短板，为企业制定有针对性的提升措施提供参考。企业的生产经营是一项非常复杂的系统工程，抽丝剥茧地从中提取出核心要素并不容易。

一是经营决策。

企业能否开启数字化转型之旅，完全取决于决策层是否认识到数字化转型的战略价值；是否采取了推进数字化转型的行动；是否召开了相关的会议、研究了数字化方略、制定了数字化方案；是否组织了大范围的技术培训；是否对数字化转型的理念进行了有力地传播；是否组建、培育了转型所需的人才队伍；是否有计划、有步骤地推进了数字化转型等。企业数字化转型作为一种战略行为，战略决策层毫无疑问是战略成败的关键。

与此同时，企业决策过程的数字化程度是衡量企业数字化程度的一个重要指标。如果企业的决策还是依靠经验和会议讨论，而不是依靠丰富的数据和决策支持系统，那么企业决策的效率和科学性就距离真正的数字化还有较大差距。

经营管理层既要对信息进行传达，更要坚决执行，它是企业效率的保障，也是企业经营成败的关键。传统企业的经营管理机构臃肿、经营管理流程冗长、经营管理效率低下，需要按照信息流程最短、办理最快的理念优化业务流程和机构设置，经营管理层中的各个部门都应该有相应的信息系统支撑。

可以从以下五方面对企业决策过程的数字化程度进行评价：

①将企业数字化转型列入董事会议题；

②董事会成员（决策层成员）亲自推动；

③数字化、智能化计划的优化和辅助管理决策；

④具有完备的人、财、物及风险管控系统；

⑤具有专门的信息化或数字化管理部门。

二是生产过程。

生产过程是企业价值产生的核心环节，是决策层和管理层意志的最终体现，是企业效率高低、绩效优劣的关键决定因素。生产过程的数字化转型进程可以从以下几方面来评价：

①核心设备、装置上传感器、物联网、自控系统的装备程度；

②生产计划，健康（Health）、安全（Safety）、保障（Security）、环境（Environment）管理体系（简称“HSSE 管理体系”），调度、应急指挥应用系统的使用程度；

③企业应用集成及平台化的建设情况；

④生产层面数据治理的开展情况；

⑤信息化、数字化、网络化、智能化专业团队的建设情况。

三是产品交付过程。

对比传统企业的产品交付过程和数字化原生企业的产品交付过程，就会发现两者在理念和方式方法上的巨大差距。实际上，在风靡全球的德国工业 4.0 系统中，产品交付过程的重要性已经被提到了前所未有的高度，所谓的柔性制造，就是通过数字化技术，实现消费过程和制造过程的统一，企业不仅要关注产品的制造，更要关注用户的消费体验。从产品设计开始，产品交付就已经开始，此时就有用户的深度参与。传统企业对产品交付重视不够，这种现象不仅在物质稀缺年代的生产企业中存在，在现在的不少企业中也依然存在。因此，对产品交付的重视程度是企业是否开始数字化转型的重要标志，我们可以通过以下几方面来衡量：

①企业交付的产品或者服务的数字化程度；

②是否能够实现产品的网络触达、线上交付、自助交付；

③是否采用了优化的仓储系统、物流系统、预约配送系统；

④是否有数字化的售后服务平台和服务跟踪团队；

⑤是否有“市场变化—生产联动”的数字支持系统。

四是客户获取过程。

所有企业都要面对客户，也都在不同程度上关注客户，但明确提出“获客”概念的是互联网企业。对比一下传统企业、电商类互联网企业和社交类互联网企业就会发现，客户在这些企业中的受关注程度有巨大差别。传统企业往往把产品放在第一位；电商类互联网企业既关注商品又关注平台，还关注客户；社交类互联网企业除了关注自身之外，用户几乎是它们唯一的关注对象。由此，便发展出了获取用户（简称“获客”）、增加用户黏性和活跃度、关注用户驻留时长等概念，并对用户和客户加以区分，这些概念同样适用于数字化企业。在此，我们把“获客”作为一项单独指标，并从以下几方面对企业的数字化程度进行评价：

①客户触达企业的第一方式是否是网络；

②是否有专门的用户行为记录、客户画像和数据挖掘平台；

③是否有客户服务平台或呼叫中心；

④是否有专门的“获客”团队或“拉新、促活”措施；

⑤是否有使用客户数据得到的价值增值。

五是员工数字化素质。

在传统企业中，由于所属行业不同，企业对员工的素质要求各种各样。但在数字化时代，数字化素质是企业对所有员工的共同要求，同时，员工的数字化水平是企业数字化转型成功的重要保障。我们可以通过以下几方面对员工数字化素质进行评价：

①数字技术专业人才数量在员工总数中的占比；

②具备 ICT 技术教育背景的人才数量在员工总数中的占比；

③能够熟练使用业务信息系统的人才数量在员工总数中的占比；

④每年参加数字技术培训的人员数量在员工总数中的占比；

⑤能够在工作中主动使用数据的人员数量在员工总数中的占比。

4.3　企业数字化转型成熟度评价模型

依据表 2-4-1，每个企业都可以对本企业各要素的数字化水平进行量化打分，从而对成熟度进行评价，也可以从企业 A 和企业 B 的企业数字化转型成熟度雷达图上清晰地看出各企业数字化转型的优势和劣势（如图 2-4-3 所示）。

表 2-4-1　企业数字化转型成熟度要素评价　（单位：分）

五大要素	具体指标	打分范围	说明	备注
经营决策数字化水平	将企业数字化转型列入董事会议题	0~20		
	董事会成员（决策层成员）亲自推动	0~20		
	数字化、智能化计划的优化和辅助管理决策	0~20		
	具有完备的人、财、物及风险管控系统	0~20		
	具有专门的信息化或数字化管理部门	0~20		
生产过程数字化水平	核心设备、装置上传感器、物联网、自控系统的装备程度	0~20		
	生产计划，HSSE 管理体系，调度、应急指挥应用系统的使用程度	0~20		
	企业应用集成及平台化的建设情况	0~20		
	生产层面数据治理的开展情况	0~20		
	数字化、网络化、智能化专业团队的建设情况	0~20		
产品交付数字化水平	企业交付的产品或者服务的数字化程度	0~20		
	是否能够实现产品的网络触达、线上交付、自助交付	0~20		
	是否采用了优化的仓储系统、物流系统、预约配送系统	0~20		
	是否有数字化的售后服务平台和服务跟踪团队	0~20		
	是否有“市场变化—生产联动”的数字支持系统	0~20		

续表

五大要素	具体指标	打分范围	说明	备注
客户获取过程数字化水平	客户触达企业的第一方式是否是网络	0~20		
	是否有专门的用户行为记录、客户画像和数据挖掘平台	0~20		
	是否有客户服务平台或呼叫中心	0~20		
	是否有专门的“获客”团队或“拉新、促活”措施	0~20		
	是否有使用客户数据得到的价值增值	0~20		
员工数字化素质水平	数字技术专业人才数量在员工总数中的占比	0~20	各自行业标准	
	具备 ICT 技术教育背景的人才数量在员工总数中的占比	0~20		
	能够熟练使用业务信息系统的人才数量在员工总数中的占比	0~20		
	每年参加数字技术培训的人员数量在员工总数中的占比	0~20		
	能够在工作中主动使用数据的人员数量在员工总数中的占比	0~20		
合计		0~20		

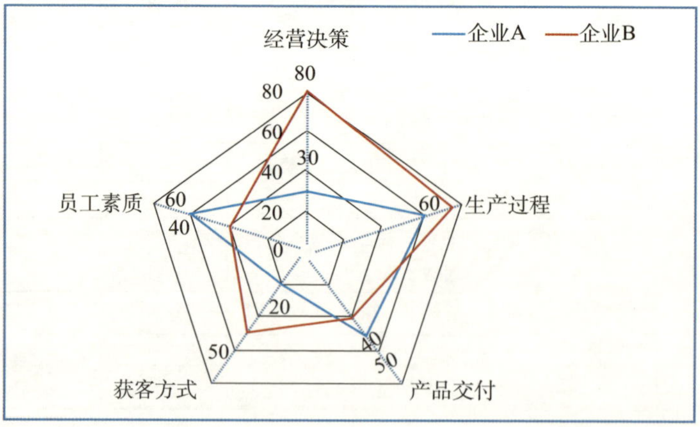

图 2-4-3　企业 A 和企业 B 的企业数字化转型成熟度雷达图

按照企业数字化转型成熟度进行评分，可以把企业数字化转型分为五个级别，分别是一星级（初始级）、二星级（赋能级）、三星级（优化级）、四星级（转型级）和五星级（再造级）（如图 2-4-4 所示）。

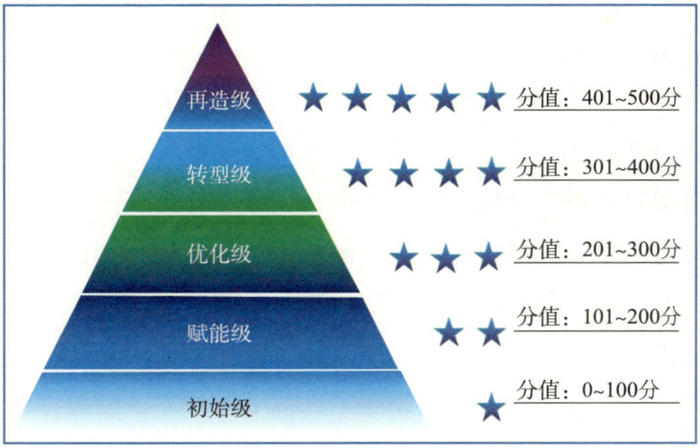

图 2-4-4　企业数字化转型五星级评价体系

企业数字化转型成熟度评分的差异反映了企业从信息化向数字化转型的进程。

一星级企业。这一级别的企业一般都处于信息化建设阶段，信息化基础设施基本完善，各层面的信息系统的应用也取得了一定成效。但从整体上看，企业的数字化意识还不到位，特别是对数据作为核心生产要素的作用认识不足，缺少长远的企业数字化转型战略，而且企业生产经营模式较为传统，决策层依靠数据进行决策还不普遍。

二星级企业。这一级别的企业已经开始在生产层面尝试一些新的数字技术了，数字技术的赋能作用初步显现，促进了局部业务流程的压缩和优化。数字技术推动了新进设备的自动化进程，使得劳动强度不断降低、劳动效率明显提升，一些拥有数字技术优势的业务展现出其在数字化方面的标杆作用和示范作用。先进的企业尝到了数字化的甜头、得到了实实在在的好处，肯定会大力推进数字化转型；企业意识落后、行动迟缓，数字化人才的配置和使用也出现两极分化，有的企业受到重视，人才聚集，有的企业人才流失，数字化能力被削弱，导致一个集团内部企业之间出现数字鸿沟。

三星级企业。这一级别的企业已经有了一定的数据治理基础，局部业务优化效果显现，跨板块业务流程的优化受到关注，带动企业大力推进数据标准、流程规范等基础性工作。优化带来的显著效益凸显了传统业务组织模式下条块分割的“痛点”，从扁平化管理到平台化管理的理念受到重视，数据分散、标准缺失、数据“孤岛”等问题浮出水面，ICT 部门呼吁许久的数据资产化问题开始得到决策层支持，企业的生产、经营、决策以及产品服务等过程越来越依赖数据支持。企业中的很多先进业务板块已经形成了比较好的数字化成效样板，企业的数字化转型氛围已经形成。专业的数字化团队发挥了很好的带头示范作用并受到重视，企业员工具备了一定的数字化意识。

四星级企业。这一级别的企业已经具备了比较完善的数据和业务标准化体系，数字化技术团队初具规模，业务人员对数字化有了比较高的认可度。由于业务发展的压力和 ICT 技术成效的吸引，决策层对数字化转型有比较迫切的诉求，数字化成为企业战略的核心议题之一。在技术层面上，企业级数字平台初步建成，企业数据资产具有相当规模，数据治理也进入规范化、常态化轨道。企业的全部或者部分业务开始平台化运营，企业基于数据的营业收入占有一定的份额，由数据产生的、传统业务之外的价值增值显现出来，企业拥有较为强大的数字化技术团队，数字化人才受到重视，全体员工的数字化知识培训和更新常态化、规范化。

五星级企业。这一级别的企业实现了全面的数字化、平台化。企业的经营决策完全依靠数据或数据辅助，大数据、人工智能、“数字孪生”、工业互联网平台支撑企业日常生产、管理，企业组织、业务流程和人员配置围绕平台展开。企业产品具有很高的数字化程度，产品能够直达用户，消除了所有中间环节。用户和企业形成了良好互动，用户深度参与制造过程，大规模柔性生产初步实现。员工都有很好的数字化认知，拥有数字化教育背景的员工占比较高，员工的新技术培训日常化。企业基本上进入以算力、数据、算法为核心生产力的新阶段。

5 企业数字化转型风险及转型三定律

5.1 企业数字化转型的风险

纵观世界各国企业数字化转型的案例，能够达到预期目的的，在总量中占比不高。究其原因，除了企业数字化转型概念模糊、评估体系错位等，还有很多需要特别关注的影响因素。概念清晰、认识统一、方向明确是企业数字化转型的首要条件；企业战略层的力推和数字技术的提升是企业数字化转型的根本保障；稳妥推进、步步为营是转型成功的不二法门。

从国内企业经营发展环境来看，推进企业数字化转型需要特别关注以下八大风险。

（1）法律政策风险

国家的相关法律和政策，如土地控制、能源消耗、环境保护、信贷税收等政策，以及国家对于企业拟介入转型业务的程度和方式的限定与可能的变数等，直接关乎企业数字化转型的成败。无论何时何地、对何种业务进行数字化转型，企业都要遵守中央政府和地方政府出台的有关政策、法规、条例，所有行为都要合规合法。

（2）转型模式选择风险

企业数字化转型业务有一个投入回收期的问题，如果转型的步子迈得太小，无法达到转型目标，在新的环境下，就会导致竞争力不足，经营状况不佳；如果转型的步子迈得过大，企业负担过重，转型就会难以为继，所以必须确定转型的“度”，选择适合的转型模式。第 2 章讲到的企业数字化转型的四种模式中，第一种和第二种起点较低，对技术要求不高，是推进转型很好的起点。

（3）企业文化“不适”风险

企业数字化转型是战略层面的选择，它能够自上而下带动全层级、全领域的彻底变革，可能涉及每一个人、每一项业务、每一个流程，所以必须树立与企业数字化转型相适应的全新理念，普及先进的企业数字化文化，这对于转型战略的持续推进和不断优化影响巨大。TEKsystems 调查显示，39%的企业表示自己的组织结构无法支持企业转型。TEKsystems 市场研究专家 Jason Hayman 表示：“尽管技术触手可及，但如何挖掘其潜力却很复杂。那种缺乏共同愿景，没有考虑整个生态系统的狭隘心态正是数字化创新走向错误方向的根源所在。”

因此，推进企业数字化转型一定要考虑企业文化的适应性，没有相适应的企业数字化文化，就像一个不懂外语的人出国旅游，会遇到各种不便和难题，这足以破坏旅游的兴致，甚至提早结束行程。

（4）人才结构与组织架构适应性风险

在数字化转型过程中，传统企业的人才结构和组织架构都面临变革压力，多数员工都要接受技术、观念、思维方式等方面的挑战。从组织层面上看，传统的金字塔式组织结构需要向平台化模式转型，快速发展的新型数字化“生产力”对原来的“生产关系”提出了调整要求，缓慢变化的组织架构不但滞后于数字技术生产力，而且制约着数字技术生产力的快速发展，这就可能成为企业数字化转型战略落地的重大风险。

（5）技术储备不足风险

要用数字技术驱动业务变革，数字技术的能力建设至关重要。企业数字化转型的本质是让数据成为新的生产要素，核心手段就是让业务数据化、数据价值化，关键技术能力是平台能力和数据治理能力，这两种能力缺一不可。一是建设与自身业务相适应的工业互联网平台，打造强大的平台服务能力，形成良好的技术生态；二是构建企业级数据治理体系，梳理数据资源，形成数据资产，赋予数据价值化能力。

（6）缺乏企业高层支持风险

企业数字化转型必须从顶层设计开始，但有调查显示，超过 1/3 的企业高层将缺乏清晰的转型策略视为企业数字化转型的最大障碍，首席执行官通常是企业数字化转型失败的罪魁祸首。太多需要优先执行的业务或者项目使他们难以始终如一地坚持数字化转型，即使克服了对转型的抵制，但是当大多数企业高层在面对糟糕的财务状况和来自竞争对手的压力时依然会选择观望。此时，大多数企业高层仍在努力弄清楚他们需要改变什么以及如何去做，但是会在“做什么以及如何做”的问题上犹豫不决，这会让企业陷入困境，这种优柔寡断也会造成组织惰性，甚至导致他们做出错误决策。

有研究者直言：“数字化转型未能达到预期的投资回报率，部分原因是数字化转型既是战略、技术、文化和人才问题，也是领导力问题，而领导力未能真正发挥作用。”

（7）技术选择风险

虽然技术是企业数字化转型的关键驱动因素，但应用那些不能满足客户需求的技术或者启用新的数字商业模式工具几乎不会帮助组织提升价值。如何选择最恰当的技术，譬如云计算、预测分析、区块链、人工智能或物联网，不能单纯从 CIO 的喜好或者便利程度出发，而应该充分考虑业务特点、成本和客户需求；更不能过度关注高大上的新技术或新技术组件，而应该更多地关注技术的应用场景和应用方法。

（8）数字化人才缺乏风险

企业数字化转型需要新的人才，包括受过最新编程语言培训的软件工程师、用户体验设计专家、DevOps 工程师、数据科学家和人工智能专业人员。但要想成功实现数字化转型，需要更完善的人才结构，包括产品经理、业务专家、管理人才等。

转型的主要障碍之一是企业未能充分理解转型的技术需求和人才需求，并满足这些需求。比如，企业是否需要一种新的数字化运营模式？采用这种模式需要多少敏捷专家或 DevOps 工程师？现实情况往往是需求远远大于供给，大多数企业发现，很难从阿里巴巴、华为或百度这样的企业吸引经验丰富的软件开发人员、产品经理和其他专业技术人员。

5.2 企业数字化转型的保障措施

数字化转型是一项企业战略，要让战略能够落地而不只是空中楼阁，需要以下几方面保障措施。

（1）组织保障

企业数字化转型需要由决策层（CEO）牵头组建转型推进组织，并且有规范的推进流程。该组织除了负责转型的顶层设计以及推进工作外，还要在转型过程中落实负责组织变革、流程变革等的关键人物。最具挑战性和最核心的数据治理也要有专门的领导团队负责，并配备专职的数据治理专家队伍，统筹企业的数据治理标准和流程。

（2）人才保障

企业数字化转型需要打造自主可控的数字化赋能平台，塑造促进企业数字化转型的创新体系，这就需要大量的数字化人才和大量的业务人员，因此，提升数字化人才待遇、培育适合数字化人才的成长环境、大量引进人才势在必行。同时，必须对业务人员开展常态化数字技术和数字意识培训。

（3）文化保障

每个企业都有独特的企业文化，在推进企业数字化转型过程中，要把数字化文化融进企业文化，甚至成为企业的主流文化，不是一件轻而易举的事情，而是要做好筹划，开展有组织的培训教育，不断优化人才结构，调整用人导向，用好考核和待遇的指挥棒，促进企业数字化文化的快速形成。

（4）基础设施保障

数字化基础设施在许多传统企业都有或多或少的欠账，数据中心建设、网络链路覆盖和带宽、5G/4G 建设，尤其是核心设备的物联网建设、传感和计量能力建设等，都需要在推进企业数字化转型过程中不断提升。随着数据治理进程的深入，数据挖掘需求的增加对企业的算力也会提出新的要求，这些都需要早做规划，基础先行。

5.3　企业数字化转型的趋势

当前，在政府的大力推动和引导下，中国企业数字化转型呈现出万马奔腾的气势，千帆竞发、蔚为大观。各行各业、私企国企、大小企业，都争前恐后地涌向数字化转型的赛道，相互交流、相互借鉴，努力探寻最适合自己的前进“姿势”，体现出几个比较显著并且具有共性的趋势。

（1）新冠肺炎疫情加速企业数字化转型进程

新冠肺炎疫情的暴发，迫使很多企业采用线上办公模式，这一方面检验了各企业的信息化建设成果，提升了企业员工对信息系统的接受度；另一方面使企业更强烈地意识到数字化转型的重要性，纷纷加快了数字化项目的建设和上线速度。数字化基础设施配置水平空前提升，企业高层有更多机会使用、感受、思考数字化技术为企业发展带来的潜在影响，企业数字化进程被纳入高层议事日程。

新冠肺炎疫情使企业员工工作模式发生了巨大改变。在疫情最严重的时期，员工被迫居家办公，从不习惯到逐渐适应，现在越来越多的员工爱上了这种工作模式。有调查显示，有超过60%的员工愿意长期持续居家办公模式，这无疑也是推进企业数字化转型的巨大力量，一大批传统企业将由此迈向数字化企业。

（2）企业更加理性地从自身需求和痛点出发推进转型

随着企业数字化转型案例的增多，关于成败得失的讨论也越来越深刻，对企业数字化转型的认识也会更加全面、更加理性。越来越多的企业不再盲目跟风，赶时髦、随大流，而是从自身业务特点出发，分析需求和痛点，寻找适合企业自身成熟度及发展战略的转型方案，依照急用先行的原则，有节奏、有规划地推进项目开发，这使得企业数字化转型行为更加理性。

（3）转型促进业务与技术融合，这种融合也能够加速转型进程

正如前面的定义所述，企业数字化转型是利用数字技术对企业的业务

进行变革，在变革过程中，技术和业务相互融合、相互促进，不断优化工作流程、调整组织架构，而新的流程、新的组织又会生发出新的技术需求，如此交替互促，螺旋式升级发展，就会形成良好的转型循环，不断为企业带来新的效益、创造新的价值增长点。

（4）转型加速产业链上下游的一体化融合，创生新型立体价值网络

有效的企业数字化转型能够大幅度提升企业效率，这种提升必然传递到企业的上下游，给产业链的相邻环节提出数字化转型的新要求，由此促进上下游的数字化提升。譬如数字工厂建设必然对上游的设计方和建设方提出数字化交付要求，而无人仓储和自动交付系统的建设也必然会给下游的销售商提出新要求，同时，数字工厂、“数字孪生”、人工智能等技术的广泛应用，还创造出众多合作方，使传统线性价值链逐渐扩展为多节点立体价值网络，其中的竞合与依存关系也随之发生改变，价值创造的产业边界被不断拓展，新领域层出不穷。

（5）数字化人才地位提升，企业对数字化人才的需求呈爆发式增长态势

在推进企业数字化转型过程中，大多数企业会选择“内部调动+外部引才”方式组建复合型数字化转型工作团队。转型效果的逐渐显现，让数字化人才地位得到提升，数字化岗位吸引力加大；转型业务领域的不断拓展，让企业对复合型数字化人才的需求呈现爆炸式增长态势。

据 IDC 关于全球 IT 行业的预测，到 2022 年，90%的应用程序将采用微服务架构，提高设计、调试、更新和利用第三方代码的能力；在所有生产应用程序中，35%将是云原生的。逐渐数字化的经济模式对业务响应速度提出了更高的要求，这使得应用开发具有了高度模块化、分布式和持续更新的特点，同时容器和无服务器计算等云原生技术被广泛采用。在此我们要注意，只有结合敏捷/DevOps 方法的应用开发，才能大大提升企业数字创新能力。这些都对数字化人才提出了大量且持续的需求。

5.4 企业数字化转型的三定律

数字世界是一个“液体”的世界，万事万物都在不停地变化。这种变

化遵循一些基本规律，就像下雨时每一滴水都会进入谷底，虽然具体的路线无从知晓，但是方向必然是向下的——因为有重力的作用。所以，企业数字化转型的发展必然会有内在“重力”发挥作用，其发展方向有其必然性，但总体趋势一定是能够预知的。

现代物理学认为，自然界存在四种基本的物体之间的作用力：万有引力、电磁力、强相互作用力和弱相互作用力。前两种力人们很容易感受到，从日月运行到苹果落地，都是万有引力的作用，从磁铁吸引铁钉、指南针的转动到下雨时的电闪雷鸣，都是电磁力的作用；后两种力是微观世界粒子之间的作用力，大家没有直观的感受。随着数字化时代的到来，有可能诞生一种新的基本力，即第五种力，这种力可以命名为“数字力”，它是数字和数字之间以及数字和现实之间的一种作用力。第五种力作用于数字，就能够改变其存在状态，作用于现实就能改变其运行规律。关于数字力的作用方式、运行规律，我们的认识还很不够。随着数字时代的到来，第五种力的作用和价值将会日益显著。

企业数字化转型是数字技术发展带来的必然结果，正如凯文·凯利在其著作《科技想要什么》中所持的观点，科技是一种全新的生命，自身会按照某种自然规律发生、发展，并在追求自我完善中不断成长壮大。企业数字化转型是数字技术驱动下的一种企业变革现象，自然有其内在的规律性，这种规律性很可能就是数字力的运动规律。

笔者在研究企业数字化转型演进时观察到数字力运行的三个基本规律，分别命名为“快慢定律”“三七定律”“成功定律”。

（1）企业数字化转型第一定律：快慢定律

快慢定律：数字技术发展很快，业务变化次之，组织变化更慢，最慢的是人们的数字化意识。企业数字化转型发端于数字技术的变化，成功于企业全员数字化意识的转变。

这个定律告诉我们，在企业数字化转型过程中，CIO 最先感受到数字技术的驱动力，因而成为企业数字化转型的第一推手。CIO 需要发挥数字技术对业务的引领作用，推动业务部门采用数字技术。传统的组织架构和普通员工的传统意识有可能成为企业数字化转型的障碍，企业在制定数字化转型战略时，对此要有充分考虑，要制定全方位的应对预案。

（2）企业数字化转型第二定律：三七定律

三七定律：当企业数字化转型进程超过30%时，数字技术强大的渗透力可以自行解决剩下70%的转型问题。

这个定律传递出两个信息：一是数字化世界赢者通吃，要抢先转型就要抢先完成最早的30%；二是不要担心自己实力不够，无法完成全部的数字化转型，只要一鼓作气完成30%就好了，剩下70%的工作量由数字技术自动完成。数字力作用于现实，犹如流水冲刷河岸，在润物无声中帮助我们完成大部分工作。

（3）企业数字化转型第三定律：成功定律

成功定律：当数据的声音成为企业统一的声音时，企业数字化转型就真正成功了。

当数据足够时，数据流总是能够沿着最短的路径流淌，企业只需要跟随，就能达成最高的效率。如果企业不能跟随数据的步伐，要么因为数据不够，要么因为企业管理层的数字化意识没跟上，但都说明企业数字化转型还在走向成功的路上。

企业拥有统一的声音很重要。譬如，一个城市的交通状况，如果所有车辆遵从统一导航，就能获得最好的城市拥堵治理效果；如果有的车辆使用导航，有的车辆不使用导航，或者大家使用了不同的导航，就有可能出现把所有车辆导航到同一个地方的现象，从而加剧拥堵。

这些规律都客观地反映了企业数字化转型在数字技术驱动下的发展演变趋势，了解这种趋势有助于我们更深入地理解企业数字化转型，从而更有效地引导企业沿着最优的价值路线升级转型。

中篇

君子豹变——企业数字化转型的技术路径

【2分钟快读】

如果你是所在企业数字化转型的带头人，那么本篇开篇所讲的“八仙过海”对你来说就是一条可以照猫画虎的实操路径。就像八仙过海中的八仙每个人都有一件法器一样，企业数字化转型也需要技术支撑，这些技术在本篇中都做了简要介绍。

这些技术包括云计算技术、工业互联网平台、工业App、数据治理、数据湖、数字化交付、数字孪生。

云计算技术：让计算能力的应用像饮用自来水一样便捷。

工业互联网平台：一种工业操作系统，可以开发各种应用，通过这些应用可以管控工厂的设备，同时操控和运行整个工厂。

工业App：轻量级、定制化、可复用的“精致”信息系统。

数据治理：管理企业数据就像管理企业产品一样，需要统筹规划、统一保存和使用，使之成为企业的新资产。不同于传统信息化中的数据收集，数据治理是“自顶向下规划，自底向上治理”的复杂的系统工程。本篇提出了一条“简而言之”的实操路径，只需七步，被称为“七步师”，跟随老师，事半功倍。

数据湖：一种新技术，能够以原始格式管理企业所有种类的数据，并确保较低的成本和较高的效率，方便使用。

数字化交付：既然我们的设备、工厂在设计时就是数字化的，为何还要从实体工厂再反向数字化呢？不要给我们成捆的图纸，直接交付数字体就可以了。但有一点必须明确：数字化交付是个复杂过程。

数字孪生：现实世界的设备乃至整个工厂，在数字世界投射出镜像，这个镜像是一个与本体从内到外完全一样的数字体，两者之间有互动关系，犹如量子一般纠缠。

数字技术是这个世界前进的根本动力。技术的世界浩如烟海，本篇简单介绍企业数字化转型所需的几种关键技术。

是为中篇。

企业数字化转型技术实操指南——八仙过海

企业数字化转型是当下每一个企业发展的必选项。从短期来看，事关企业的投入产出、成本管控以及盈利情况；从长期来看，关乎企业的长远目标、发展路径和生存能力。

因此，企业数字化转型是一项需要认真对待、精心谋划的事业。如同一切生长于数字世界的事物一样，企业数字化转型也一定有一条全局最优的“达成路径”。就像我们经常使用的导航软件一样，无论实际路况多么复杂，数字技术总能给你指出一条最优路径，这就是数字世界的最大优势——“数据+算法+算力”。

企业数字化转型也有这样一条技术路径，这条路径分八个步骤即八仙过海，如图 3-1-1 所示。

图 3-1-1　企业数字化转型的技术路径——八仙过海

1.1　统一认识

在企业开始数字化转型之前，明晰认知、统一认识十分重要，本书书名中将“认知”放在“实践”之前也是有这样的考虑。统一认识要从高层开始，逐步普及到全体员工。

在这个阶段，企业需要选择一本适合的教材（本书是不错的选择）或者编写一些培训资料，组织大范围培训并展开广泛讨论，交流思想，充分沟通，形成百家争鸣之势，直至对企业数字化转型的重要性、意义和价值、内涵和路径等达成共识。有共识才能形成合力，如图 3-1-2 所示。

图 3-1-2　有共识才能形成合力

1.2　落实组织

在达成共识基础上形成的合力，要通过组织才能发挥出来。虽然数字世界是由数据驱动的，但是在传统的物理世界中，一切工作都需要人来推动——在组织支配下的人。

要推动多大规模的企业数字化转型，就要有相应规模的组织来提供保障。一个部门的转型一般只需要部门级别的组织即可，整个企业的转型则需要企业级的组织来推动。在一个企业内部，所有业务都是相互关联的，因此即使单个部门或者局部的转型，最好也建立一个企业级组织。企业级组织不仅能够保证单个部门或者局部转型时不受关联部门的制约，还能够使转型价值最大化，单个部门或者局部的成功转型经验能够快速推广到其他部门，甚至整个企业。

1.3 数据治理

将传统业务数字化，是实现业务数字化转型的根本。传统信息化建设中的数据收集只是收集信息化项目自身所需要的数据，而数据治理是进行企业数据资产管理，全方位盘点企业已有的全部数据资源，并根据需要通过设计挖掘新的数据资源，最终形成公司级或集团级数据资源的汇总，实现数据资产价值最大化。

数据治理彻底摆脱了一个系统对应一个数据库的传统模式，为企业建设了一个“数据湖”（Data Lake），所有应用都从这个“数据湖”里存取数据，数出一源、资产一库。企业级数据治理是一项难度很大的工作，也是企业数字化转型能否取得成功的关键，需要全局规划，统筹推进。

1.4 平台建设

从某种程度上说，企业数字化转型就是把整个企业搬到网上，这个网就是工业互联网。成功转型的企业要在工业互联网平台上运行，这个平台能够为企业在数字的“大海”上航行提供动力。因此，无论是借船出海，还是造船出海，这条船一定要具备强大的功能，同时企业要拥有驾驭这条大船的技术团队，企业全体员工要具备在大船上生活、工作的基本素质。这也是为什么笔者在书中多次强调转型需要提升全体员工的数字化意识，需要具备相当规模和实力的数字化技术团队，二者缺一不可。

1.5　选择业务

一个小企业可以灵活转身，整体推进企业数字化转型。但对规模大、业务链长的集团企业而言，更常见的操作方式是从企业局部转型开始，试点推进，量力而行，这样才能保证企业平稳度过风浪，基业长青。

作为试点的业务单元要具备“三好”条件：基础好、认知好、队伍好。

①基础好是指本业务单元的信息化基础好。

②认知好是指本业务单元的领导和员工对数字化的认知比较到位。

③队伍好是指具备相当实力的 IT 人才队伍，对数字技术和本业务单元有比较深入的了解。

作为试点的业务单元也要有代表性、有较好的市场前景，有较大的增值空间，这样才能保证数字化转型快速见效，形成样板。

1.6　匹配队伍

前面提到的组织是指从管理层发起、推动企业数字化转型工作的组织，这里讨论的配套队伍是指发生转型的业务所对应的组织。

当业务发生转型时，数字技术深入融合到业务中去，业务流程得到大幅度优化，流程缩短，业务人员减少，组织更加扁平化、集中化，这使得专业人才的配置也要围绕业务数据的流动重新进行，这些专业人才有可能是从不同部门或者岗位抽调，也有可能是聘请外部专家。

企业可以对照数字化转型的四种模式，结合自身业务运行特点和组织模式，选择能够快速落地见效的数字技术，同时优化能够落实到位的业务单元。通过业务流程的变化创生新的盈利模式，一定要将盈利模式固化下来，保证价值增值的持续性。

1.7　宣传成效

对企业数字化转型的正确认识以及对技术的储备，是转型顺利推进的重要保障。因此，在取得局部的转型成功后，要及时宣传成效、经验和所需要的保障条件。

通过宣传，一是培养企业员工的数字化意识，让他们认识企业数字化转型的必要性和对企业长远发展的重要意义；二是告诉企业员工数字化转型的正确方法，让他们认清数字化转型道路；三是培训骨干力量，让他们掌握必要的数字化技术，让数字技术更好地融入业务，产生更好的成效。在这个过程中，企业能够发现转型条件最成熟的业务单元——技术储备充足、数字化认识到位，一般来说，这样的业务转型后成效显著，能够成为转型示范项目。

1.8 优化推广

数字化转型是一项企业战略，可能会持续很长一段时间，所以要分阶段开展评估，总结经验，优化完善，并及时推广。

开展阶段性评估能够肯定转型成效，给企业数字化转型持续推进增添信心。及时推广能够让企业效益最大化，在推广过程中还要总结经验，不断优化原有方案，发挥数字技术快速迭代的优势，随时形成转型发展的新版本。

对一个大型企业而言，数字化转型一定要有规划。这里讨论的八个步骤是在总体规划的指导下，某个业务单元或局部转型的技术路径，在缺少战略规划的情况下，这也是一条有效路径。以上所讲的八个步骤不一定按照顺序推进，有些步骤可以同步开展，有些步骤可以提前，如第五步选择业务、第七步宣传成效都可以提前或者同步实施，所以这八个步骤犹如八仙过海，各显神通，但目标是一致的。从这条技术路径可以看出，企业数字化转型由两部分组成：数字化和转型，前四个步骤解决数字化问题，后四个步骤解决转型问题，二者缺一不可。

数字技术是企业数字化转型的发动机，各种数字技术在转型的不同环节发挥着不同的作用。云计算及相关技术是基础，数据治理和平台技术是核心技术与必备条件，“数据湖”和数字化交付、“数字孪生”等是“利器”，能够让转型更快捷、更高效。当然，要用好这些技术，强大的技术团队是必不可少的。

2 云计算技术概述

2.1 云计算的提出和发展

数字化转型的核心是数字化，数字化转型的技术手段是“上云上平台”，云和平台是数字化企业重要的基础设施。

云即云计算（Cloud Computing），是一种分布式网络计算技术，从2006年8月9日谷歌前首席执行官埃里克·施密特在搜索引擎大会上首次提出云计算的概念起，这一技术已经走过了十几年的高速发展期，并走向成熟，成为数字化时代最重要的基础设施，公有云服务已经发展为一个世界性产业。国际知名调研机构高德纳咨询公司发布的IT服务相关预测显示，2020年全球公有云服务市场营业收入总额达到2579亿美元，亚马逊、微软、谷歌和阿里巴巴高居前四名。IDC发布的《中国公有云服务市场（2020上半年）跟踪》报告显示，2020上半年中国公有云服务整体市场规模达到84亿美元，同比增长51%。受新冠肺炎疫情影响，公有云服务呈现飞速发展势头。

云计算的可贵之处在于高度灵活性、可扩展性和高性比等，与传统网络应用模式相比，它在以下几方面更具优势。

（1）虚拟化

虚拟化突破了时间、空间的界限，是云计算最为显著的特点，虚拟化技术包括应用虚拟和资源虚拟两种。众所周知，物理平台与应用部署的环境在空间上是没有任何联系的，必须通过虚拟平台在相应终端进行操作，以完成数据备份、迁移和扩展等。

（2）按需部署

计算机包含许多应用、程序和软件等，不同应用对应的数据资源库不同，所以用户在运行不同应用时需要较强的计算能力对资源进行部署，而云计算平台能够根据用户需求快速配备计算能力及资源。

目前，市场上大多数 IT 资源、软件和硬件都支持虚拟化，比如存储网络、操作系统和软、硬件开发等。虚拟化要素统一放在云系统资源虚拟池中进行管理，可见云计算的兼容性非常强，不仅能够兼容低配置机器和不同厂商的硬件产品，还能够连接外设，获得更高性能。

（3）可靠性高

如果服务器故障不影响计算与应用的正常运行，那么单点服务器出现故障可以通过虚拟化技术将分布在不同物理服务器上的应用进行恢复，或者利用动态扩展功能部署新的服务器进行计算。

（4）性价比高

将资源放在虚拟资源池中统一管理，在一定程度上优化了物理资源，用户不再需要昂贵、存储空间大的主机，而可以选择相对廉价的个人电脑组成云，这样一方面能够减少费用，另一方面计算性能不逊于大型主机。

（5）动态可扩展性

用户可以利用应用软件的快速部署条件更简单快捷地将自身所需的已有业务和新业务进行扩展。比如，计算机云计算系统出现设备故障，对于用户来说，无论是在计算机层面上还是在具体运用层面上都不会受到阻碍，可以利用计算机云计算具有的动态扩展功能对其他服务器开展有效扩展，以此确保任务有序完成。在对虚拟化资源进行动态扩展的同时，还能够高效扩展应用，提高计算机云计算操作水平。

（6）随地接入、随时服务

在移动互联技术普及的今天，云计算能够提供随地接入的便捷服务，用户不需要知道云资源在哪里，只要有一个账号，就可以使用随身携带的移动终端，随时随地连接云资源，使用云服务。

2.2　云计算的分类

通常情况下，云计算可以分为三类（三种服务模式），基础设施即服务（IaaS）、平台即服务（PaaS）和软件即服务（SaaS）。

（1）基础设施即服务

基础设施即服务是主要服务类别之一，它向市场（个人或组织）提供虚拟化计算资源，如虚拟机、存储、网络和操作系统。随着云计算服务的发展，其服务范围扩展到提供数据库、中间件等。

（2）平台即服务

平台即服务是一种面向系统开发人员的服务类别。通过全球互联网，世界各地的开发人员可以在 PaaS 平台上构建应用程序和服务。PaaS 为开发、测试、过程管理提供按需配置的开发环境。

（3）软件即服务

软件即服务是通过互联网提供用户需要的软件，用户按时或计量付费的服务模式。云计算提供商直接管理或托管软件应用程序，允许其用户连接到应用程序并通过全球互联网访问应用程序。

在企业应用中，根据部署方式或者服务方式不同，云计算又分为公有云（Public Cloud）、私有云（Private Cloud）、混合云（Hybrid Cloud）、多云（Multicloud）等。

（1）公有云

公有云通常由非最终用户所有的 IT 基础资源构建而成。以下是一些规模较大的公有云提供商：阿里云（Alibaba Cloud）、亚马逊云（Amazon Web Services）、谷歌云（Google Cloud）、IBM 云（IBM Cloud）及微软云（Microsoft Azure）等。

以前的公有云基本上都在组织外部运行，现在的公有云提供商开始在客户内部数据中心提供云服务，所以用位置和所有权来区分云计算的种类已经不再适用。只要对环境进行了分区，并重新分配给多个租户，这种云就是公有云。因为有的云提供商允许租户免费使用其云服务，所以计费结构不再是公有云的必要特征。

（2）私有云

私有云是专为单个最终用户或群组创建的，通常是在该用户或群组的防火墙内运行的云环境。如果底层 IT 基础架构属于某个拥有完全独立访问权限的客户专有，这种云就是私有云。现在的私有云不再必须从内部 IT 基础架构进行搭建，许多企业开始在所租赁的供应商所有的外部数据中心内构建私有云，所以位置和所有权早已不是界定标准，这也将私有云进一步细分为托管私有云、专用云等。

①托管私有云。客户可以创建并使用由第三方供应商部署、配置和管理的私有云。托管私有云适合 IT 团队人手不足或技能欠缺的企业，能为用户提供更为出色的私有云服务和基础架构。

②专用云。专用云类似云中的云，可以在公有云或私有云上部署。例如，会计部门可以在企业的私有云上部署自己的专用云。

（3）混合云

混合云是从局域网（LAN）、广域网（WAN）、虚拟专用网（VPN）和/或应用程序编程接口（API）等多个环境创建而成的 IT 环境，但看起来只是单一环境。

混合云的特性较为复杂，不同的人对它的要求和理解各不相同。一般认为，混合云可能需要包含至少 1 个或多个私有云和至少 1 个或多个公有云。

如果应用可以轻松地移入或移出多个独立但相互连接的环境，每个 IT 系统就相当于一个混合云。这些环境中至少有一部分必须来自可按需扩展的整合 IT 资源，而使用者需要进行集成化管理并编排平台，把这些环境视为单个环境进行管理。

（4）多云

多云是一种云架构，由多个云供应商提供的多个云服务组合而成，既可以是公有云，也可以是私有云。所有混合云都是多云，但并非所有多云都是混合云。当通过某种形式的集成或编排将多个云连接在一起时，多云就成了混合云。

随着业务规模的日益扩大和业务需求的日益多元化，越来越多的企业将选择多云，通过扩展更多环境来改善性能并提升安全性。

3 工业互联网平台

3.1 工业互联网的提出和发展

工业互联网平台是云计算技术与工业应用融合发展的产物，已经成为当前“互联网+工业”的核心技术平台。

2012 年，美国通用电气公司（GE）发布白皮书《工业互联网：打破智慧与机器的边界》，首次提出工业互联网的概念，其前 CEO 伊梅尔特坚信工业互联网是工业的未来。这一概念顺应了“互联网+工业”融合发展的潮流，既得到了互联网企业的认可，也得到了工业企业的赞同，很快在全球范围内掀起了工业互联网的热潮。在我国，无论是 IT 界还是工业界，无论是学术界还是产业界，甚至政府部门都对工业互联网给予了极大的关注。

2013 年 6 月，GE 提出工业互联网革命（Industrial Internet Revolution），并这样描述：工业互联网是开放、全球化的网络，通过将人、数据、智能资产和设备连接起来，并结合软件和大数据分析等技术，达到提高生产力和工作效率、降低成本、减少资源使用的目标，从而促进新一轮工业革命的发展。

2014 年 3 月 27 日，由美国电报电话公司（AT&T）、思科、GE、国际商用机器（IBM）和英特尔（Intel）5 家企业发起成立了工业互联网联盟（Industrial Internet Consortium，IIC）。联盟成员数量在短时间内激增，成员来自亚洲、欧洲、拉丁美洲和北美洲的企业、高校以及研究机构。该联盟试图将多国企业、学术机构以及政府聚集起来，共同推动工业互联网技术的开发、接纳以及广泛使用。

GE 提出的工业互联网与德国明确提出的工业 4.0 战略有异曲同工之妙，被称为美国版工业 4.0。包括“中国制造 2025”在内的这些概念，核心都是通过数字化转型提高制造业水平。

按照 IIC 给出的定义，工业互联网是一种物品、机器、计算机和人的互联网，它利用先进的数据分析法，辅助提供智能工业操作，改变商业产出。它包括全球工业生态系统、先进计算和制造、普适感知、泛在网络连接的融合。

工业互联网是连接工业全系统、全产业链、全价值链，支撑工业智能化发展的关键基础设施，是新一代信息技术与制造业深度融合所形成的新兴业态和应用模式，是互联网从消费领域向生产领域、从虚拟经济向实体经济拓展的核心载体。工业互联网带来的不仅仅是产品质量和生产效率的提升以及成本的降低，还通过将大量工业技术原理、行业知识、基础工艺、模型工具规则化、软件化、模块化，并封装为可重复使用的微服务组件，让第三方应用开发者能够面向特定工业场景开发不同的工业 App，进而构建基于工业互联网平台的产业生态。

工业互联网和大家通常所说的互联网是有区别的。工业互联网是互联网发展的新领域，是在互联网基础之上、面向实体经济应用的演进升级，通常所说的互联网一般是指消费互联网，与之相比，工业互联网有以下三个明显特点。

①连接对象不同：消费互联网主要连接人，应用场景相对简单，而工业互联网主要是实现人、机、物等工业经济生产要素和上下游业务流程在更大范围内的连接，连接种类和数量更多，场景更复杂。

②技术要求不同：消费互联网对网络时延、可靠性等技术要求不是特别高，而工业互联网对技术要求较高，在网络性能上要求网络时延更低、可靠性更强、安全性更高。

③发展模式不同：消费互联网应用门槛较低，发展模式可复制性强，相关的互联网企业多选择轻资产运营模式，投资回收期短，对社会资本吸

引力大；工业互联网涉及行业复杂、标准不一、专业化要求高，难以找到具有普适性的发展模式，互联网企业多为重资产运营模式，资产专用性强，投资回收期长，还存在一些认知壁垒。

信息互联网通过社交平台将人和人连接起来，拉近了人和人的距离，也改变了人和人的交流方式，提高了沟通效率，大幅降低了沟通成本。全新的交流方式让任何人都能够足不出户就联系到世界上任何一个角落的人，这创造了全新的社交、联络、婚恋乃至情感表达模式，是人类个体的一次数字化转型。这次转型不仅让人与人的距离变短，也创造了巨大的商业价值，催生了一批新的商业巨头，如腾讯、推特、脸书等。

消费互联网通过电商平台将人和商品连接起来，缩短了消费者和商品的距离，消灭或者压缩了许多中间环节，通过取消实体店、仓储，改变商品信息对接方式，优化物流配送方式等，大幅降低了商品从制造到消费的中间成本。这是人类商业售卖方式的一次数字化转型，这次转型不仅让消费者和生产者实现了“面对面”，创造了巨大的商业价值，也催生了一大批新的商业巨头，如淘宝、京东、亚马逊等。

工业互联网通过工业互联网平台将各种工业要素连接起来，使它们能够共享生产设备的运行监控、维护维修能力，共享经验数据和优化能力，共享市场和需求能力，共享供应链和原材料配置能力，这是商品生产制造过程的一次数字化转型，也是在前面两次转型成果整合的基础上的一次全面升级。这次转型将会大幅降低产品研发、制造和交付的时间成本、人力成本、物资成本等，也必将催生一大批新的、体量更大的商业巨头。

工业互联网的本质和核心是通过工业互联网平台把设备、生产线、工厂、供应商、产品和客户紧密地连接、融合起来，帮助制造业拉长产业链，形成跨设备、跨系统、跨厂区、跨地区的互联互通，从而提高效率，推动整个制造服务体系的智能化。同时，工业互联网的普及还有利于推动制造业和服务业的融合发展，使工业经济中的各种要素资源能够高效共享。

在英语中，工业互联网中的互联网对应的英语单词是 internet，意思是采用目前互联网技术构成的、相互连接的网络，而 Internet 则是互联网的专有名词。物联网（Internet of Things）是物品互联网，现在公认的物联网包括人与人、人与物的互联。所以，工业互联网中的 internet 与物联网中的 Internet 含义不同。

工业互联网并不属于互联网这类全球性的信息基础设施，而是应用于工业领域的特殊的互联网技术，至少现在还没有成为 Internet 的一部分。但是，物联网技术标准应该充分考虑工业互联网需求，支持工业互联网技术的发展，通过未来全球信息基础设施的建设，推动工业互联网的组网与应用。

我们不能简单地将工业互联网理解为“互联网+工业”或者“工业+互联网”，这是因为“互联网+工业”仅仅意味着将互联网应用于工业领域，而工业领域包括产、供、销等多个方面。比如，将互联网应用于工业领域的物流管理和仓储管理就属于“互联网+工业”，但这并不具有工业互联网的技术特征，所以不属于工业互联网技术的研究领域。

工业互联网在生产企业有广泛的应用场景。工业互联网平台是面向工业企业数字化、网络化、智能化需求，构建基于海量数据采集、汇聚、分析的服务体系和支撑工业要素的泛在连接、弹性供给、高效配置的载体。其核心要素包括数据采集体系、工业 PaaS 平台和应用服务体系。

利用工业互联网可以对传统工业过程进行全面优化，包括但不局限于以下四方面。

①面向工业现场的生产过程优化。

工业互联网平台能够有效地采集和汇聚设备运行数据、工艺参数、质量检测数据、物料配送数据和进度管理数据等生产现场数据，通过数据分析和反馈在制造工艺、生产流程、质量管理、设备维护、能耗管理等具体场景中实现优化应用。

②面向企业运营的管理决策优化。

借助工业互联网平台可以打通生产现场数据、企业管理数据和供应链数据，提升决策效率，实现更加精准与透明的企业管理。具体场景包括供应链管理优化、生产管控一体化和企业决策管理等。

③面向社会化生产的资源优化配置与协同。

工业互联网平台可实现制造企业与外部用户需求、创新资源、生产能力的全面对接，推动设计、制造、供应和服务环节的并行组织与协同优化。具体场景包括协同制造、制造能力交易和个性定制等。

④面向产品全生命周期的管理与服务优化。

工业互联网平台可以将产品设计、生产、运行和服务数据进行全面集成，以全生命周期可追溯为基础，在设计环节实现可制造性预测，在使用环节实现健康管理，并通过生产与使用数据的反馈改进产品设计。具体场景主要有产品溯源、产品/装备远程预测性维护、产品设计反馈优化等。

3.2　工业互联网的发展趋势

在全球新一轮科技革命和产业变革中，信息技术与各行业、各领域的融合发展具有广阔前景和无限潜力，已成为不可阻挡的时代潮流。除了德国的工业 4.0、美国的“先进制造业国家战略计划”、日本的“机器人新战略”等国家级战略外，英国、法国、韩国、印度、俄罗斯等众多国家也推出了一系列战略，虽然名称各异、侧重点不同，但是推动新一代信息技术和制造业的深度融合，大力加快制造业的数字化、网络化、平台化、智能化转型是这些战略的共同核心，各国都希望通过技术革命减少对人的依赖，更好地发挥人的价值，实现各自国家高质量、高效率、绿色高端发展。

（1）美国工业互联网发展持续领跑全球

自 2014 年美国 GE、IBM、思科等龙头企业主导的 IIC 成立以来，美国政府及联盟组织成员的动向一度成为全球工业互联网发展的风向标。在推进策略上，美国更加注重以创新为驱动，发挥互联网、信息通信、软件等优势，利用信息技术自上而下重塑制造业。

①政府大力实施再工业化战略。

2008 年国际金融危机之后，美国意识到“去工业化”带来的“产业空心化”问题，将重振制造业作为长远发展的重要战略，密集而持续地出台了一系列政策措施。美国政府组织实施了“先进制造业伙伴计划”，构建国家制造业创新网络，重点突破信息物理系统、先进传感与控制、大数据分析、可信网络、高性能计算、信息安全等工业互联网关键技术，为工业互联网的发展和应用提供有力支撑。通过生产关系、生产方式以及技术革新，让工业重新焕发出强大的生命力，并具备更强的竞争力。通过新一轮技术革命的成果引领改造其他产业，推动产业优化升级，加速第四次工业革命进程。

②领军企业引领美国工业互联网发展。

GE 作为美国传统制造业巨头，率先意识到数字化转型的重要性，于 2013 年推出 Predix 工业互联网平台，大力推动工业互联网发展。随后，GE 投入大量资源，以 Predix 为核心成立新的业务部门 GE 数字集团（GE Digital），将其作为 GE 战略的关键部分。此外，GE 还与微软、思科、IBM 等巨头建立合作关系，共同推动工业互联网发展，并强化平台服务能力。2018 年 12 月，GE 正式宣布将向私募基金公司银湖出售部分 GE Digital 业务，并将投入 12 亿美元成立新的工业互联网公司，独立运营 Predix 平台及相关数字化业务，在工业互联网发展道路上进行新一轮尝试。此外，美国参数技术公司（PTC）凭借 Thing Worx 平台被多家研究公司评为“2018 年全球工业互联网市场技术领导者”，成为全球应用最为广泛的工业互联网平台企业。

③优秀初创企业获得资本青睐。

2014 年成立的 Up Take 在短短 4 年内获取超过 2.5 亿美元融资，市场估值高达 23 亿美元；提供边缘智能软件的 Fog Horn 两年累计融资 4750 万美元，仅 2017 年 B 轮融资就获取 3000 万美元；“独角兽”企业 C3 IoT 基于工业互联网平台开发了一系列工业 App，三年接入设备数超过 7000 万个，四轮累计融资 1.1 亿美元，估值达 14 亿美元。

④积极打造工业互联网发展生态。

2014 年 3 月，GE、AT&T、思科、IBM、Intel 等 5 家企业联合成立 IIC，推动工业互联网技术标准化和试点应用，打造工业互联网生态体系。2015 年，IIC 发布工业互联网参考架构，系统性界定工业互联网架构体系。2016 年 3 月，IIC 和工业 4.0 平台代表在瑞士苏黎世探讨分别推出的工业 4.0 参考架构模型和工业互联网参考架构的潜在一致性。现在，IIC 已有来自全球 33 个国家的 260 余家成员单位，致力于开展测试验证、标准制定、国际合作等工业互联网生态建设。

（2）德国工业互联网建设步伐加快

德国制造业装备全球领先，为应对新一轮科技和产业革命的挑战，德国更加注重发挥自身在装备制造、自动化系统、工艺流程等方面的优势，利用互联网等信息技术自下而上改造制造业，提出工业 4.0 战略，其本质也是通过连接打通生产机器构成的“真实”世界和互联网构成的“虚拟”世界，基于工业互联网重塑新型生产制造服务体系，提高资源配置效率。

①政府进行一系列战略部署。

在德国国家工程院、弗劳恩霍夫协会等研究机构的推动下，德国政府将工业 4.0 上升为国家战略，试图通过信息网络与工业生产系统的充分融合，打造数字工厂，实现价值链上企业的横向集成、网络化制造系统的纵向集成以及端对端的工程数字化集成，强调机器与互联网的相互连接以改变当前的工业生产与服务模式。2019 年，德国进一步提出“国家工业战略 2030”发展战略，并将中美两国在“平台经济互联网公司全球独揽”作为德国工业发展的挑战之一，意在通过增强政府政策的附加力量，巩固新形成的相对优势。从德国的一系列战略部署来看，其目的是进一步打造工业生产全要素、全价值链、全产业链、全面连接的生产制造服务体系。

②领先企业积极推动工业互联网布局。

西门子数字化业务年收入高达 140 亿欧元，在其发布的“公司愿景 2020+”中将数字化工业作为未来三大运营方向之一，并启动“火箭俱乐部全球初创企业计划”，推出 MindSphere 平台 3.0，联合库卡、Festo、艾森曼集团等 18 家合作伙伴公司共同创建 MindSphere World，打造围绕 MindSphere 平台的生态系统，并扩展其全球影响力。西门子还收购了低代码技术公司 Mendix，大幅降低应用开发门槛，使基于平台的工业 App 开发效率大幅提升。企业管理解决方案（SAP）将在 HANA 平台基础上构建涵盖边缘计算、大数据处理与应用开发功能的 Leonardo 平台。

（3）各国打造本土工业互联网体系

英国出台“工业 2050 战略”，法国制定“新工业法国”战略，紧跟全球工业互联网发展动向，加大对本国工业互联网技术突破、产业布局、金融服务的支持力度。日本提出“互联工业”战略，试图将人、设备、系统、技术等连接起来，以创造新的附加值、解决相关的社会问题。韩国将机器人、人工智能、自动驾驶和3D打印确立为智能制造产业发展的主攻方向。

（4）国际合作与交流日趋紧密

2019年初，IIC与澳大利亚物联网联盟（IoTAA）达成协议，共同协调工业互联网发展，帮助改善数字经济。2018年，印度尼西亚与新加坡实施第四次工业革命缔结合作，支持印度尼西亚工业4.0振兴食品饮料、纺织服装、汽车工业、电子工业和化学工业五个领域。此外，印度的印孚瑟斯、塔塔等软件企业与美、德、日等多国制造企业广泛合作，深度参与IIC等国际组织。

纵观全球各主要国家的工业互联网实践，基本形成了一条政府引导、市场主导、企业主体、联盟支撑的发展道路，在技术攻关、产业布局、资本服务等方面加大“产学研用”合作力度，形成合力共同推动工业互联网创新发展。

（5）对中国工业互联网发展的启示

建设工业互联网是顺应新工业革命发展趋势的，但新生事物的推进没有坦途，世界各国在工业互联网发展的推进过程中都进行了有益的探索，但也暴露出一定的问题。对中国而言，要充分把握当前工业互联网建设的重要机遇期，充分吸收国外发展经验，并结合自身制造业基础和产业结构特点，打造中国工业互联网平台体系。

①要以平台为中心，辐射带动工业互联网全链条发展。

从国外领先工业互联网企业实践来看，德国工业4.0战略以及美国工业互联网都提出了打造一个平台的重要实践，工业互联网发展的核心载体是工业互联网平台，一方面平台聚集了工业生产制造各个环节的要素信息，拥有了平台就掌握了主动权；另一方面通过平台的建设迭代能够牵引数据采集、网络接入、安全防护、应用开发等各产业链条协同发展，提升平台供给能力。

②要以应用为先导，循序渐进打造多层次平台体系。

建设工业互联网平台不是单纯地建几个平台，而是要从应用场景出发，找到真实工业场景的现实瓶颈，自下而上形成可操作、可复制的系统解决方案，并以工业 App、工业微服务等形式逐渐沉淀到工业互联网平台上，由单点应用到多点推广，由特定行业、特定区域到跨行业、跨领域，建立起涵盖生产全流程、全环节的一系列平台解决方案，形成多层次平台发展体系。

③要以合作为基础，积极构建开放共享的协同生态。

工业互联网需要高额持续的投入和长时间的积累，从 GE 工业互联网业务短期内经历了从出售到剥离的波折，以及德国及时调整战略，出台《国家工业战略 2030》并加大政府支持力度来看，工业互联网发展不仅需要龙头企业引领，更需要政府、企业、联盟、科研院所等多方力量协同，科技、产业、金融等各领域融通。这充分印证了中国始终坚持“产学研用政”相结合，着力打通科技创新、产业发展、金融服务生态链的工业互联网发展模式的正确性，而中国也在打造更具活力的生态体系，推动工业互联网应用落地。

3.3　工业互联网在中国的发展

工业互联网是中国实现制造强国战略的基础，能够为智能制造的变革提供必需的共性基础设施和能力。因此，中国对工业互联网的政策支持力度空前。

2015 年以来，中国陆续出台了针对制造强国战略、“互联网+”等领域的多项产业政策，推动工业互联网建设。

2015 年，发布《国务院关于积极推进“互联网+”行动的指导意见》（国发〔2015〕40 号），提出推动互联网与制造业融合，提升制造业数字化、网络化、智能化水平，加强产业链协作，发展基于互联网的协同制造新模式。

2016 年，出台《关于深化制造业与互联网融合发展的指导意见》，提出充分释放“互联网+”的力量，改造提升传统动能，培育新的经济增长点，加快推动“中国制造”提质增效升级，从工业大国向工业强国迈进。

2017 年，国务院正式发布《关于深化“互联网+先进制造业”发展工业互联网的指导意见》，提出增强工业互联网产业供给能力，持续提升我国工业互联网发展水平，深入推进“互联网+”，形成实体经济与网络相互促进、同步提升的良好格局。

2018 年 5 月，工业和信息化部印发了《工业互联网 App 培育工程实施方案（2018—2020 年）》，提出 2018—2020 年，在国家制造强国建设领导小组的领导下，鼓励地方政府出台政策，并整合行业协会、产业联盟、科研院所各方力量，形成协同推进工业 App 的格局。同时，充分发挥财政资金导向作用，鼓励地方政府设立专项资金，并引导社会资本通过多元化渠道加强对工业 App 的资金投入，到 2019 年 12 月，力争将工业 App 规模扩大至 10 万个，使工业 App 创新应用企业的工业技术软件化率达 30%；到 2020 年 12 月，工业 App 规模达 30 万个，工业 App 创新应用企业的工业技术软件化率达 50%。

2018 年 6 月，工业和信息化部印发《工业互联网发展行动计划（2018—2020）》和《工业互联网专项工作组 2018 年工作计划》，提出到 2020 年底初步建成工业互联网基础设施和产业体系的行动目标，并推动 30 万工业企业“上云”，培育 30 万个工业应用 App，重点领域形成 150 个工业互联网集成创新应用试点等具体目标。2018—2020 年，中国将初步建成适用于工业互联网高可靠、广覆盖、大带宽、可定制的企业外网络基础设施，支持工业企业建设改造工业互联网企业内网。同时，初步构建工业互联网标识解析体系，建成 5 个左右标识解析国家顶级节点，标识注册量超过 20 亿个。

2018 年 7 月，工业和信息化部印发了《工业互联网平台建设及推广指南》和《工业互联网平台评价方法》提出，到 2020 年，中国要初步形成各有侧重、协同集聚发展的工业互联网平台体系，培育 10 家左右的跨行业、跨领域工业互联网平台和一批面向特定行业、特定区域的企业级工业互联网平台。

工业和信息化部还发布了《2018 年工业互联网创新发展工程拟支持项目名单》，入选项目从各省份申报项目中筛选，体现出其在工业互联网领域的领先优势以及国家对其产品能力的认可。对工业互联网平台来说，未来基于平台的开发生态是关键，现阶段领先企业具有先发优势。

2019 年 1 月 18 日，工业和信息化部印发《工业互联网网络建设及推广指南》，初步建成工业互联网基础设施和技术产业体系，包括建设满足试验和商用需求的工业互联网企业外网标杆网络，建设一批工业互联网企业内网标杆网络，建成一批关键技术和重点行业的工业互联网网络实验环境，建设 20 个以上网络技术创新和行业应用测试床，形成先进、系统的工业互联网网络技术体系和标准体系等。2019 年 3 月，在全国两会上，“工业互联网”成为热词被写入《2019 年国务院政府工作报告》，报告提出“围绕推动制造业高质量发展，强化工业基础和技术创新能力，促进先进制造业和现代服务业融合发展，加快建设制造强国。打造工业互联网平台，拓展‘智能+’，为制造业转型升级赋能”。

十九大报告提出要“推动互联网、大数据、人工智能和实体经济深度融合”后，工业互联网相关政策更是持续加码。国家制造强国建设领导小组下设立工业互联网专项工作组，统筹协调我国工业互联网发展工作。政策频出的背后，是国家希望以推进供给侧结构性改革为主线，结合实施建设制造强国战略和“互联网+”，依托工业互联网，促进新一代信息技术与制造业的深度融合，从而推动实体经济的转型升级。

——地方政府纷纷出台工业互联网扶持政策。

比如，浙江推出“1+N”工业互联网平台体系和行业联盟，“1”是指由阿里云、浙江中控、之江实验室共建的 supET 工业互联网平台，它将作为底层平台和基础设施服务于工业企业转型升级；“N”是指以“1”为地基，培育出一批领先的工业互联网平台。“1+N”工业互联网平台体系首批将建设 5~10 家领先的工业互联网子平台。

广东、上海、湖南、重庆已有工业互联网行动计划落地。广东是全国首个出台工业互联网地方政策的省份，目标是到 2020 年，在全国率先建成完善的工业互联网网络基础设施和产业体系，推动 1 万家工业企业运用工业互联网新技术、新模式实施数字化、网络化、智能化升级，带动 20 万家企业“上云上平台”。

湖南的目标是到2020年，湖南50%的企业实现“上云”。重庆也发布相关政策，到2020年，建设工业互联网创新中心和工业互联网示范基地，形成3~5个具备国内竞争力的工业互联网平台，培育10家龙头企业，2万家企业“上云上平台”，实施100个试点示范项目，建成20个智能工厂和200个数字化车间，基本形成工业互联网生态。

工业互联网平台已然成为巨头企业必争之地，中国工业互联网平台的发展已经迎来新的历史机遇。

——我国工业互联网平台发展阶段与趋势。

工业互联网平台是在传统云平台的基础上发展而来的，叠加物联网、大数据、人工智能等新兴技术，实现海量异构数据汇聚与建模分析、工业经验知识软件化与模块化、工业创新应用开发与运行，从而支撑生产智能决策、业务模式创新、资源优化配置和产业生态培育。

（1）中国工业互联网发展阶段

①云平台发展时期（2012年以前）。

在这个时期，公有云和企业私有云建设同步发展。2009年，阿里巴巴率先开展对云平台的研究，并逐步与制造、交通、能源等众多领域的领军企业合作，成为工业企业搭建云平台的重要推手。2010年，腾讯开放平台接入首批应用，腾讯云正式对外提供云服务。2011年，华为依托其资本和云计算研发实力，发布华为云平台，面向互联网增值服务运营商、大中小型企业、政府、科研院所等广大企事业用户提供包括云主机、云托管、云存储等基础云服务、超算、内容分发与加速、视频托管与发布、企业IT、应用托管等服务和解决方案。

这一时期的云平台发展以IT公司牵头为主，企业云建设和应用进入探索阶段。

②云平台向工业互联网平台过渡时期（2012—2015年）。

随着工业互联网概念的提出和迅速传播，结合国内工业企业云计算应用基础，国内传统消费互联网企业寻求由虚向实的突破口，三股潮流合力助推中国工业互联网快速发展。航天云网、中石化等大型央企开始探索混合云模式，尝试工业互联网平台的建设和应用。

③工业互联网快速发展期（2015 年至今）。

在中国政府的大力推动下，顺应技术发展潮流，从 2015 年开始，中国工业互联网迅猛发展。国内工业企业积极开展布局，航天云网、三一重工、海尔、富士康等企业依托自身制造能力和规模优势，推出工业平台服务，并逐步实现由企业内应用向企业外服务的拓展；和利时、用友、沈阳机床、徐工集团等企业则基于自身在自动化系统、工业软件与制造装备领域的积累，进一步向平台延伸，尝试构建新时期的工业智能化解决方案。客观地说，中国工业互联网云平台产业的发展仍处于初级阶段，但是在国家政策的牵引下，各大央企和头部地方企业率先行动，纷纷加入，助力工业互联网平台建设。

这一时期，中国工业互联网平台建设千帆竞发，结合各自不同的行业特点和业务需求，开发了不同功能。

一是利用平台对接企业与用户，形成个性化定制服务，如海尔 COSMOPlat 云平台打通需求、设计、生产等环节，打造个性化定制应用模式。

二是借助平台打通产业链上下游，优化资源配置，如航天云网 INDICS 和树根互联等平台，通过汇聚需求与供给方，实现供需对接、资源共享。

三是管理软件企业，依托平台实现从企业管理层到生产层的纵向数据集成，进而提升软件的智能精准分析能力，如 SAP HANA 平台。

四是软件设计企业借助平台强化基于全生命周期的数据集成能力，形成基于“数字孪生”的创新应用，进而缩短研发周期，加快产品迭代升级，如索为系统的 SYSWARE 平台。

（2）中国工业互联网发展趋势。

①IT 巨头争相布局工业互联网。

工业互联网云平台的价值在于互联和优化，根本上是为了实现信息对称和生产效率的提升。以阿里巴巴、腾讯、华为为代表的互联网企业，利用技术上的优势，着力打造工业云平台，以技术驱动生产，以互联构建工业互联网产业链。

阿里云具备领先的云计算及人工智能技术，业务覆盖 200 多个国家和地区，为企业、开发者和政府机构提供服务。腾讯云基于 QQ、微信、腾讯游戏等海量业务的技术锤炼，为企业和创业者提供从基础架构、平台运营到生态建设，集云计算、云数据、云运营于一体的云端服务体验。华为云为了更好地支持其云服务业务的发展，成立了 Cloud BU，提供基于公有云业务，将产品及其运维和运营端到端打通的服务。同时，华为还积极与业界顶尖的科研院校展开合作，不断增强自身在公有云、人工智能、大数据、算法等领域的创新能力和核心竞争力。

②设备制造商蓄力建设工业云。

工业互联网的完整解决方案包含四个环节：设备接入、设备通信、工业互联网平台、软件应用于服务。

设备接入是把数以亿计的终端工业设备连入工业互联网，通过数据共享实现平台价值。这正好与设备制造企业的发展需求相契合。不少以设备制造为主的企业，如徐工集团、沈阳机床等，积极探索构建工业互联网生态系统。

徐工集团瞄准打造“中国的 Predix”这一目标，在 2009 年就启动了信息化整体提升工程，形成了完整的“研产供销服”全价值链的信息化体系，积累了 150T 的工业大数据。2016 年 11 月 11 日，徐工集团携手阿里巴巴、华为等，正式面向全球启动了“徐工工业云”。目前，平台已接入近百万台设备，包括工程机械设备、汽车、农业机械、环卫机械以及竣工机械，实现了诸多设备的数据共享。

沈阳机床集团联合神州数码、光大金控等于 2015 年共同投资成立智能云科信息科技有限公司，着力打造 iSESOL 云制造服务平台。该平台以工业数据服务驱动供需新生态，旨在助力企业实现从智能装备到智能车间，再到智能工厂的演进，这个过程涵盖制造数据、交易智选、区域协同、金融合作、人才汇聚和个性定制等服务。在机械加工领域平台针对交易需求，提供快捷、安全的交易环境，构建生产能力共享经济生态。iSESOL 俱乐部会员服务计划同步推出，秉承“让制造更简单”的理念，为合作企业提供各类线上线下增值服务。

③生产制造商借助平台推动“智造”转型。

生产制造企业的流程复杂，涉及从原材料采购、供应链管理、生产制造管理到产品销售的所有环节，这使工业互联网平台的整合价值凸显，成为各大厂商追逐的焦点。富士康、海尔等企业都在全面实施工业互联网平台建设。

富士康于2017年开发了工业互联网平台BEACON，探索将数字技术与其3C设备、零件、通路等领域的专业优势结合，向行业领先的工业互联网公司转型。BEACON平台通过工业互联网、大数据、云计算等软件及工业机器人、传感器、交换机等硬件的相互整合，建立了端到端的可控可管的智慧云平台，将设备数据、生产数据、产业专业理论进行集成、处理、分析，形成开放、共享的工业级App。BEACON平台实现了生产过程全记录、无线智慧定位、产能/良率/物料损耗等数据整体呈现，以及基于大数据的智能能源管控等。

海尔基于多年在家电制造业积累的实践经验，推出工业互联网平台COSMOPlat，形成以用户为中心的大规模定制化生产模式，实现需求实时响应、全程实时可视和资源无缝对接。COSMOPlat平台共分为四层：第一层是资源层，开放聚合全球资源，实现各类资源的分布式调度和最优匹配；第二层是平台层，支持工业应用的快速开发、部署、运行、集成，实现工业技术软件化；第三层是应用层，为企业提供具体互联工厂应用服务，形成全流程的应用解决方案；第四层是模式层，依托平台实现工厂应用服务模式创新和资源共享。经过数年的发展，COSMOPlat平台已打通交互定制、开放研发、数字营销、模块采购、智能生产、智慧物流、智慧服务等业务环节，通过智能化系统使用户持续、深度参与产品设计研发、生产制造、物流配送、迭代升级等环节，满足用户个性化定制需求，实现柔性制造的规模化。

3.4 工业互联网的技术架构

从宏观层面来看，工业互联网由网络、平台、安全三部分构成。其中，网络是基础、平台是核心、安全是保障。

网络是实现工业全系统、全产业链、全价值链泛在深度互联的基础，包括网络互联体系、标识解析体系和信息互通体系。通过打造低延时、高可靠性、广覆盖的网络基础设施，实现信息数据在生产各环节和全要素的无缝传递，从而支撑实时感知、协同交互、智能反馈的生产模式。

平台是工业全要素链接的枢纽，也是工业资源配置的核心。平台下连设备、上连应用，通过海量数据汇聚、技术汇聚、建模分析与应用开发，推动制造能力和工业知识的标准化、软件化、模块化与服务化，支撑工业生产过程的平台化、网络化、智能化转型，打造数字经济时代全新的工业发展模式。

安全是工业互联网健康有序发展的保障，涉及设备安全、控制安全、网络安全、应用安全和数据安全五个方面。通过建立工业互联网安全保障体系，实现对工厂内外网络设施的保护，避免工业智能装备、工业控制系统受到内部和外部攻击，保障工业互联网平台及其应用的可靠运行，降低工业数据被泄露、篡改的风险，实现对工业互联网的全方位保护。

从技术层面上看，工业互联网平台体系架构可以分为四部分，如图 3-3-1 所示。

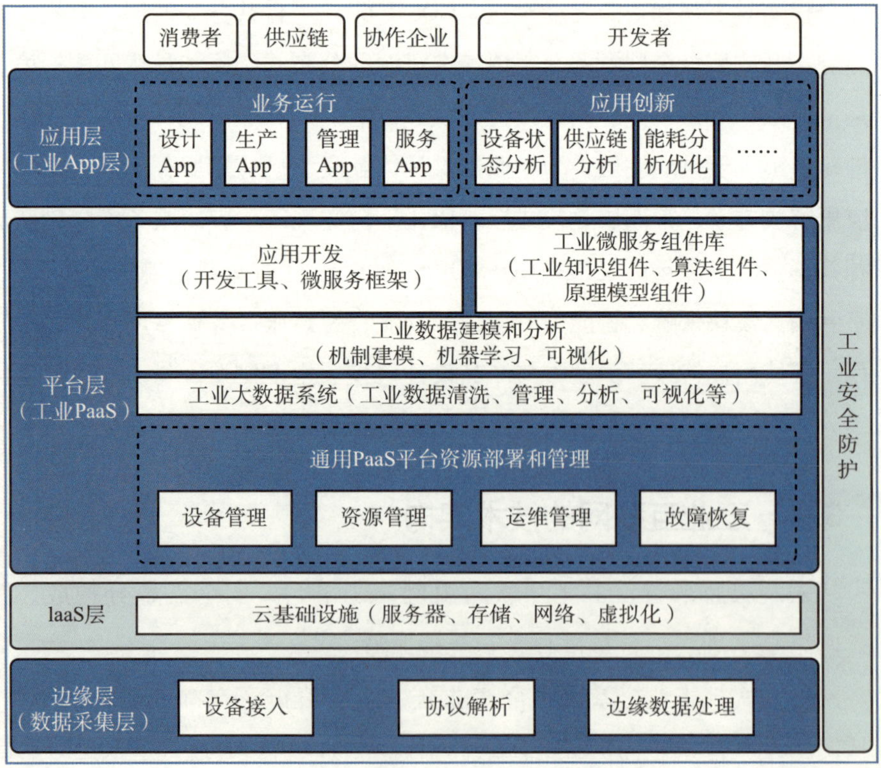

图 3-3-1　工业互联网平台体系架构

①边缘层（数据采集层）：通过协议转化和边缘计算形成有效的数据采集体系，从而将物理空间的隐形数据在网络空间显性化。

边缘层（数据采集层）包括协议解析、数据集成、边缘数据处理等，它是基础，负责精准、实时、高效地数据采集。考虑到数据的安全性与协议的复杂性，要构建一个精准、实时、高效的数据采集体系，把数据采集起来，通过协议转换和边缘计算，将一部分数据在边缘侧进行处理并直接返回到机器设备，将另一部分数据传到云端进行综合利用分析，进一步优化形成决策。

②IaaS 层：将基础的计算网络存储资源虚拟化，实现基础设施资源“池化”。

IaaS 层是支撑，对所有计算基础设施的利用，包括处理 CPU、内存、存储、网络和其他基本的计算资源，用户能够部署和运行任意软件，包括操作系统和应用程序。IaaS 服务提供商为企业提供硬件设施的基础服务。云端服务器与存储设备集中在 IaaS 服务提供商的大型机房内统一管理，节约了企业服务器的占地资源与维护成本。

③平台层（工业 PaaS 层）：即工业操作系统，向下对接海量工业装备、仪器、产品，向上支撑工业智能化应用的快速开发和部署。

工业 PaaS 层是核心，构建一个扩展的操作系统，为应用软件开发提供一个基础平台。传统软件开发测试需要在本地配置开发环境和服务器等设备，而 PaaS 平台提供了软件开发的共享基础架构，软件开发者可以在这个基础架构上开发新的应用，或者为已有的应用扩展新的功能。

工业 PaaS 平台承载了软件开发的统一标准，包括技术架构、接口标准、安全标准、组件标准、质量标准等，从而实现技术和数据的积累与共享。

④应用层（工业 SaaS 层）：面向各类业务的各种 App。一般是基于工业 PaaS 层做工作，通过调用和封装工业 PaaS 平台上的开放工具，形成面向行业和场景的应用。

SaaS 层是关键，主要是以工业 App 的形式体现，用于面向特定的工业场景提供特定的服务。SaaS 产品种类包括设计、生产、设备管理、能耗优化等。

中国工业互联网云平台产业正在高速发展，当前利润较高的是 IaaS 层。随着产业不断发展成熟，市场对于服务的需求将越来越强烈，数据采集层、PaaS 层和 SaaS 层的利润将逐渐提高，成为产业利润的主要来源。

工业互联网云平台产业链的参与者主要包括设备制造商、系统集成商、网络运营商和平台供应商等，而处在产业链不同环节的企业则借助工业互联网云平台，专注于自身优势业务的发展，蓄势待发。

工业 App 是工业互联网平台的一个重大特征。App 能够提供基于工业知识和工业机制的数据分析能力，并实现知识的固化、积累和复用。开发工业 App 是将平台能力转化为服务能力的最佳途径。开发 App 可以两条路径齐头并进：一条是让现有的工业软件逐渐解构，变身为工业微服务；另一条是工业技术软件化，直接将工业技术和知识转变为工业微服务。让所有来自企业一线的工业技术、经验、知识和最佳实践都沉淀下来，经过模型化、软件化和再封装，成为相互独立、高度适应外部需求变化的微服务，再根据具体的工业场景，组建工业 App 并对外提供服务。

一旦确定了工业 App 的具体算法和功能，就可以把与此相关的公式、模型等封装到其中。大量的工业知识被模型化、软件化和再封装，形成基于工业知识的交互界面，让客户在研发时能够直接使用基于知识的各类封装、组件和各种通用服务。它将研发人员的一切精力聚焦在问题场景导向上，而不是软件开发导向上。

平台体系是工业互联网的核心，它将物联网、大数据、人工智能及云计算等理念、架构和技术融入工业生产。近年来，国内外工业互联网平台发展迅速，声称能提供工业互联网平台服务的国内外厂商已经超过数百家。

广义的工业互联网平台依据服务对象及应用领域可以分为三类：设备运管平台、资源配置平台及通用使能平台。

①设备运管平台——提升设备使用价值。

设备运管平台主要用于设备资产的运营与管理，它通过传感、移动通信等技术，收集与设备、环境等相关的各类数据信息，然后基于这些数据在云端利用大数据、人工智能等技术及行业经验，对设备运行状态与性能进行实时智能分析，再以工业 App 的形式为生产与决策提供相应的智能化服务。

设备运管平台是未来制造业主导权竞争的制高点，不仅能够充分融入大数据、人工智能等先进技术，还能为第三方提供开发环境。如西门子的 MindSphere 平台及 GE 的 Predix 平台都提供软件开发环境及工具，旨在通过第三方开发者和应用程序的接入，形成类似 Apple Store 的第三方开发应用生态。设备运管平台的主要参与厂商是工控企业或大型设备生产商，而工业巨头是此类平台发展的主要推动力，如 GE、西门子、阿西布朗勃法瑞（ABB）等，我国的三一根云以及徐工工业云也属于此类平台，虽然起步较晚，但发展迅速。

以西门子的 MindSphere 平台为例。MindSphere 平台是一个开放的生态系统，它利用世界各地安装的西门子设备（3000 万个自动化系统、7000 万个智能仪表、80 万个关联产品）以及丰富的应用程序（API）获取海量数据，并基于自身深厚的行业知识和经验提供数字化服务，MindSphere 平台包括边缘连接层（MindConnect）、开发运营层（MindClound）、应用服务层（MindApps）三个层级（三个核心产品）。

MindConnect 负责将数据传输到云平台；MindClound 为用户提供数据分析、应用开发环境及应用开发工具；MindApps 为用户提供融合了行业经验和数据分析的工业智能应用。譬如，结合设备历史数据与实时运行数据构建“数字孪生”，及时监控设备运行状态，实现设备的预防性维护；基于现场能耗数据的采集分析对设备生产线等能效使用进行合理规划，优化能源数据管理、提高能源使用效率等。

②资源配置平台——实现资源价值共享。

资源配置平台主要是对要素资源进行组织与调度。它在应用过程中汇聚了大量工业数据、模型算法、研发设计等各类资源及能力，通过云接入及云处理技术分享这些积累的资源，对制造企业的资源管理、业务流程、生产过程、供应链管理等环节进行优化，实现制造企业与外部用户需求、创新资源以及生产能力的对接。这类平台能够有效促进产能优化以及区域协同，同时能够支持 C2M 定制等新型业务，满足市场多元化需求，为供给侧结构性改革助力。我国已拥有一批处于领先水平的此类平台，如航天科工的 INDICS 平台、海尔的 COSMOPlat 等。

以航天科工的 INDICS 平台为例。INDICS 平台在 IaaS 层自建数据中心，在 DaaS 层提供丰富的大数据存储、产品分析与服务，在 PaaS 层提供各类工业服务引擎，如面向软件定义制造的流程引擎、大数据分析引擎、仿真引擎和人工智能引擎等，以及面向开发者的公共服务组件库和 200 余种 API 接口，其对外开放自研软件与众研应用 App 共计 500 余种，涵盖智能研发、精益制造、智能服务、智慧企业、生态应用等全产业链、产品全生命周期的工业应用能力。

INDICS 平台接入企业超过 600 家，共享设计模型、专业软件以及 1.3 万余台设备设施等，可以有效解决生产单元产能闲置与超负荷运转同时存在的问题。资料显示：河南航天液压气动技术有限公司基于 INDICS 平台实现与总体设计部及总装厂所的协同研发与工艺设计，缩短研发周期 35%，提升资源利用率 30%，提高生产效率 40%。另外，工业企业也可以通过该平台对外开放空闲制造能力，实现制造能力在线租用，进一步释放产能。

③通用使能平台——提供基础应用支撑。

通用使能平台主要提供云计算、物联网、大数据的基础性和通用性服务，主要由 ICT 企业提供。其中，一部分平台侧重于云服务的数据计算及存储，如微软的 Azure、SAP 的 HANA、亚马逊的 AWS 以及中国的阿里云、腾讯云等；另一部分平台侧重于物联网的设备连接管理，如 Cisco 的 Jasper、华为的 OceanConnect 等，这类平台常作为工业平台的“底座”使用，GE 的 Predix 就部署在微软的 Azure 平台上。此外，通用使能平台还广泛应用于金融、娱乐、生活服务等行业。

以华为的 OceanConnect 平台为例（如图 3-3-2 所示），从技术架构上可以分为垂直方向和水平方向。

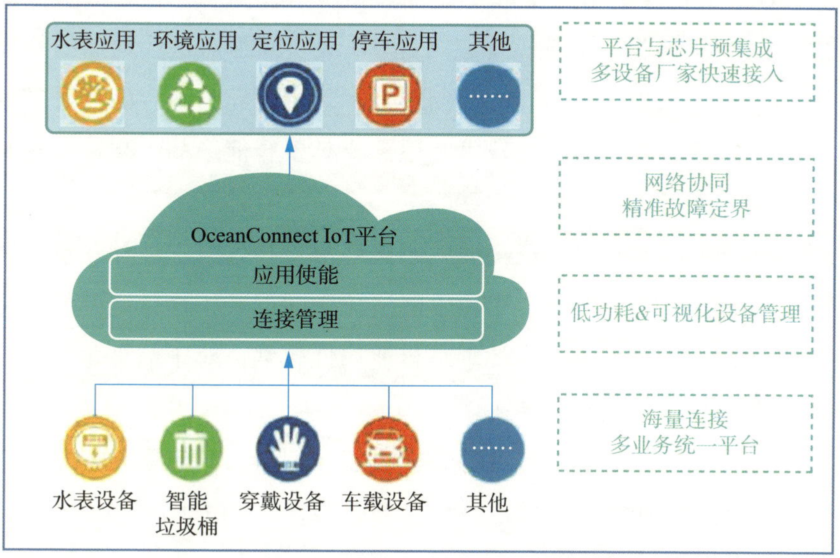

图 3-3-2　华为工业互联网平台架构

垂直方向可分为三层架构：连接管理层主要提供 SIM 卡生命周期管理、计费、统计和企业 Portal 等功能；设备管理层主要提供设备连接、设备数据采集与存储、设备维护等功能；应用使能层主要提供开放 API 能力，同时具备数据分析、规则引擎、业务编排等能力。

在水平方向上通过与平台连接的分布式 IoT Agent 对接行业智能设备网关，并提供边缘计算能力，实现与云端计算的协同。OceanConnect 平台提供云网关，支持各类编解码插件，使设备能够即插即用。一汽在使用 OceanConnect 平台后实现了对千万数量级车辆的有效连接和管理，能够同时处理百万数量级车辆信息。同时，平台支撑一汽新业务的开发以及新设备的快速集成，提供实时分析的大数据能力。

④三类平台的比较分析。

三类平台通过工业互联网直接或者间接地连接物理载体，从而提供差异化服务。

设备运管平台将终端设备、生产过程作为直接优化对象，与底层物理设备之间交互最深入，也最频繁，其获取的数据类别及体量十分庞大，如

GE 的 Predix 平台应用于汽轮机要实时采集压力、温度、转速等上千个类别数据，每台机器收集的数据体量可达 TB 级。因为对这些数据的处理和分析需要融合大数据、人工智能等创新技术，所以此类平台的建设难度较大，不仅需要掌握新一代信息技术，还需要具备智能产品、高端装备及综合解决方案全覆盖水平。

资源配置平台往往基于已经成熟的网络信息技术，它更加注重资源的跨地域、跨环节的重组整合，聚焦于网络化协同以及个性化定制的前端对接，提供精准服务。此类平台的垂直行业属性较强，对于信息化集成应用及供应链管理水平都有很高要求。

通用使能平台主要为工业互联网提供连接、计算、存储等底层技术支撑，基本涉及工业互联网产业体系的边缘层及 IaaS 层，一般由 ICT 巨头提供。

未来各类平台分工将更加明确。资产优化平台为高端产品提供优化服务，推动高端制造从高价值产品向“高价值产品+高价值服务”聚拢；资源配置平台促进产能优化、拉动消费平衡，带动企业发展方式转变；通用使能平台为上层平台提供技术支持，使上层平台能够专注与生产直接相关的服务，实现各类平台的专业分工。

未来各类平台间的合作将更加紧密，旨在为客户提供完整方案。通过合作，不仅能实现平台的灵活部署，如 GE、西门子与微软、亚马逊的合作，能够有效优化基础资源的部署，也能够强化现场数据采集能力，如航天科工、SAP 与西门子的合作，利用西门子巨大的存量，降低设备接入难度，实现更大范围内的数据采集。另外，合作还能够提高自身的数据分析能力，如 ABB、西门子与 IBM 的合作，都旨在提升自身平台的计算分析能力。

3.5 工业互联网平台详解

工业互联网平台是物联网和工业云平台相融合的产物。工业云平台属于 IT 范畴，而工业互联网平台是基于 IT 与 OT 的融合。因此，工业互联网平台架构的上面三层与工业云平台相似，但是下面加了边缘层。

工业互联网平台是一套基于云平台的数字化、网络化、智能化解决方案。工业互联网平台是面向制造业的数字化、网络化、智能化的一系列场景和问题，实现了数据的采集、汇聚、加工、处理，构建制造资源的泛在连接、弹性供给和高效配置。工业互联网平台就是基于云架构的智能制造的解决方案。

工业互联网平台是一个可扩展的工业操作系统，是一个基于云的开放式物联网操作系统。其功能类似于微软的 Windows、谷歌的安卓系统和苹果的 iOS 系统。这个操作系统平台向下能够对各种软硬件资源进行接入和管理，向上通过各种各样的软件提供服务，并且能够对已有模块进行调用和复用。工业互联网平台能够将大量工业技术原理、行业知识、基础工艺、模型工具规则化、软件化、模块化，各种业务流程、经验、方法都不断地沉淀在这个平台上，不需要做重复性工作，可以随时调用和复用，以此重构工业创新体系。对于未来的工业企业来说，工业互联网平台能够提高创新效率，降低创新门槛，过去 80%的重复性劳动能够降低到 20%以下，而 80%的工作将是创新性工作。

工业操作系统能够实现工业现场各种复杂设备或控制逻辑的抽象化、标准化，从而在应用层快速地利用构件进行服务编排，实现复杂的用户应用需求；工业互联网平台侧重解决与工业设备、工业产品和工业服务有关的问题，其基础是传感器和物联网。

工业互联网的架构有四个核心点：第一，数据采集是基础，如何构建一个面向智能制造的设备产品精准、实时、高效的数据采集体系，是打造工业互联网平台的基础；第二，工业 PaaS 平台是核心，这里要完善算法、机制模型、经验模型，并提高大数据分析能力；第三，工业 App 是关键，即面向特定场景，围绕解决制造业数字化、网络化、智能化的特殊问题，提供各种各样的服务，这种服务是以软件和工业 App 的形式呈现的，没有服务就没有平台的功能；第四，IaaS 是支撑，为工业应用提供存储能力和算力。

工业互联网平台的内核是工业 PaaS 平台，工业 PaaS 平台的内容很多，核心是基于微服务架构的数字模型。数字模型能够将大量工业技术原理、行业知识、基础工艺、模型工具规则化、软件化、模块化，并封装为可重复使用的组件。数字模型大致分为两种：一种叫作机制模型，比如理论模型——流体力学、热力学、空气动力学，部件模型——飞机、汽车等三维设计，工艺模型——汽车、集成电路、钢铁以及其他加工工艺，还有故障诊断模型、逻辑模型、仿真模型等，从本质上看，机制模型是各种工业知识、经验、方法的载体；随着大数据的出现，数字模型中又出现了另一种即数据模型。这两种模型多来自物理设备、零部件、远程维护，这需要将大量技术、知识、经验、方法和工艺模型化，通过编程的方式或者参数化的设计把它们变成一个个数字模型。这样的数字模型会沉淀在工业 PaaS 平台上，以传统软件架构和微服务架构的形式存在，传统软件架构正在不断地以碎片化的微服务架构呈现在工业 PaaS 平台上，成为一个微服务池。通过数字模型加工数据能够解决四个基本问题：一是描述物理世界发生了什么；二是诊断它为什么会发生；三是预测下一步会发生什么；四是进行决策。这就是工业 PaaS 平台的核心。

简而言之，工业互联网平台的核心内容就是“数据+模型=服务”。数据包括机器的数据、业务数据、产品模型的数据和互联网的数据；模型是指基于机理模型和数据模型转化成的各种各样的软件，通过微服务架构，形成各种各样的工业 App，使用工业 App 进行数据分析，实现优化生产过程、全生命周期服务和优化制造资源配置。所以，工业互联网的本质就是用数据加模型提供服务，把机器的数据、业务数据、产品模型的数据和互联网的数据集成起来，放在工业 PaaS 平台上，用各种各样的模型去分析，之后提供协同设计、生产优化、质量监控、运营决策、全生命周期管理等服务。

工业互联网的发展为工控和自动化行业开拓了一个新的技术生态系统，生态系统中的每一项创新都在为工业互联网的发展做着积极的贡献，也为未来企业的发展带来了机遇。工业互联网时代将催生新一代智能传感企业，智能终端企业，嵌入式控制企业，专注工控网络设施的企业，网络安全方案解决商，技术产品提供商，工业云平台及相关服务提供商，工业大数据分析、可视化工具提供者，以及各个垂直行业解决方案的集成商和服务商，这将是一个技术多样、群体庞大的生态系统。

随着生态系统的发展，工业互联网通过企业内外网络全面互联，将连接对象延伸到整个工业系统，实现了全产业链、全价值链的良性互动，极大地提高了工业产品的研发设计、生产制造、销售服务等环节的工作效率，支撑服务供给侧结构性改革，全面提升工业经济发展的质量和效益。通过做大增量，有力支撑先进制造业发展壮大。工业互联网通过跨设备、跨系统、跨厂区、跨地区的全面互联互通，实现工业生产的资源优化、协同制造和服务延伸，重构传统工业制造体系和服务体系，催生大规模个性化定制、网络化协同制造、服务型制造、智能化生产等新模式、新业态，有力推动先进制造业发展。工业互联网是触发工业产业变革、进入智能化时代的催化剂，是推进制造业进入 4.0 时代的主力！

3.6　工业 App

（1）工业 App 定义

通常将软件分为系统软件和应用软件。系统软件又分为操作系统和支撑软件（包括开发环境、运行环境等）；应用软件在传统计算机系统中被称为 Application，而移动终端上的应用软件受苹果公司推出的 App Store 影响，习惯被缩写为 App（实际上也是 Application 的缩写）。因此，工业 App 就是工业应用软件（Industrial Application Software）的中英文混合简写。

从内容上看，工业 App 是一种承载工业技术知识、经验与规律的形式化工业应用程序，是工业技术软件化的主要成果。

工业 App 是针对工业领域各业务环节（设计、生产、实验、使用、保障、交易、服务等）中的不同场景，为解决特定问题、满足特定需要，将工业产品及生产过程中的知识、流程、方法、数据、信息、规律及各种最佳实践等工业技术要素，通过数据建模与分析、结构化整理、系统性抽象进行提炼，基于统一的标准、软件化封装固化后，形成的一种可高效重用和广泛传播的工业应用程序。其本质是企业知识和技术的模型化、模块化、标准化和软件化，能够有效促进知识的显性化、公有化、组织化、系统化，知识的应用和复用提供极大的便利。

工业 App 是工业技术软件化的重要成果，本质上是一种与原宿主解耦的工业技术经验、规律与知识的沉淀、转化，也是一种应用载体。

工业 App 所承载和封装的工业技术知识对象包括但不限于以下内容。

①经典数学公式、经验公式。

②业务逻辑，包括产品设计逻辑、CAD 建模逻辑、CAE 仿真分析逻辑、制造过程逻辑。

③数据对象模型、数据交换模型。

④机制知识，包括航空、航天、汽车、能源等行业机制知识，机械、电子、光学、材料等专业知识，铣、刨、磨、镗、焊等工艺制造知识，配方、配料、工艺过程与工艺参数相关知识，以及故障、失效等模型，还可以是关于设备操作与运行的逻辑、经验与数据。

⑤工具软件适配器、工业设备适配器。

⑥数学模型，包括设备健康预测模型、大数据算法模型、人工智能算法模型。

⑦将多领域知识进行特征化建模，形成知识特征化模型。

⑧人机交互界面。

（2）工业 App 的特点

①工业 App 的普遍特征。

工业 App 具有三个普遍特征：解耦、标准化与体系化。

A. 解耦是要解决知识的沉淀与重用问题，通过工业技术要素的解耦才能实现工业技术知识的有效沉淀与重用；

B. 标准化是要解决数据模型和工业技术知识的重用及重用效率问题，通过标准化使得工业 App 被广泛重用，并且让使用者不需要关注数据模型和知识本身，直接进行高效使用。

C. 体系化是要解决完整工业技术体系的形成问题，通过整个体系中不同工业 App 的组合，完成复杂的工业应用。工业 App 解决特定的问题，当需要解决复杂问题时，必须通过一系列工业 App 组合来支撑，所以要形成面向不同工业、不同行业的工业 App 生态，才能完成对复杂对象的描述与应用。

工业 App 可以让工业技术经验与知识得到更好的保护与传承、更快的运转和更大规模的应用，从而十倍甚至百倍地放大工业技术效应，推动工业知识的沉淀、复用和重构。

②工业 App 的典型特征。

作为一种特殊的工业应用程序，工业 App 具有区别于一般工业软件或工业应用程序的典型特征（如图 3-3-3 所示）。

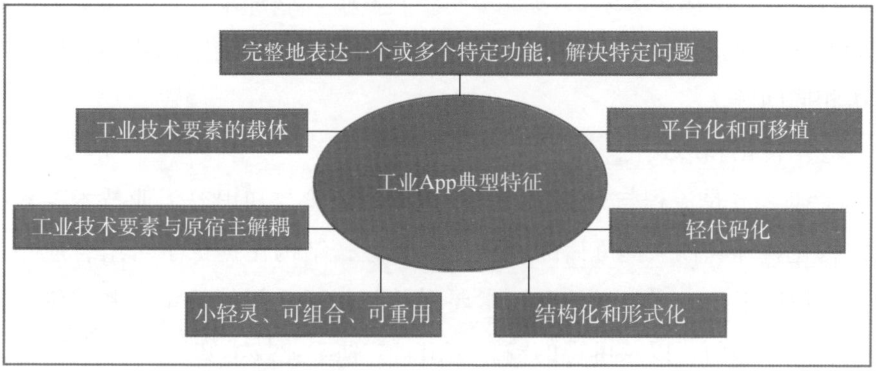

图 3-3-3　工业 App 的典型特征

①完整表达一个或多个特定功能，解决特定问题。

每一个工业 App 都是能够完整表达一个或多个特定功能，解决特定问题的工业应用程序，这是工业 App 区别于一般工具软件和工业软件的特征，工具软件和工业软件的功能通常具有普适性，可以解决一大类相似问题。

②工业技术要素的载体。

工业 App 是工业技术要素的载体，在工业 App 中封装了具有特定功能和解决特定问题的流程、逻辑、数据流、经验、算法、知识、规律等工业技术要素，工业 App 固化这些技术要素，每一个工业 App 都是特定工业技术要素结合特定应用场景的集合与载体，这一特征赋予工业 App 知识的属性。

③工业技术要素与原宿主解耦。

从工业 App 的定义看，它是以高效重用并广泛传播为目标的一种工业应用程序。如果工业 App 承载的工业技术要素不能与原宿主解耦，高效重用和广泛传播的目标就很难达成，因此，工业 App 所承载的工业技术要素必须与原宿主解耦。这里所说的原宿主可以是拥有工业技术经验、掌握规律与知识的人或由人构成的组织，也可以是隐含或潜藏着规律与特性的客观存在的某一事物。

④小巧轻灵、可组合、可重用。

工业 App 目标单一，只解决特定问题，不需要考虑功能普适性，因此，每一个工业 App 都非常小巧灵活。不同的工业 App 可以通过一定的逻辑进行组合，解决更复杂的问题。每一个工业 App 都集合、固化了解决特定问题的工业技术要素，因此，工业 App 可以重复应用到不同的场景中，解决相同问题。

⑤结构化和形式化。

工业 App 是流程与方法、信息与规律、经验与知识等工业技术要素进行结构化整理和抽象提炼后的一种显性表达，结构化提供了可组合应用的基础。以图形化方式定义这些技术要素及其相互之间的关系，并提供图形化人机交互界面，以及可视的输入输出，方便工业技术知识的广泛重用。

⑥轻代码化。

工业 App 需要一个非常庞大的生态来支撑，具有工业技术知识的工程技术人员都要参与到工业 App 的生态建设中来。所以，工业 App 的开发主体一定是“工业人”，而不是“IT 人”。这就要求工业 App 的开发在一种图形化的环境中通过简单的拖、拉、拽等操作和定义完成，不需要代码或仅需要少量代码。

⑦平台化和可移植。

工业 App 集合固化了解决特定问题的工业技术要素，因此，它可以在工业互联网平台上不依赖特定环境运行。

以上七个典型特征充分反映了工业 App 的根本目的，即便于“工业人”实现经验与知识的沉淀；便于利用数据与信息转化为规律与特性；便于将经验与隐性知识转化为显性知识；便于在一个共享氛围中实现知识的社会化传播；便于知识的高效应用。

相对于传统工业软件，工业 App 具有轻量化、定制化、专用化、灵活和复用的特点。用户因为复用工业 App 而被快速赋能，机器因为复用工业 App 而被快速优化，工业企业因为复用工业 App 而实现对制造资源的优化配置，从而创造和保持竞争优势。

工业互联网平台定位于工业操作系统，是工业 App 的重要载体，工业 App 则支撑了工业互联网平台智能化应用。工业互联网平台通过构建应用开发环境，借助微服务组件和工业应用开发工具，帮助用户快速定制个性化的工业 App。工业 App 在工业互联网平台上运行，产生大数据，随后对大数据进行机器学习和深度学习，经过对数据进行提炼、抽取、处理、归纳形成工业数字化知识，工业数字化知识反过来对工业 App 给予完善。

工业 App 是实现工业互联网平台价值的最终出口。面向特定工业应用场景，激发全社会资源形成生态，推动工业技术、经验、知识和最佳实践的模型化、软件化和封装，形成海量工业 App；用户通过对工业 App 的调用实现对特定资源的优化配置。工业 App 基于工业互联网平台进行共建、共享和网络化运营，支撑制造业智能研发、智能生产和智能服务。

（3）平台核心技术及 App 构建

无论工业 App 团队的实力强大与否，都能够使用工业互联平台上提供的标准化微服务组件，以即插即用的方式组装成满足用户特定工业环境需求的工业 App，从而促进工业技术诀窍（Know-How）的知识沉淀，以商业化的方式实现跨行业、跨企业的专业化传播与复用，实现全社会工业能力的整体提升（如图 3-3-4 所示）。

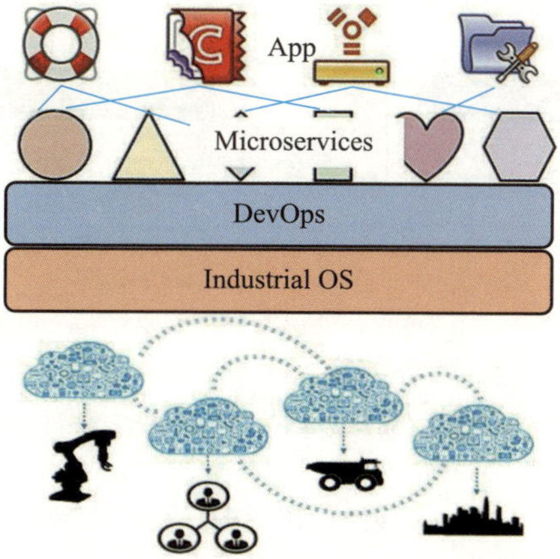

图 3-3-4　工业互联网平台与工业 App

工业 App 都是在工业互联网平台这样的工业操作系统环境中构建的，工业操作系统的功能类似微软的 Windows、谷歌的安卓系统和苹果的 iOS 系统，它实现了工业现场各种复杂设备或控制逻辑的抽象化，并且将不同厂商产品的接口标准化，实现了不同的协议转换，以底层 API 的形式供架构在其中的 PaaS 平台层进行调用，以微服务的形式提供预制构件，从而在应用层利用构件快速进行服务编排，实现复杂的用户应用需求。平台核心技术包括微服务（Microservices）架构、容器（Container）技术和开发运维一体化（DevOps）。

①微服务架构。

以前的企业软件多是按照管理域划分的大软件，如 ERP、PLM、SCM 等，这些软件往往模块众多、功能复杂，强调从自身管理视角出发的产品全生命周期协同工作。但是在企业数字化转型背景下，面对批量较小的产品订单，更加个性化、人性化的产品特性组合，业务流程由长变短，鼠标点击变成手指触屏，线性协作变成点状聚合等情况，大软件系统被拆解为多个具有更小服务功能的小软件。互联网模式推动软件碎片化，随时随地都可以处理工作。应用交付的速度永远跟不上业务需求的变化速度，业务部署与运维复杂程度提高导致应用的可用性下降，多元化业务和复杂体系架构导致 IT 治理困难，技术人员陷入“开发—测试—上线”的轮回，微服务解决方案应运而生（如图 3-3-5 所示）。

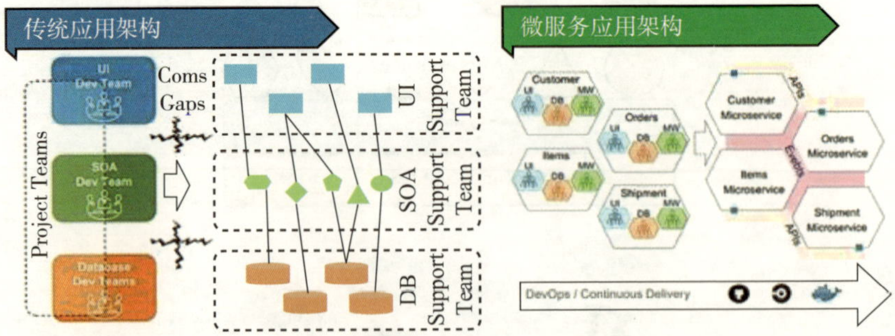

图 3-3-5　传统应用架构 VS 微服务架构

思特沃克（ThoughtWorks）是一家创办于 1993 年的全球性软件及咨询

公司，其首席科学家 Martin Fowler 在 2014 年提出了微服务的概念，即把一个大型应用软件按照功能和服务拆分为数十个微服务，每个微服务运用自己的独立进程，通常采用基于 HTTP 协议的 RESTful API 轻量级通信机制，松耦合的服务能够被独立更新部署，每一个微服务可以满足用户的一个需求，以此来提升企业的敏捷运营与业务拓展能力。这种架构将原本大而复杂的单体架构重组为小而精美的独立服务，让工作变得更加高效、便捷，直击重点。当企业对某些微服务有特殊需要时，只需将这部分微服务对应的 IT 资源进行升级，进而对微服务进行更新即可。在系统出现故障时，微服务也可以实现对故障部分单独隔离，以免影响整个系统的使用。开发人员也可以更便捷地基于“云”进行应用系统开发。

②容器技术。

传统软件架构特性是单体应用，开发周期至少以月为单位进行发布和升级，一般使用一种语言进行代码开发。不同的组件紧耦合，经常依赖于公共的库，部署周期以月为单位，部署依赖人工操作，组件版本复杂，操作风险高，时间管理成本居高不下。以 Java 应用为代表的三层架构的部署模式，即便在虚拟机发布环境，也需要建立相应的操作系统和应用服务器，以满足虚拟应用的运行环境（如图 3-3-6 所示）。

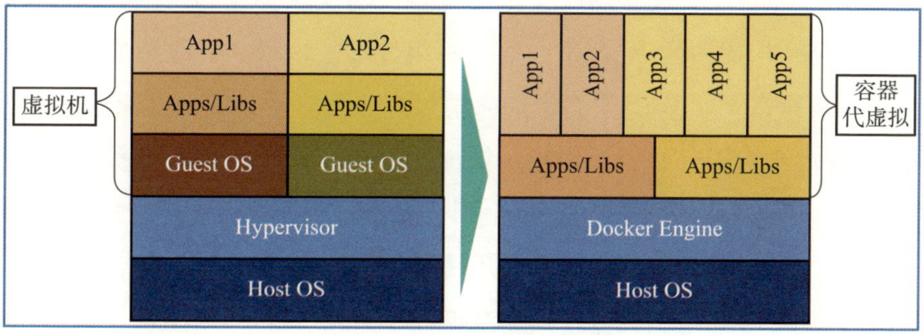

图 3-3-6　虚拟机与容器化虚拟

容器的代表性产品 Docker 的出现是一个标志性节点，2013 年首次提出了 Build，Ship and Run 的概念，使用镜像方式能够将应用程序和它依赖的操作系统、类库以及运行时环境整体打包，统一交付，消除传统应用对操作系统、应用服务器不同厂商及版本，甚至对于环境变量、基础函数库API调用的深度依赖。

因此，容器的本质是一种操作系统级别的虚拟化，与底层使用的平台无关，容器可以在与Windows、Linux等主流操作系统不同的操作系统上运行，这意味着应用架构一旦容器化并且迁移部署之后，就可以在任何云平台之间无缝迁移。使用容器能够利用镜像快速部署运行服务，实现业务的快速交付，缩短业务的上线周期，为运维人员的上线部署工作提供极大的便利。

容器较传统虚拟化有更低资源使用粒度，在一台物理机上可以运行上百个容器，提高了服务器硬件资源的利用率。当遇到高并发、高流量的大活动时，容器能够根据业务负载进行弹性扩容，以提供更好的服务。当访问量降低时，容器平台能够自动缩容，及时释放空闲资源。

③开发运维一体化。

因为传统开发和运维模式无法适应用户应用快速变化且生命周期较短的现实，DevOps概念于2009年在欧洲应运而生。DevOps一词是Development和Operations的组合，强调软件开发人员和运维人员的沟通合作，通过自动化流程使软件的构建、测试、发布更加快捷、频繁、可靠。

早期的PaaS平台初步解决了大部分客户对应用弹性的需求，但是在容器技术之前，构建一套PaaS平台面临着组件多、量级大、改造成本高等问题，而且运行在不同PaaS平台上的应用很难避免对平台的深度依赖。譬如，不同的PaaS平台对弹性、高可用、性能、监控、日志、版本更新等的实现方式不同，则对应用架构的要求也不同；另外，在编程语言和平台层的API调用方面，也会导致应用对平台厂商的深度绑定。以Docker为代表的轻量级虚拟化容器技术的发展使DevOps成为可能，工业互联网应用直接构建在以Cloud Foundry、Kubernetes等为代表的PaaS平台上（如图3-3-7所示）。

（4）工业App的构建处于核心位置

工业App的构建是在互联网背景下制造协作模式转换的核心，它关注对工业技术知识的提炼与抽象，将数据模型、提炼与抽象的知识结果通过形式化封装与固化形成工业App。封装了工业技术知识的工业App对人和

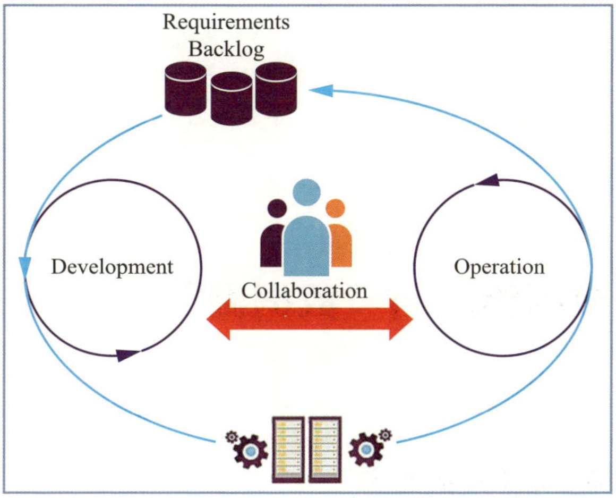

图 3-3-7　基于容器化 PaaS 平台构建的 DevOps

机器高效赋能，突破了知识应用对人脑和人体所在时空的限制，直接驱动工业设备及工业业务（如图 3-3-8 所示）。

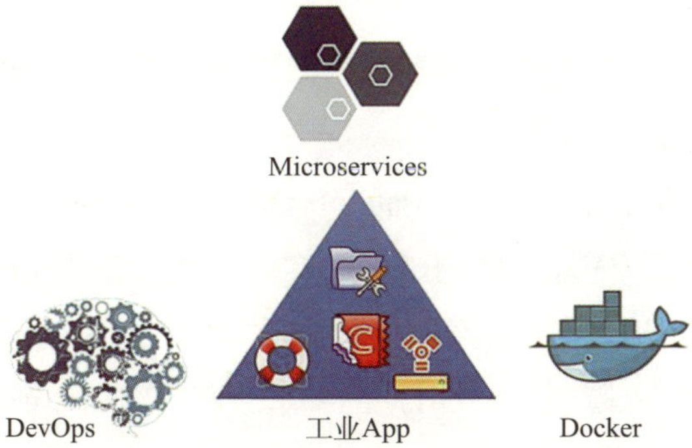

图 3-3-8　工业 App 的构建处于核心位置

基于容器技术和微服务架构的 PaaS 平台，成功地实现了 DevOps 的开发运维一体化，借助工业互联网平台的敏捷架构、服务组件供应商、工业制造商、终端用户甚至个体团队形成了完整的工业 App 开发、应用生态，推动以互联网为协作载体的新一轮专业分工，将原来在工程人员、专家头脑中隐性、分散的工业技术知识、经验技巧模型化、软件化、商品化，形成标准化的微服务组件。

4 企业数据治理与“数据湖”

4.1 数据科学发展概述

随着数字经济时代的到来，数字经济对各国 GDP 的贡献率越来越高，数据作为新经济的核心生产要素，其作用日益凸显。人们越来越认识到治理好数据、管理好数据、用好数据已经成为企业推进数字化转型、发展数字经济的必修课。

关于数据治理，国内外已经有大量的重磅研究成果，内容丰富，涉及面非常广。常见的有以下几种。

（1）数据管理能力成熟度（Data Management Maturity，DMM）模型

DMM 模型是由 CMMI 协会于 2014 年发布的。它可以用来评估和提升组织的数据管理水平，帮助组织跨越业务与 IT 之间的鸿沟。DMM 沿用了软件能力成熟度集成模型（CMMI）的基本原则、结构和证明方法。

CMMI 协会认为，DMM 模型帮助组织创建了一个关于数据资产应该如何管理的通用术语并使之成为共识。它在五个连续的能力层面上提供了一条清晰的路径，提升了 25 个能力域，并反映到所有数据管理的基本科目中。

通过提供一个结构化和标准化的实践框架，DMM 模型可以促进组织建立自己的数据管理成熟度路线图。DMM 模型帮助组织更为熟练地管理关键数据资产，推动主动战术和战略支持，提供一个具有一致性和可对比的基准，用以衡量长时间的进展情况。它是一个强大的工具，用来创建一个能

够共享的愿景和术语，阐明所有利益相关者的角色，增加业务接触以及强化数据治理。

（2）Cwm1.1

2001 年，对象管理组（Object Management Group，OMG）在其已制定的规范 UML、MOF、XMI 的基础上提出公共仓库元模型（CWM）。CWM 是 OMG 制定的一个互操作标准，为数据仓库和业务分析领域中使用的元数据定义了一种通用语言和交换机制。CWM 不仅提供了极受欢迎的描述数据仓库与业务分析元数据的公共元模型，还提供了基于 XML 的交换工具。CWM 本质上是一种交换技术，其目的是促进多个厂商的不同软件工具间的元数据交换活动。

CWM 的内容按包组织，每个包尽量涉及一个独立的领域，因为在建模时只取所需的包即可，所以这为开发者的建模工作提供了极大的便利。每个包都由一系列 UML 表示的类图组成，虽然这些包描述的领域不尽相同，但它们的组织结构并不完全独立，它们之间存在着紧密的依赖关系。在 CWM 的内容框架中，所有包按功能和抽象层次组织成四层，同层的包的功能角色类似，如第二层中的包描述的都是数据仓库的数据资源；每一层中的包都为同层或上层的包提供服务，如第三层中的包描述的操作都是基于第二层中的包描述的数据资源，层次越高描述的内容越抽象。在包的结构方面存在两种情况：一种是上层包中的类和关联继承下层包中的类和关联，另一种是上层的包直接使用下层的包中定义的类或关联。这样做即使整个元模型组织更精练，又使 CWM 在功能结构上十分清晰。

（3）DAMA-DMBOK

由国际数据管理协会 DAMA 发布的《数据管理知识体系指南（DAMA-DMBOK）》，包含 10 个知识领域：数据治理整体、数据架构管理、数据开发、数据操作管理、数据安全管理、参考数据和主数据管理、数据参考和商务智能管理、文档和内容管理、元数据管理、数据质量管理。

（4）DCMM

DCMM 即数据管理能力成熟度评估模型，是我国在数据管理领域首个正式发布的国家标准，旨在帮助企业利用先进的数据管理理念和方法，建立和评价自身数据管理能力，持续完善数据管理组织、程序和制度，充分发挥数据在促进企业信息化、数字化、智能化发展方面的价值。

DCMM 结合数据生命周期管理各个阶段的特征，按照组织、制度、流程、技术对数据管理能力进行了分析、总结，提炼出组织数据管理的数据战略、数据治理、数据架构、数据应用、数据安全、数据质量、数据标准和数据生存周期八个核心能力域，并对每项能力域进行了二级能力项（28 个能力项）和发展等级的划分（5 个等级），以及相关功能介绍和评定指标（441 项指标）的制定。

（5）《数据资产管理实践白皮书 4.0》

由中国信息通信研究院联合多家企业和业内专家共同编写的《数据资产管理实践白皮书 4.0》（以下简称“白皮书”），旨在进一步促进数据资产管理研究。相对于 DAMA 的数据管理，白皮书强调数据资产管理，关注数据的资产属性，要求基于数据资产的价值、成本、收益开展全生命周期的管理，同时增加了数据标准管理、数据价值管理等职能，可以视作数据管理的升级版。

在 DAMA-DMBOK 职能框架中定义了 10 个主要数据管理职能，如图 3-4-1所示。

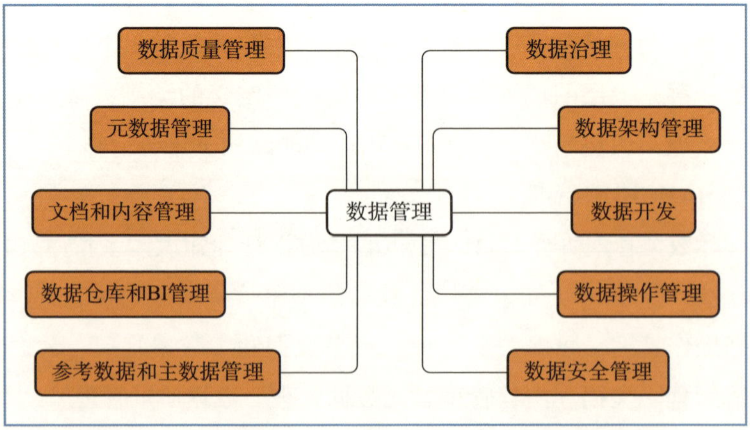

图 3-4-1　DAMA-DMBOK 职能框架中的数据管理职能

在国家标准 GB/T 36073—2018 中定义了数据管理能力成熟度评估模

型，认为应该从数据战略、数据治理、数据架构、数据标准、数据生命周期、数据应用、数据质量、数据安全等八方面进行评估，如图 3-4-2 所示。

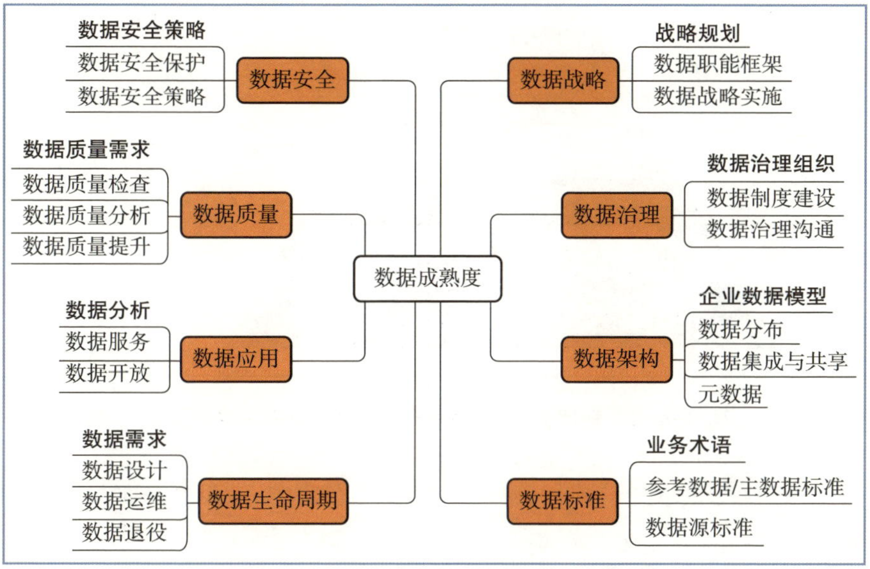

图 3-4-2　数据管理能力成熟度评估模型

4.2　数据治理与数据管理

人们对于数据治理和数据管理这两个概念含混不清，其根源在于有一个重要的“成员”缺位，这个“成员”就是数据梳理，或者叫数据定义。数据梳理、数据治理和数据管理三者的关系如图 3-4-3 所示。

（1）数据梳理

数据梳理也就是数据定义，它是三者关系中的基础，需要业务部门广泛参与，是一项“全民运动”。数据治理最基础的工作就是数据定义，数据定义来自业务分析，不谈业务分析的数据治理，基本上都是纸上谈兵。

企业里能产生哪些数据、在什么地方产生、在什么岗位产生、何时产生、产生的数据类型以及数据的采集频度、采集方式等，都是业务部门必须掌握的事情。我们在探究数据之间的联系时需要业务部门，对数据进行

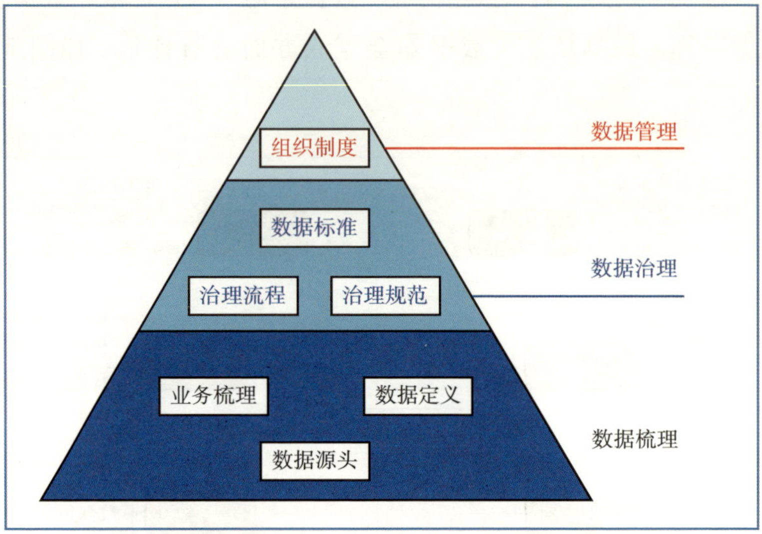

图 3-4-3　数据管理、数据治理和数据梳理三者的关系

分类、命名时需要业务部门，规范主数据时需要业务部门，确认数据从哪个岗位采集，尤其是多头采集时也需要业务部门。

（2）数据治理

面对海量数据，如何进行最合理的分类、最高效的存储、最便捷的使用，需要制定一系列与数据相关的标准、规范，也需要一系列对数据操作的标准流程，确保数据不会被“乱放”、数据质量、数据安全、数据能够便捷地被找到。这些工作都属于数据治理的范畴，主要是数据工程师的工作。

（3）数据管理

一般来说，数据治理结束的地方就是数据管理开始的地方。数据治理完成后，企业就建立起了自己的数据资源/资产中心，这个中心需要专门的组织进行管理，管理的主要工作是落实组织、落实制度、落实技术/工具，把数据管好。随着数据资产化的发展，数据管理逐渐让位于数据运营，因为数据运营能够最大限度地“盘活”数据资产，让资产价值最大化。数据运营是数字经济蓝海中的大事业。

这里我们用图书馆的例子更好地说明三者之间的分工和关系。如果要建设一个囊括全国各种图书的图书馆，有三件事要做。

一是找到全国各地出版的各类图书。这件事出版社的人最清楚，所以要把他们组织起来，请他们协助整理图书出版清单。二是要把图书进行分类并编码、贴签，同时，要对书架进行同样的分类摆放、贴签，再按照特定的顺序，把所有图书码放到书架上。为了方便人们借阅，还要创建一个分类编目查询系统。三是要设立图书馆管理机构，设置馆长、副馆长及各类管理人员，维护图书馆的日常运营。

这里的第一件事对应的就是数据梳理/数据定义，即明确数据治理对象及其来源。第二件事对应的就是数据治理，要把“图书”分类编目，方便管理和借阅。编目越科学、合理，管理和借阅就越方便、高效。第三件事对应的就是数据管理，让数据更好地为业务服务。当然，也可以对图书馆进行运营，让它产生更多的价值增值。最终建成的图书馆就是企业的数据资源中心，管理和运营企业数据资源中心的组织机构的职责就是数据管理。

通过以上的例子可以看出，数据治理其实并不复杂。有句话很通俗：“把简单问题讲得非常复杂的是教授，把复杂问题讲得简单明了的是讲师。”对于在企业中从事具体工作的人来说，能扮演好讲师的角色就足够了。

牢记梳理、治理、管理这个“三理妙诀”，有理走遍天下，更何况有三个理？

4.3　企业数据治理的实战路径——“七步师”

企业数据治理是一项庞大的工程，工作量巨大。但只要掌握了上一节提到的“三理妙诀”，其实数据治理怎么做都可以。这里推荐一个基本流程，供比较复杂的大型企业进行数据治理时参考。

（1）落实顶层管理组织，发布企业数据治理愿景

顶层管理组织并不是负责具体数据治理的组织，而是企业管理层组建的推动组织、责任组织、管理组织。这里讨论的是企业级的数据治理，不

是项目级的数据收集，这是两个完全不同的视角。所以，企业要成立数据治理委员会，它是企业在数据治理领域的最高负责机构，统筹企业各个业务板块、业务线条的数据治理工作，统一不同业务板块的数据标准、规范和流程，以及统一配置必要的数据治理工具。这个组织是保证企业数据治理“一盘棋”的关键，确保不发生各自为政、各行其是的情况，避免产生“数据孤岛”。

数据治理委员会要发布企业的数据治理愿景，在一个宏伟的目标下，细化企业分步推进数据治理的策略，形成企业数据治理的不同价值目标，如图 3-4-4 所示。协助企业维持业务正常运行是数据治理的一个基础性目标，还可以制定更具竞争性的目标，比如基于数据开展业务创新，这项工作有可能成为企业的核心竞争力。

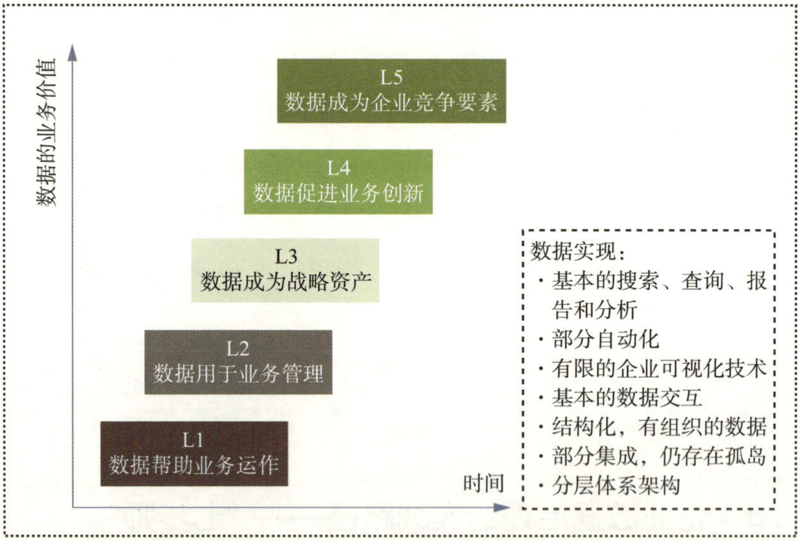

图 3-4-4　企业数据治理的不同价值目标

（2）组建企业级数据治理专家团队

同一企业中不同业务的分析和各类数据的梳理都要遵循统一标准，这个标准需要企业自己创建。专家团队中要有不同专业的业务专家、数据专家和 IT 专家，这些专家要研究制定数据分类、数据编码、数据质量、数据安全以及主数据、元数据等各类标准，制定统一的数据治理流程，配置规范的工具集，培训和指导各下属企业开展数据治理工作。同时，要统筹协调集团内部不同企业之间的数据治理在标准层面的一致性。

（3）开展培训宣贯

培训宣贯是企业数据治理的重要组成部分，是数据治理理论落地、执行的基础，是数据治理牵头部门组织技术部门和业务部门协同开展工作的重要保障。企业应该利用现有培训资源，合理安排员工参与数据治理培训，提前依据专家团队的工作成果编制培训教材，除培训数据治理相关理论外，还要重点培训企业自身的数据治理方法及治理流程。

（4）开展业务分析

组织集团内部不同企业或者企业内部不同业务板块分别开展各业务单元的业务分析，梳理业务流程、划分业务层级样例（如图 3-4-5 所示）。通过分析，定义数据源头，明确各企业或者各业务单元内的数据治理对象和内容。这项工作由业务部门负责，在专家团队的指导下开展。

由于数据治理是一项持续发生的日常性工作，各业务单元内部或者下属企业内部最好形成固定的数据治理团队，负责数据治理及本企业的数据资源中心的日常管理工作。

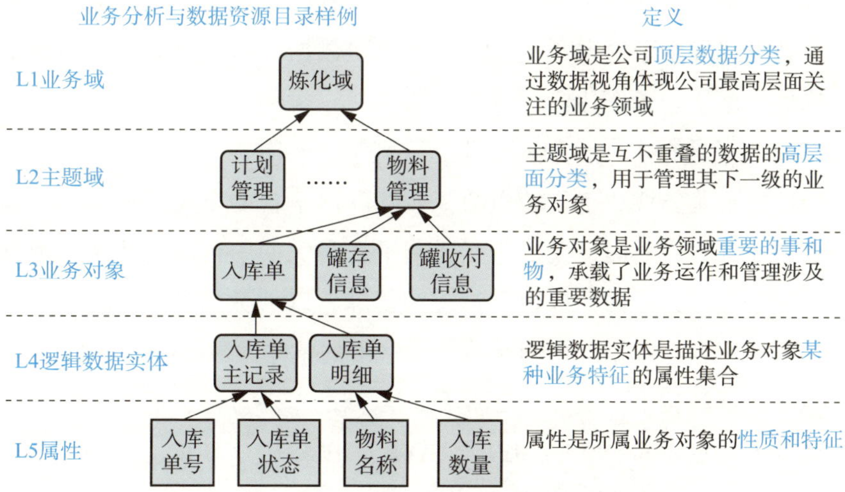

图 3-4-5　梳理业务流程、划分业务层级样例

（5）搭建数据资源中心框架

利用“数据湖”技术搭建数据资源中心框架。企业要建立统一的数据资源中心，对于大型集团型企业来说，可建立分布式数据资源中心，如中国石化集团公司就构建了三级数据资源中心体系。①企业级数据资源中心。各下属企业都建设了自己的数据资源中心，负责自身数据的管理和使用。②板块级数据资源中心。将板块下属的各企业数据资源中心汇集起来，形成本板块的数据资源中心，同时兼具下属企业数据资源中心的容灾备份职责，和下属企业的数据资源中心互联互通。③集团级数据资源中心。从各板块数据资源中心抽取集团顶层决策所需数据，构建集团高层战略决策数据资源中心。企业级和板块级数据资源中心采用“数据湖”技术，集团级数据资源中心采用数据仓库技术，构成“两湖一仓”三级数据资源中心体系。

（6）指导信息化项目团队开展数据治理

数据治理专家团队要带着标准、流程乃至工具，培训、指导每个信息化建设项目团队，开展数据治理工作。标准要一次制定完成，并固定下来。

数据治理工作是一项需要持续开展的日常工作，可以由固定团队承担此项工作，也可以在信息化项目建设过程中，根据项目需要，选择合适的团队开展治理。这种项目级数据治理方式比较符合传统习惯，但数据治理的理念和方式发生了根本变化，需要在集团数据治理专家团队的指导下开展，确保数据治理工作达标、合规。

（7）建设数据中台，融入工业互联网平台架构

数据中台是支撑数字化转型的工业互联网平台的重要组成部分，与技术中台、业务中台共同构成工业互联网平台强大的中台赋能体系。数据中台是以数据应用为导向，以数据治理为保障，以“数据湖”“底座”为支撑，以数据服务和数据分析为具体价值输出的整体性数据服务体系。

数据中台的技术“底座”不是单一厂商的单一产品，而是大数据技术栈组成的大数据平台，包括 MPP、HIVE、HBASE、CUBE、图和人工智能等多种技术组件，共同构成数据平台支撑体系。数据中台的性能包括存储、计算、流转、大规模数据服务响应、实时性数据服务响应等参数指标，性能好坏取决于技术平台的打造和能力建设。

数据中台的数据“底座”是“数据湖”，是大数据支撑下海量数据的采集和存储，包括结构化数据和非结构化数据，企业内部数据和外部数据，以及批量采集数据和实时采集数据。

数据中台的四大特征是统一治理、统一计算、统一服务、统一分析。数据中台是数据能力的集中和集约，面向海量、智能、实时的数据应用需求，数据中台的四大基本能力建设就是治理能力、计算能力、服务能力和分析应用能力。

①统一治理就是要将散落在企业各处的内外部数据进行梳理及整合，使其成为企业级可用资源，为统一计算提供干净的底层数据。

②统一计算就是对主要数据应用、客户画像、经营管理指标、图和人工智能应用进行统一的数据构建。具体而言，就是进行基础数据高度整合，在One Data的基础上对数据标签、数据指标、图关系变量等进行统一计算，解决“数出多源”问题，去除“同义不同名、同名不同义”问题。

③统一服务就是面向高性能、大规模的业务应用，面向开放银行、规则引擎、营销和欺诈模型等机器级调用的需要，将数据进行产品化、服务化封装，以数据API等方式提供系统级调用服务，方便业务中台、前台系统的数据取用。

④统一分析主要就是整合数据的明细内容，以分租户、分环境的方式，通过数据资产目录的开放共享，提供“数据环境+分析工具+数据资产”的配套服务机制，方便“数据分析团队+数据科学家”进行数据分析，挖掘数据价值，为各种业务规则、模型的构建进行数据赋能。

数据中台是企业数据能力积累和建设情况的综合表现，需要企业大数据基础设施、大数据技术栈能力建设和大数据团队建设的不断优化，所以对数据中台的建设应该有整体规划。

4.4　“数据湖”技术与数据中台

（1）“数据湖”的概念

“数据湖”最早是由Pentaho公司的创始人兼首席技术官詹姆斯·狄克

逊（James Dixon）在2011年提出的，是一种新的数据存储理念，即在系统或存储库中以自然格式存储数据的方法。

最初的“数据湖”是对数据仓库的补充，是为了解决数据仓库开发周期长，开发、维护成本高，细节数据丢失等问题提出的。2011年前后，很多数据仓库逐渐迁移到以Hadoop为基础的技术栈上，而且除了结构化数据，半结构化、非结构化数据也逐渐存储到数据仓库中，并提供此类服务。这样的数据仓库已经具有了“数据湖”的部分功能，由此也催生了“数据湖”概念的诞生。

詹姆斯·狄克逊对“数据湖”的解释是，把你以前在磁带上拥有的东西导入“数据湖”，然后开始探索该数据。重要的是只把需要的数据导入Hadoop，如果你想结合来自“数据湖”的信息和客户关系管理系统（CRM）里面的信息，就进行连接，需要时再执行这番数据结合。

维基百科对“数据湖”的定义是，“数据湖”是一个存储企业各种各样原始数据的大型仓库，其中的数据可供存取、处理、分析及传输，如图3-4-6所示。

图3-4-6 “数据湖”的概念

“数据湖”是以自然格式存储数据的系统或存储库，通常是对象或文件。“数据湖”通常是企业所有数据的单一存储，包括源系统数据的原始副本，以及用于报告、可视化、分析和机器学习等任务的转换数据。“数据湖”包括来自关系数据库（行和列）的结构化数据，半结构化数据（CSV、日志、XML、JSON），非结构化数据（电子邮件、文档、PDF）和二进制数据（图像、音频、视频）。

著名信息咨询公司高德纳对“数据湖”的概念和功能进行了描述。

“数据湖”是一个存储库，它以原始格式保存大量原始数据，包括结构化、半结构化和非结构化数据。一般在对数据产生需求之前，不会对数据结构和其需求进行定义。如果你把数据集市想象成一个瓶装水处理场所，未经处理的水在那里经过清洗、包装等环节，利于人们饮用，那么“数据湖”就是一个更接近自然的大水体。“数据湖”的内容从一个源头流入湖水，各种用户都可以到湖水里进行检查、潜水或采集样本。

“数据湖”遵循这样的处理架构：从各种传统的（运营、交易）和新的源头（结构化和非结构化）中捕获数据，并将所有数据存储在一个环境中，以进行跨职能的业务分析、支持分析和数据科学，以发现新的客户、产品和运营见解，从而增强一线员工和经理的能力，并利用这些客户、产品和运营见解，将分析、洞察集成到运营（财务、制造、营销、销售、采购、物流）和管理系统（商业智能报告和仪表盘）中，推动更有利可图的客户参与（如图 3-4-7 所示）。

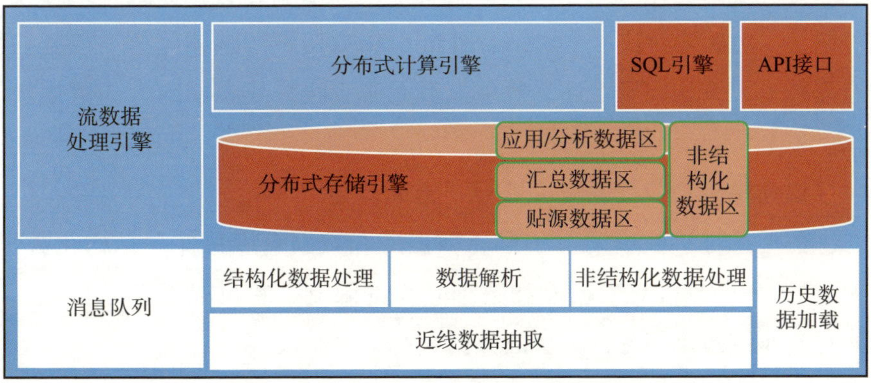

图 3-4-7　“数据湖”数据处理架构

目前，Hadoop 是最常用的“数据湖”部署技术，所以很多人会认为

“数据湖”就是 Hadoop 集群。事实上，“数据湖”是一个概念，而 Hadoop 是实现这个概念的技术。

“数据湖”能给企业带来多种能力。例如，实现数据的集中式管理，使企业挖掘出更多之前不具备的能力。另外，“数据湖”结合先进的数据科学与机器学习技术，帮助企业构建更多优化后的运营模型，也为企业提供其他能力，如预测分析、推荐模型等，这些模型能刺激企业能力的持续增强。

“数据湖”能从以下方面为企业提供帮助：①实现数据治理（Data Governance）；②利用机器学习和人工智能技术实现商业智能；③预测分析，如某一领域特定的推荐引擎；④信息追踪与一致性保障；⑤根据对历史的分析生成新的数据维度。

拥有一个集中式、能存储所有企业数据的数据中心，有利于实现针对数据传输优化的数据服务，也能够帮助组织或企业做出更多灵活的关于企业增长的决策。

（2）“数据湖”与数据仓库的差异

数据仓库技术已经在企业业务数据管理和分析中应用多年，随着业务系统数量的增加，特别是大数据技术的发展，数据存储中分散且横向的数据共享和分析问题凸显，难以对全局数据开展大数据挖掘。随着市场竞争和产业链日益全球化，企业不能只满足于内部数据分析，而是要通过互联网、微信、App 等新技术手段结合外部市场数据进行整体分析。传统的数据仓库技术无论从规模上还是效果上都无法真正展现集团庞大的数据资产价值。

数据仓库与“数据湖”存在以下方面差异。

①数据。与“数据湖”不同，数据库和数据仓库只保存结构化数据，“数据湖”对数据没有数据库和数据仓库的限制，它可以保存结构化、半结构化和非结构化等各种类型的数据。

②处理。数据加载到数据仓库之前，首先要对其进行某种格式和结构的处理。换句话说，应该建立一个模型，对数据进行某种格式和结构的处理。

“数据湖”接受原始形式的数据，当需要使用这种数据时，再进行格式和结构处理。数据处理与分析既可以按批量（Batch）方式处理，也可以按近实时（Near-Real-Time）方式处理。“数据湖”的实现需要同时支持这两种处理方式，因为不同的处理方式服务于不同的场景。处理方式（批量处理或近实时处理）的选择也依赖于数据处理或任务的计算量，因为很多复杂计算不可能在近实时处理模式中完成，而一些应用则不能接受较长的处理周期。

③功能。“数据湖”非常适合对非结构化数据进行深入分析，数据科学家可能会采用具有预测建模和统计分析等功能的高级分析工具，而数据仓库因为高度结构化，适用于月度报告等操作。

④架构。“数据湖”通常是在存储数据之后定义架构，这样能大量减少初始工作且更具有灵活性。数据仓库在存储数据之前定义架构。

⑤存储。大数据技术的特点之一是考虑存储数据的成本，与数据仓库存储数据相比，采用大数据技术存储数据相对便宜。

这是因为 Hadoop 这样的大数据技术通常是开放软件，获得许可和社区支持是免费的，数据技术可以安装在低成本商品化硬件上，所以“数据湖”主要用于低成本存储；数据仓库存储成本相当高，数据量很大时存储成本更高；而数据库存储成本相对灵活，成本的高低取决于需求。

⑥敏捷性。数据仓库是一种高度结构化的数据存储库，从技术角度来看，改变结构并不难，但是考虑到不同的相关业务流程，改变数据结构非常耗时。与数据仓库不同，“数据湖”不存在结构问题，便于数据开发人员、数据科学家配置和重置数据模型、查询与应用。

数据仓库敏捷性差，采用固定配置，而“数据湖”敏捷度高，可以在需要时进行配置和重置，数据库的配置不如“数据湖”灵活、便捷。

⑦成熟度。与大数据技术不同，数据仓库技术已经存在并使用了几十年，大数据技术应用“数据湖”，是一种比较新的技术。因此，数据仓库保护数据的能力要比“数据湖”更加成熟。

⑧用户。许多企业已经建立了数据仓库并开展了 BI 分析，所以对于数据仓库的使用，企业已经具备了一定的经验，但“数据湖”不同，一般来

说，数据仓库适合企业专业人士使用，而“数据湖”更适合数据科学家使用。

通过对比“数据湖”、数据仓库、Hadoop三者的优缺点和使用场景，以及对三者关系的分析，我们发现，尽管“数据湖”有低廉的存储成本和计算成本，但是在实际存储数据时还需要谨慎对待，别让你的“数据湖”变成“数据沼泽”。

采用Hadoop构建“数据湖”是最合理的技术路线，并且有众多案例和成功经验可以借鉴。它具有以下几方面优点。

一是可以进行多样化数据存储。利用Hadoop存储成本低的特点，将原始数据、本地数据和转换数据存储在Hadoop中，这样所有数据都存储在一个地方，能为以后提供便利的管理、再处理和分析条件。

二是高效的数据处理能力。利用Hadoop的低成本处理能力，将数据的处理过程交给Hadoop，释放昂贵的数据仓库资源对数据的处理压力。

三是存储全部数据。由于Hadoop的存储是在可快速扩展的硬件上，低廉的存储成本让你不必担心数据超出预期寿命后因为要腾出存储空间而被销毁，可以便捷地存储你想存储的所有时间跨度、全生命周期的数据。

四是处理任何数据。Hadoop可以将当前在企业数据仓库生态系统中不可用的数据利用起来，不可用的数据主要有两类：没有集成到数据仓库中的结构化数据资源和其他非结构化、半结构化数据资源。因为Hadoop可以存储和处理任何数据，所以它可解决数据仓库不能处理或处理不好的数据问题。

五是可以访问任何数据。Hadoop可以用于处理和集成任何类型的结构化、半结构化和非结构化数据，并加载数据仓库所需内容。这使得企业能够继续使用当前的BI分析工具与企业数据仓库生态系统，并将Hadoop作为所有数据的登陆平台，发挥数据仓库和Hadoop双方优势。数据可以存储在原生状态中，不需要像传统的结构化数据那样预先格式化，可以在数据请求时再进行格式化。

Hadoop不一定是“数据湖”的组成部分，只不过是当前最理想的选择。“数据湖”由多个数据池构成，基于Hadoop的“数据湖”技术架构如

图 3-4-8 所示。进入数据池的数据虽然不像数据仓库那样频繁地数据处理，但是必须进行必要的转换。不同类别的数据，转换的重点也不同。借鉴他人的最佳实践，可以帮助我们避免将“数据湖”做成“数据垃圾湖”，能够大大减少在实施“数据湖”过程中所走的弯路。

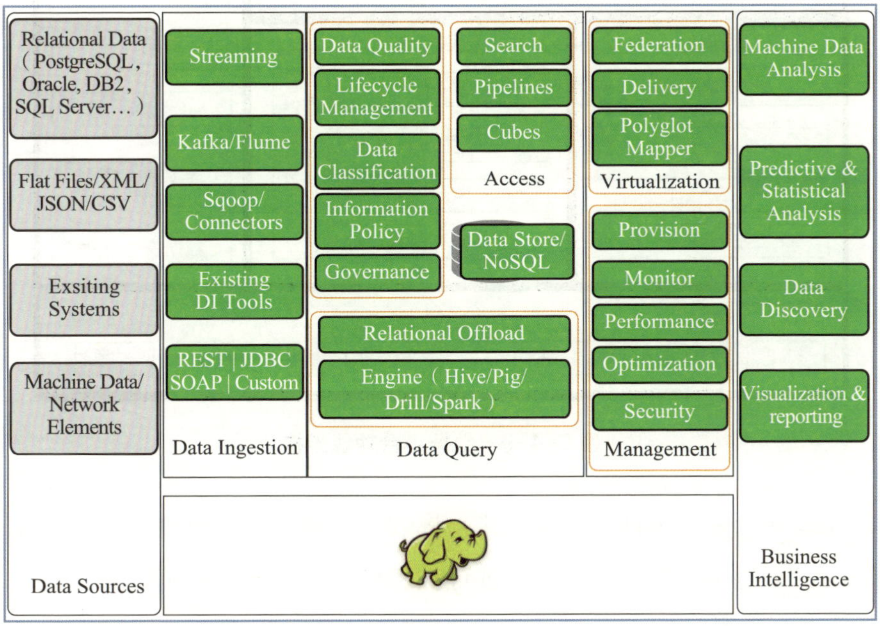

图 3-4-8　基于 Hadoop 的“数据湖”技术架构

（3）“数据湖”与数据中台

“中台”的概念是相对前台和后台而言的，是前台和后台的链接点，能将业务所需的共同的工具和技术予以沉淀。数据中台是指集数据采集、交换、共享融合、组织处理、建模分析、管理治理和服务应用于一体的综合性数据能力平台，在大数据生态中发挥承上启下的功能，提供面向数据应用的“底座”支撑能力。

从企业的角度可以将数据中台定义为聚合和治理跨域数据，将数据抽象封装成服务，提供给前台使用，以实现业务价值。

数据中台是指通过企业内外部多源异构的数据采集、治理、建模、分析、应用，对内优化管理，提高业务效率，对外开展数据合作，释放价值的企业数据资产管理中枢。数据中台建成后，能够形成数据 API，高效地为企业和客户提供各种数据服务。数据中台功能架构如图 3-4-9 所示。

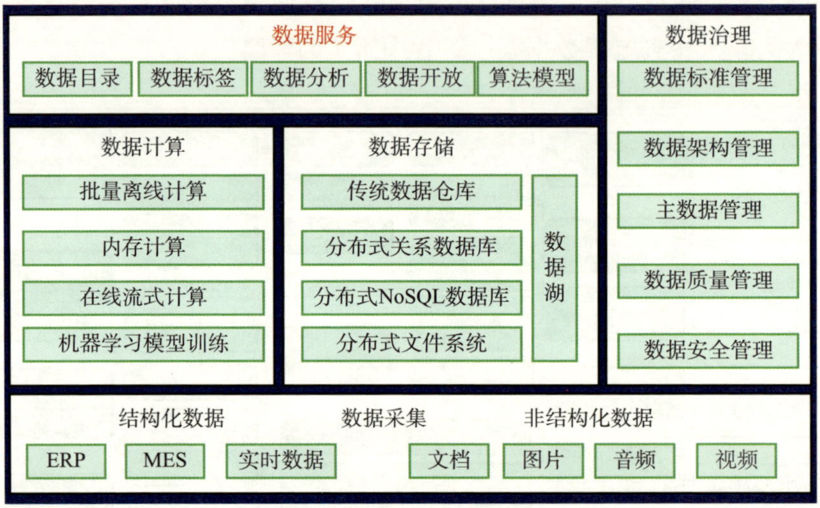

图 3-4-9　数据中台功能架构

数据中台采用云计算架构模式，将数据资源、计算资源、存储资源充分云化，通过多租户技术对资源进行打包整合，并开放资源，为用户提供“一站式”数据服务。

数据中台的用途是利用大数据技术对海量数据进行统一采集、计算、存储，并使用统一的数据规范进行管理，将企业内部所有数据统一处理成标准化数据，挖掘对企业最有价值的数据，构建企业数据资产库，提供一致的、高可用的大数据服务。

数据中台不是一套软件，也不是一个信息系统，而是一系列数据组件的集合。企业基于自身的信息化建设基础、数据基础以及业务特点对数据中台的能力进行定义，利用数据组件搭建自己的数据中台。

数据中台的处理架构发生了变化。以 Hadoop、Spark 等分布式技术和组件为核心的“计算 & 存储混搭”的数据处理架构，能够支持批量和实时的数据加载以及灵活的业务需求。数据的预处理流程从传统的 ETL 结构向 ELT 转变。传统的数据仓库集成处理架构是 ETL，即 Extract-Transform-

Load，用来描述将数据从来源端经过抽取（Extract）、转换（Transform）、加载（Load）至目的端的过程。这是构建数据仓库的重要一环，用户从数据源中抽取所需数据，经过数据清洗，将数据加载到数据仓库中。大数据背景下的架构体系是ELT，它能够根据上层应用的需求，随时从数据中台抽取想要的原始数据进行建模分析（见表3-4-1）。

表3-4-1　数据中台与传统数据仓库比较

	大数据（中台）架构	混合架构	传统数据仓库
部署架构	水平扩展	水平扩展	大部分水平扩展
数据类型	没有数据类型	简单的数据类型	丰富的数据类型
数据模型	简陋的数据模型	简单灵活的数据模型	完善、丰富的数据模型
数据关系	没有数据关系描述	简单的数据关系描述	完善的数据关系描述
数据一致	无一致性	弱一致性	强一致性
数据安全	安全性很低	安全性很低	安全性很高
计算类型	离线批量处理，只读，低并发	实时CRUD操作，海量并发	离线批量处理，只读，低并发
适用场景	低密度数据海量存储，数据预处理，预计算	高并发实时	高价值数据统一存储和计算平台
人员要求和成本	高	较高	适中

数据中台是“数据湖”价值实现的核心，对一个企业的数据治理起着至关重要的作用。数据中台为解耦而生，企业建设数据中台的最大意义就是应用与数据解耦，这样企业就可以不受限制地按需构建满足业务需求的数据应用了。

数据中台构建了开放、灵活、可扩展的企业级统一数据管理和分析平台，将企业内外部数据随需关联，打破了数据的系统界限。同时，利用大数据智能分析、数据可视化等技术，实现了数据共享、日常报表自动生成、快速和智能分析，满足集团总部及各分子公司的各级数据分析需求和应用需求。

数据中台还能够助力企业深度挖掘数据价值，让企业数字化转型尽快落地。具体实现了以下数据价值的挖掘：①对数据目录、模型、标准、认责、安全、可视化、共享等的管理；②对数据的集中存储、处理、分类与管理，建立大数据分析工具库、算法服务库；③报表生成自动化、数据分析敏捷化、数据挖掘可视化；④数据质量的评估流程和落地管理流程。

4.5 数据资源与数据资产

（1）数据资源与数据资产

随着信息社会不断向纵深发展，数据和信息作为战略性资源的价值正在快速提升。在中国共产党十九届四中全会上，首次公开提出“健全劳动、资本、土地、知识、技术、管理和数据等生产要素按贡献参与分配的机制”，这也是政府首次提出“数据”可以作为生产要素按贡献参与分配，反映了随着经济活动数字化转型的加快，数据对提高生产效率的乘数作用凸显，成为最具时代特征的新生产要素的重要变化。

早在 2001 年，管理大师汤姆·彼得斯就指出：“一个组织如果没有认识到管理数据和信息如同管理有形资产一样极其重要，那么它在新经济时代将无法生存。”当前，数据的战略价值已得到广泛重视，数据治理能力也成为衡量一个地区经济社会发展水平的重要指标。

随着信息化、数字化、网络化、智能化技术的快速发展，每家企业在生产产品的同时都会产生大量的数据。早期，这些数据作为生产过程中的“副产品”，对待和处置比较随意，随着数字时代的到来，敏锐的企业家越来越认识到数据的价值，逐渐把数据提升到了和产品同等的高度。中国石化集团公司原董事长张玉卓就曾明确指出：“中国石化不仅生产石化产品，还生产数据。”数据作为企业重要资源的地位日渐显现。

目前，对企业数据资源尚未有准确定义。笔者认为，至少企业所有存量 IT 系统中的数据都应该是企业的数据资源，但这还不够全面，因为企业在生产过程中还可能产生更多数据，而这些数据并没有进入企业 IT 系统被长期保存。

从可使用性或价值的角度来看，就数据本身而言，编目清晰、编码标准、接口规范、口径准确、责权明确的数据，才能被有效地使用，才算是企业的数据资源。企业的数据资源可能还包括数据标签、数据指标、图数据关系、固定报表、数据服务 API 以及标准化的主数据、元数据等。只有经过规范治理的数据才有利于后续的数据加工和应用，而加工和应用是数据资源产生价值从而转变为数据资产的关键。还有一些在生产过程中产生的临时数据、流数据、体数据，体量庞大，未经过有效治理和存储，现阶段缺少有效的使用手段或者使用价值“入不敷出”，这些数据在很多企业都未被纳入数据资源的范畴。

由此可以看出，广义的企业数据资源是指企业在生产经营过程中生成或者获取的、归企业所有的全部数据。在广义的企业数据资源中，因为认知、能力、价值判断等各方面原因，不少数据并没有被有效地采集、存储和使用，或者在当前阶段暂时没有用于采集、存储和使用。如企业的工业摄像头采集的数据、DCS 等数控系统采集的数据、上一个年度的生产经营数据及市场数据等，这些数据可能因为各方面原因没有被企业长期存储。

狭义的企业数据资源是指，企业广义数据资源中被有效治理、规范存储、精确计量、所有权清晰的那部分数据。这样的数据能够被共享使用、交换交易，从而为企业带来可量化的价值。

中国地大物博，有丰富的石油资源，就广义而言，所有在中国地下埋藏的石油都是中国的石油资源，但这些石油资源有多少、品质好坏、具体在什么地方都不清楚，需要进行大量的勘探、分析工作，同时按照业界认可的标准去测量大小、圈定位置、评估品位等，通过一系列工作后，石油资源才能成为可衡量价值的资产。这些资产要发挥价值还需要被开采出来，经过提纯、提炼，才能成为产品，最终被送到市场上进行交易、变现。

很多广义的石油资源的勘探开发成本过高，或者原油价格太低，无法转变为有效的企业资产。因此，有效资源的边界也会根据成本、市场等情况发生变化。同样的道理，在企业中，由于数据治理能力、数据挖掘使用能力的变化，数据资源的边界也在不断变化。

随着技术的进步、认识的提升，数据资源的概念边界在不断被拓展。在大数据阶段，因为分布式存储、分布式计算以及多种人工智能技术的应用，结构化数据之外的数据也被纳入数据资源的范畴，数据资源的边界被拓展到海量的标签库、企业级知识图谱、文档、图片、视频等方面。尽管不同企业的数据资源的内容大相径庭，但是对于数据资源的获取和数据资源的价值已经形成共识。

数据资源并不等同于数据资产，在会计学中，对企业资产是有明确定义的："企业资产是指由企业过去的交易或事项形成的、由企业拥有或者控制的、预期会给企业带来经济利益的资源。"为了满足财务记账的要求而不会造成混乱，对资产的分类和资产的确认条件也有非常清晰的认定（如图 3-4-10 所示）。

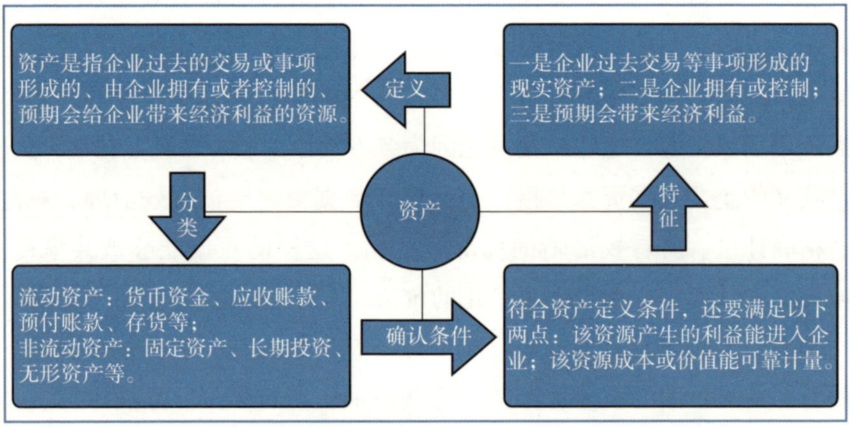

图 3-4-10 企业资产的定义、分类、确认条件和特征

在企业资产定义中我们可以看出，"拥有或者控制"和"带来经济利益"是资产最核心的内涵。所以，由企业资产的定义可以引申到数据资产的定义，数据资产是指由企业过去的生产、交易或其他企业活动形成的、由企业拥有或者控制的、预期会给企业带来经济利益的数据资源。并非所有数据资源都是数据资产，由数据资源转变成数据资产的过程就是数据资产化。

数据资产不完全符合会计准则中对于"资产"及"无形资产"的定义，因此，数据资产尚未体现在企业的财务报表上。对于数据资产的确认和计量，还需要从会计角度开展深入的讨论。这里我们重点关注如何从广义上认可数据的价值，探讨数据资源的资产化路径。

（2）数据资源/资产不同于传统资产的特殊性

数据作为一种特殊的企业资源或资产，具有与传统企业资产完全不同的特殊性，这些特殊性决定了数据资源的资产化途径和数据资产的管理方式，都与传统企业资产有很大差别。

①数据具有业务附着性。

在企业内部，所有数据的来源都不同，不同数据代表了特定的业务含义，所以对数据进行分析就能够了解、掌握甚至预测业务的运行状况，这是实现数据价值的重要途径之一。有些数据离开了特定的业务场景可能毫无价值，这些数据就不具备独立的价值属性。

②数据具备无限可复制性。

传统的企业资源都是边际效益递减的，用得多了就会有消耗，价值就会随之降低；传统资产都有稀缺性，数量越少价值越高。数据资产不同，它可以被无限复制而不会有丝毫损失，用得越多产生的价值就越高。数据资产使数据成为取之不尽、用之不竭的宝藏。

③数据具有不完备性。

所有数据资源都是某些特定业务活动产生的部分数据，这些数据有可能更多一些或者更少一些。现实中存在 64K 的人脸数据、10M 的人脸数据，甚至 1000M 的人脸数据，这些数据可以被扩展，譬如添加身体数据、周边环境数据等，但永远不存在完备的数据。数据可以整合或者切割，价值也可能随之变动。

④数据资源边界具有不确定性。

人们对数据的认识在不断深化，对于数据的挖掘和使用也在不断发展，原来认为毫无意义的数据，随着时间的推移可能变得很有价值，被一家企业认为毫无意义的数据，对另一家企业来说也许很有价值。在这种情况下，数据资源的边界就会变得不确定。这种不确定性给企业数据治理带来困惑——所有数据全部治理或全部存储会给企业带来很大负担，只治理一部分数据又担心某些资源损失。

⑤数据具有价值不确定性。

数据价值的不确定性表现在几个方面。一是数据价值依赖于特定的业务场景。二是数据价值依赖于特定的挖掘技术。有人无法挖掘数据的价值，而这些数据在另外一些人手里可能产生巨大的价值。三是数据具有时效性。时效性具有两重含义：一是有些数据可能很快过时，失去价值，如某个明星的隐私数据，一旦这个明星过气，这些隐私数据就变得毫无价值；二是有些数据当下没有什么价值，随着时间的推移会产生巨大价值，如事关某人的敏感数据，本来毫无价值，但如果这个人忽然跃居高位，这些数据的价值就会暴增。

数据价值的不确定性是数据交易或者数据作为资产计入会计科目的重大障碍。譬如，石油作为一种资源，如果我们知道了石油储量，基本就知道了它的价值；对数据而言，即使我们知道了数据的多少，也无法完全知道其价值，因为其价值可能为零或负值，也可能巨大。

（3）数据资产化之路

数据作为生产要素之一已经上升成为国家级战略。越来越多的企业/机构开始意识到数据的重要性，并积极推动数字化建设，以建立基于自身业务需求的数据采集、分析体系，通过完善数据治理体系，从组织、人才到标准、规范，全面构建企业自身的数据资源中心。同时，将经过治理的数据作为生产要素应用到实际的生产、经营、管理决策中，给企业创造新的价值。

企业中的数据不经过使用是不会产生价值的，而数据价值的不确定性使我们无法将对数据资源的计量等同于对数据价值的计量。因此，企业数据的使用之路就是数据的价值化之路！随着数据公共交易体系的建立和完善，数据交易也将成为数据价值化的重要途径。

从这个认识出发，我们将数据的价值化之路分成五步，这也是当前中国企业数据价值化的五个层次。

第一步（第一层次）：开展企业自身的数据治理，使数据便于使用，提升数据使用的广度。

当前，很多传统企业还处于数据治理的起步阶段——基于单个项目的数据收集和应用，应用和数据紧密耦合，数据还没有作为一个独立的生产要素来考虑。部分企业已经开始了企业级的数据治理，初步构建了企业级的数据治理架构，开启了数据作为企业资源或资产的治理工作。

第二步（第二层次）：在企业生产、经营、管理等过程中，全面使用数据。

在企业信息化建设早期，企业主要忙于系统建设，用于支撑企业的日常管理应用。在企业开始数据治理后，数据作为生产资源开始寻求自身的价值，数据在生产经营各个环节不断得到应用，在提质增效、降低成本、减少人力、节能环保等多方面产生价值，并带来业务的规范化和流程的优化，促进决策层开始使用数据进行决策，进而推动整个企业的数字化转型进程。

第三步（第三层次）：多途径汇聚、整合数据，提升数据潜在价值。

企业在生产过程中逐渐认识到数据的价值，不满足于只能得到企业自身的数据，开始寻求外部数据资源，希望通过数据整合，提升企业自身数据资源的价值。譬如，采购市场价格数据、采购供应链数据，甚至科学研究数据等，把这些数据与企业自身的数据结合，缩短产品研发周期，提升企业掌控市场、生产产品的科学性。处于这个层次的企业已经拥有了较好的数字化基础，管理层数字意识较强，企业数字化转型也进入了较高的层次。

第四步（第四层次）：开展基于数据资源的创新应用。

以“算力+数据”为基础，结合自身业务创新或者在全新的业务领域开展数字化价值创造，是一种全新的生产模式，把企业的数据资源作为企业的“新矿产”，提供给企业内部富有创新力的员工，让他们去探寻新的领域，为企业无边界发展探索新的路径，为企业实现五星级再造式转型奠定基础。将企业自身数据对社会开放，吸引社会人才来“开矿”，共享企业“开矿”成果，也是一种非常好的“引智”之路。

第五步（第五层次）：盘活数据资源，参与数据交易。

在政府的引导下，数据交易（交易所、交易平台等）已经在北京、贵阳、上海等多地落地运行，积极参与数据交易不但能够让数据变现，也能够为企业找到新的发展契机。通过数据交换，也能够提升企业自身数据资源的价值。

从数字化建设的角度来看，数据是企业和机构的重要资产和关键生产要素，将数据整合成资产包，发挥生产要素的作用就是数字化建设的根本目的。因此，未来企业和机构对于数据资产化的需求将会逐步提高，参加数据交易将是数字经济时代最重要的发展路径之一。

现阶段，中国的企业和机构在数据资产化方面大多数处于第二层次，也就是数据应用阶段。这既得益于数字化建设的推广，也得益于互联网的发展以及物联网、工业互联网、5G 等技术的成熟与应用，企业和机构可以获得大量内部生产运营数据、管理数据、工业设备数据等，通过对这些不同来源的数据进行整合可以建立基于自身业务的数据资源库。

（4）数据资产化面临的挑战

第一个挑战——“定形困难”：我怎么知道你就是你？

像汽车、房子这样的传统资产，一般都有唯一性，无论它是汽车还是房子，都不可能再成为另一个事物。但是数据不一样，它可以轻易地被复制——买卖数据的过程只是拷贝的过程，这个“买卖”与传统数据的“买卖”不完全一样。尤其是作为购买方，很难确定自己是否是数据的第一拥有者或唯一拥有者。这就好像一幅画在市场上有很多复制品，如果谁也不知道哪幅是真品，那么这幅画的价值自然就没那么高了。但是数据不排斥被多个主体同时拥有，任何一方对数据的使用都不影响其他方的使用，只会影响数据本身的价值。

对于以上问题，区块链技术提供了一个解决途径，即利用区块链技术给每一份在区块链网络上生成的数据都打上标记，保证数据在流转中即使发生了合并、拆分，也都有唯一标识，可追溯，不可篡改。

谷歌前 CEO 埃里克·施密特认为：“区块链是一项了不起的加密成就，它能创建数字世界中不可复制的内容，具有巨大的价值。”

目前，区块链技术已经在追溯、确权等领域有不少成功案例，但在数据交易领域的使用还不广泛，在数字艺术品交易中出现的 NFT 技术是区块链技术的典型应用。

第二个挑战——估值困难：1TB 的数据值多少钱？

影响数据资产价值的因素主要有质量、应用和风险。质量决定数据资产价值的基础，合理评估数据的质量水平，才能对数据的应用价值进行准确预测；应用是数据资产形成价值的方式，数据与应用场景结合才能贡献经济价值；风险是指数据资产在法律和道德等方面存在的限制。

目前，常用的数据资产估值方法主要有成本法、收益法和市场法。成本法从资产重置的角度出发，重点考虑资产价值与重新获取或建立该资产所需成本之间的关联程度；收益法基于目标资产的预期应用场景，通过未来产生的经济效益的折现反映数据资产在投入使用后的收益能力，根据衡量无形资产经济效益的不同方法又可以将收益法分为权利金节省法、多期超额收益法和增量收益法；市场法是在相同或相似的资产市场可比案例的交易价格的基础上，对差异因素进行调整，以此反映数据资产的市场价值。这三种方法在实际应用中都存在不少难点。

第三个挑战——确权困难：我的聊天内容怎么成了你的数据？

明确数据权属是数据资产化的前提，目前，在数据权利主体以及权力分配上存在诸多争议。数据权不同于传统的物权，物权的重要特征之一是对物的直接支配，但数据权在数据的全生命周期中有不同的支配主体。有的数据在产生之初由其生产者或提供者支配，有的数据在产生之初便被数据收集人支配（如微信聊天内容、电商消费数据、物流数据等），到了数据处理阶段则被各类数据主体支配。

原始状态的数据是大数据产业的基础，其价值属性远低于以集合数据为代表的增值数据所产生的价值。因此，法律专家倾向于将数据权属分开，即不探讨整体数据权，而是从管理权、使用权、所有权等维度进行探讨。由于数据尚未被赋予资产的属性，所以数据所有权、使用权、管理权、交易权等权益没有被相关法律法规充分认同和明确界定；数据也尚未像商标、专利一样，有明确的权利申请途径、权利保护方式等，所以对于数据尚未有完整的法律保护体系。

第四个挑战——交易困难：成熟的桃子卖不出去。

自 2014 年以来，国内出现了一批数据交易平台，不少地方政府也成立了数据交易机构，包括贵阳大数据交易所、长江大数据交易中心、上海数据交易中心等。同时，互联网领军企业也在积极探索新的数据流通机制，提供了行业洞察、营销支持、舆情分析、引擎推荐、API 数据市场等数据服务，并针对不同行业提出了相应的解决方案。但是，由于数据权属和数据估值的限制以及数据交易政策和监管的缺失等因素，尽管国内数据交易市场在数据服务方式上有所丰富，但是发展依然面临诸多困难，阻碍了数据资产化进程。

阻碍数据资产化进程的原因主要有以下两个。一是市场缺乏信任机制，技术服务方、数据提供商、数据交易中介等可能会私下缓存并对外共享、交易数据，数据使用企业不遵守协议要求私自留存、复制甚至转卖数据的现象普遍存在。二是缺乏良性互动的数据交易生态体系。数据交易中涉及的采集、传输、汇聚活动日益频繁，相应地，个人隐私、商业机密等一系列安全问题也日益突出，急须建立监管机构和社会组织等多方参与的、法律法规和技术标准多要素协同的、覆盖数据生产流通全过程和数据全生命周期管理的数据交易生态体系。

当前，数据资产化过程中仍有关于产权、价值、交易等重要问题亟待解决，但随着数据资源越来越丰富，数据资产化正在成为企业提高核心竞争力、抢占市场先机的关键，这些问题也将随着数据资产化进程的深入而逐渐明晰。

5 数字化交付

随着数字化转型的大潮席卷全球，大家逐渐形成共识：在未来世界中存在的要么是数字原生企业，要么是数字化转型、重生企业，没有其他选项。企业数字化是没有选择的选择！

以前，对一个已经建成的工厂或者一个工厂中的装置实施数字化转型是一项巨大的工程，但是现在情况发生了变化，工厂还处在图纸阶段时就已经数字化了，新建工厂大多数都是按照数字化的“设计图”建造起来的，完全没有必要为了建设数字工厂而采用逆向建模的技术，重新把已经建成的实体工厂再数字化一遍。因此，数字化交付就成为工厂数字化建设的一条捷径。

数字化交付应该成为建设数字化工厂的基础。数字化交付就是要把设计、采购、施工、调试及开工等全生命周期中各个阶段的数据信息完整、规范地交付给工厂运营方，使运营方在拿到一个物理工厂的同时，拿到一个完全对应的数字化工厂，并使数字化工厂达到实时互联、协同作业、情景关联和智能预测等卓越运营的标准。

真正实现数字化交付需要做到两件事：交付和接受，交接双方必须严密对接才能实现良好的交付。

5.1 从设计、建设到交付的复杂性

客观地说，当前，在工厂设计阶段的信息化应用还是比较充分的，早在20世纪90年代，许多企业就已经经历了设计“甩图板”的信息化变

革，整个设计工作一步步走向软件化、平台化、数字化。现在，基于大型数字化平台的三维设计已经成为业界常态。

从工厂的生命周期来看，设计只是起步，之后还要经过建造、交付等阶段，最后由业主方进行运营，如图 3-5-1 所示。

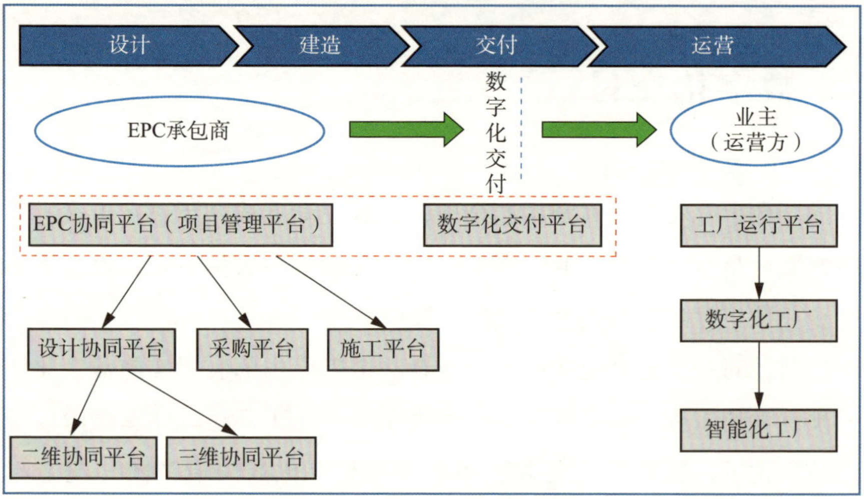

图 3-5-1　工厂的生命周期

一个大型工厂中的不同业务单元常常交由具有不同业务特长的专业设计单位来完成，这些设计单位通常会使用不同的设计工具或设计平台，也就意味着各设计单位的数字化设计成果不一定具有完全相同的数据格式。随着专业设计软件的种类越来越多，如果没有统一的数据存储和管理平台保证不同设计数据的一致性，就会导致各专业设计数据的“孤岛”现象越发严重（如图 3-5-2 所示）。

因此，为了实现面向业务运营的数字化交付，必须在交付之前开展面向应用的数据标准化和面向业务对象的数据汇集工作（如图 3-5-3 所示），这项工作并不容易，很多 EPC 承包方并不具备这一能力。

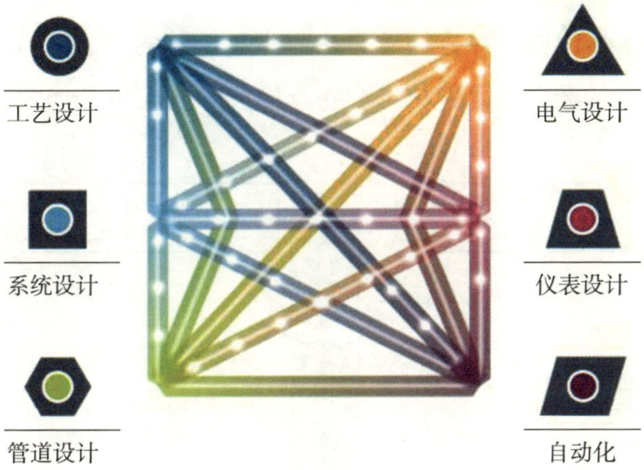

图 3-5-2　各专业设计数据密切相关

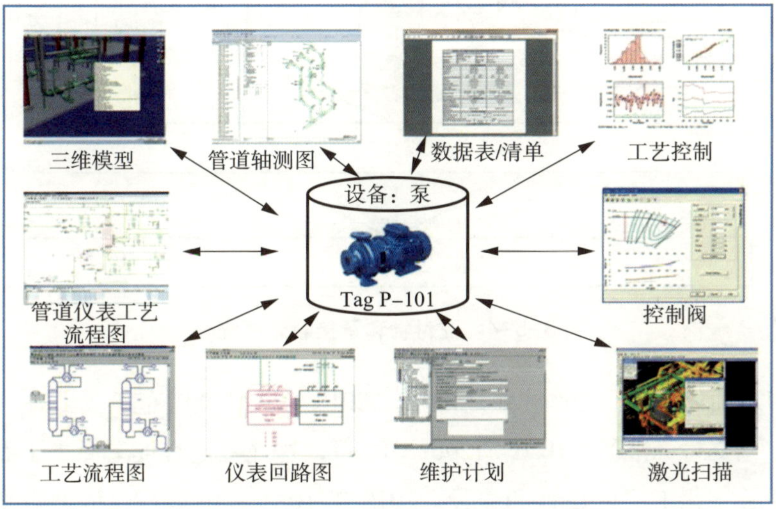

图 3-5-3　面向业务对象的设计数据集成

完成数据集成只是第一步，还要具备数据“剪裁”能力，因为业主方并不都具备完全的接收能力，也许会有业主盲目接收所有数据，造成大部分数据被束之高阁的情况。真正理性的业主也许会“点菜”式接收，只接收那些能为企业运营带来价值的数据。

就当前的发展状况来看，设计方和业主方的数字化水平并不匹配，设计方在数字化设计及集成方面差强人意，而业主方常常还没有进入或者只是部分进入数字化工厂阶段，双方的矛盾在所难免。总的来看，数字化设计驱动业主方采用更多的数字技术。交付物和承接载体要统一（如图 3-5-4 所示）。

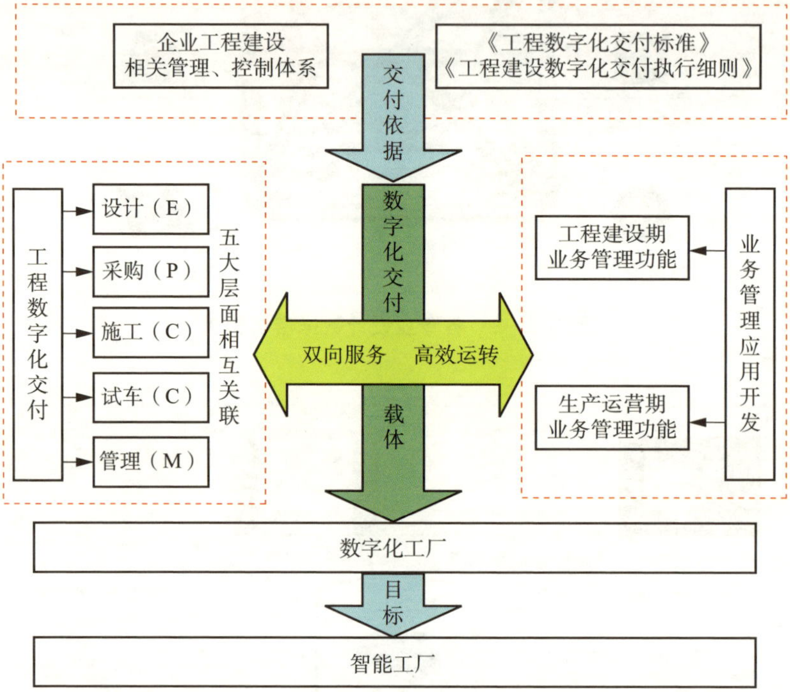

图 3-5-4 交付物和承接载体要统一

以石油化工行业为例，住建部早在 2018 年 9 月就颁布了《石油化工工程数字化交付标准》（GB/T 51296—2018），这在一定程度上促进了石油化工企业数字化工厂的设计和建设。2019 年 10 月，中国石化依据自身特点和发展需要，对照上述标准，编制印发了《石油化工工程数字化交付执行细则（试行）》，并于 2020 年 1 月 1 日起试行。遗憾的是，中国石化的业主方并没有对等地提出数字化工厂的接收标准，所以在尝试开展的一系列数字化交付工作中，并没有达成理想中的交付效果。

5.2 数字化交付的主要内容

理想中的数字化交付应该能够达到物理工厂的“数字孪生”水平，但现实情况下大多数数字化交付只能实现部分能力。一般的数字化交付包含数据、文档和三维模型，如图 3-5-5 所示。

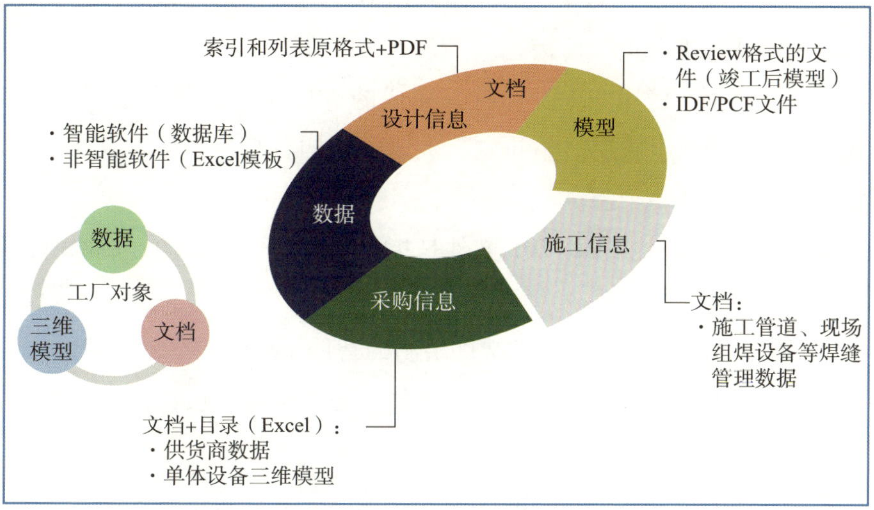

图 3-5-5　数字化交付的内容

具体来说，数字化交付的数据具体包括项目设计、采购、施工和试车各阶段产生的模型、资料文档、工厂对象属性等信息，以及工厂对象与资料文档的关联关系，如图 3-5-6 所示。

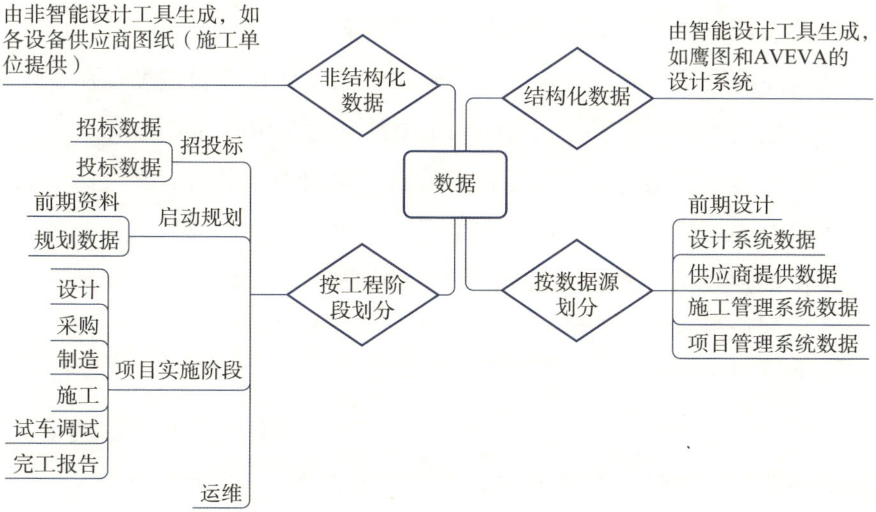

图 3-5-6　数字化交付的数据分类

数字化交付的核心内容涵盖三维模型（交付竣工图模型，与物理工厂一致）、智能 P&ID（满足 PID 与三维模型的智能关联）、非结构化文件、属性数据及关联关系等文件，交付物数据格式均采用国际化通用格式，可与国际主流数据平台进行衔接。

①三维模型。使用三维设计软件完成的工厂模型涵盖了总图、配管、自控、电信、电气、设备、给排水、消防、结构及暖通空调等专业，建模深度应满足相关规范要求。

②管道 IDF 文件。管道 IDF 文件是指使用三维设计软件生成的管道轴测图数据文件。

③智能 P&ID 图。基于种子文件绘制的智能 P&ID 文件包含图形文件、参考数据库以及相应的报表等。除此之外，还应提交与质量检查相关的报告文件。

④智能仪表设计。使用智能仪表设计软件完成仪表索引表和仪表规格书的设计，并按交付要求输出相关设计成品。

⑤工厂对象属性。针对每个类型的工厂对象，需要交付的由智能设计工具生成的结构化数据。

⑥资料文档。针对每个类型的工厂对象，需要交付的非结构化资料文档。包含供应商需按规范要求提交的三维模型、属性数据及资料文档；施工单位需按规范要求提交的属性数据及资料文档。

为有序推进项目的数字化交付，确保各项工作按交付进度保质保量完成，还应成立专门的数字化交付团队负责数字化交付的各项工作。

EPC 承包商要选择专门的综合集成软件承包商，对所有交付的资料在交付平台上进行信息集成处理，并组织质量审核，反馈修改意见；各责任单位按反馈意见进行修改，修改完成后再提交；经审核并确认无误的数据，由软件承包商通过数据处理和发布工具发布至数字交付工程库，以此作为最终交付数据。

交付方要对参建单位交付的内容进行审核，确保交付数据的质量，数字化交付的校验如图 3-5-7 所示。审核必须遵循以下几个原则。

①一致性。设计单位必须保证交付模型与交付图纸的一致性，交付模

型与竣工的物理工厂及竣工资料的一致性，包括辅助设施和地下工程等。

②准确性。工厂对象属性数据与关联文件关联关系的准确性。

③合规性。交付内容是否满足建设单位发布的相关规范和标准要求，包含编码、命名、分类、数据格式和模型深度等。

④完整性。将已交付内容与规定交付内容进行对比，保证基于项目物理工厂和模型、属性、关联资料文档的完整性。

图 3-5-7　数字化交付的校验

业主方要成立专门的队伍并建立专门的平台，以承接 EPC 方的数字化交付成果，参与软件承包商的信息集成过程，确保接收到的数据成果能够为工厂的数字化运行提供支撑。

5.3　数字化交付的前瞻和挑战

当前，数字化交付还处于起步和试点阶段，交付和接收双方都在探索最佳的对接模式，在认识层面、组织层面和技术层面都存在一些挑战。

（1）数字化交付的根本目的在于让数据创造价值

从传统手工设计时代的文档交付，发展到今天平台化设计时代的数字化交付，改变的不仅仅是交付物的形态，更是人们对数字经济时代数据核心要素价值的认知——要在交付中实现数据的价值，为业主方带来新的生产模式和管理模式（如图 3-5-8 所示）。

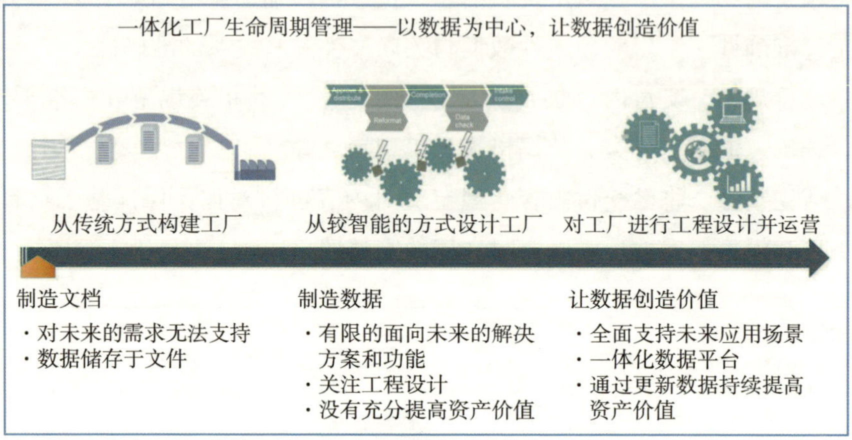

图 3-5-8　从传统工厂走向数字工厂

（2）提升设计端的协同设计能力

大型企业的建造设计工作被拆分到不同单位进行是常态，但在开始建设之前，不同设计系统的设计成果要交由 EPC 承包商指定的软件承包商进行集成，通过标准化集成，跨越不同的专业、不同的系统、不同的数据格式，实现面向企业级的整体协同，贯通业务流程，消除“数据孤岛”（如图 3-5-9 所示）。

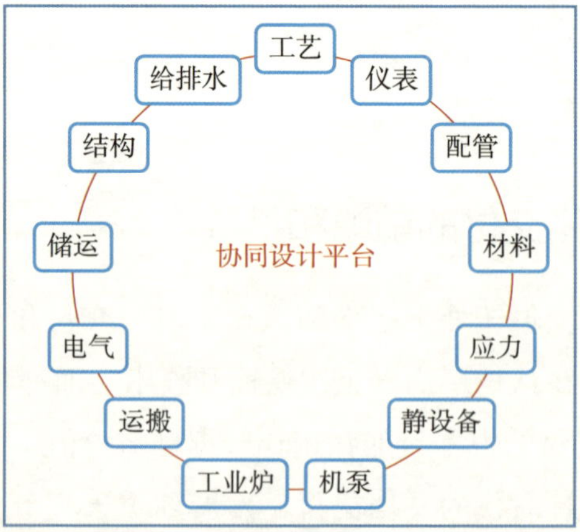

图 3-5-9　协同设计、统一集成

（3）搭建数字化交付平台，跨越从建设到应用的鸿沟

从设计到建设，所有的过程数据都要规范记录、全程在案，因为它们

都是未来数字工厂的数据资源，都是数字工厂的重要组成部分。原有的设计平台是不具备这个功能的，因此，准备开展数字化交付的双方要协力共建数字化交付平台。数字化交付平台可以是建设方的资产，要服务于工厂的运行；也可以是业主方的平台，要能够和建设方全面对接，建设过程中的所有参与方都要掌握业主方的情况。

平台是数字化交付的基础，必须满足安全可靠、使用简单、易于维护、性能稳定、可扩展、具有兼容性和集成性强的要求。确保各主要建设项目之间的数据能够得到充分流转和利用，为工厂进行大数据分析、基于大数据进行管理以及建立数字化工厂提供数据支持，并不断提升数据资产价值。

如果业主方已经建成自己的“智能工厂”平台，则可由该平台“兼任”交付平台，这样会更便于业主方后期的工厂运行。

平台的核心要素包括以下几方面。

①广泛兼容的数据库系统。

数据库应采用混合架构，满足大数据扩展应用，支持主流的数据库，如 Oracle、MySQL、MS SQL Server 等关系型数据库，以及 MongoDB 非关系型数据库。支持数据采集、数据分析、数据提取和数据迁移等，保证数据库系统效率不会随数据量增大和并发数增加而急剧降低。

②智能可配置性。

平台应具备灵活可配置特性，对用户的管理要求能及时进行调整，采用无代码开发或极少采用代码开发，针对用户审批流程的变化和管理对象的变化能尽快调整适应，在不影响生产进度的情况下快速完成更新、迭代和部署。系统要具有一定的智能性，针对设计行业的特点有高效的解决方案，便于实施，尽量不增加管理者和设计者的工作量，能自动完成重复性的工作。

平台要具有三维模型、资料文档、数据的自动检索关联机制，支持海量信息存储管理、多用户并发，满足企业对模型加载、数据查询、展示响应的速度要求。

③具备工程项目管理能力。

平台应具备电子签章、数据流转、项目协同、立项管理、设计管理、采购管理、供应商管理、费用管理、合同管理、进度管理、变更管理、风险管理、项目主数据管理、竣工验收、竣工档案管理、数据分析及展示等功能。同时，要满足工程项目安全管理要求，对直接作业、风险识别、事故环境、人员定位、电子围栏、实时监测数据、视频监控、报警信息、数据标牌、虚拟巡检以及安防数据等均可实现可视化管理。

④具备一定的生产运行管理能力。

平台应具备生产调度优化决策、生产物流管理、生产计划管理、物料平衡、操作优化、计量管理、能耗管理、生产过程实时监控、统计报表、智能巡检、仿真培训、应急管理及电子交接班等功能。

⑤具备强大的设备运维管理能力。

平台应支持灵活的设备分类结构，通过自定义设备分类结构、维护分类属性满足工厂设备管理需求；支持从数字化设计系统快速同步数据，快速建立设备管理系统的基本台账；支持对设备库存、状态、变更、报废和停用等业务的管理；支持建立设备全寿命周期综合信息台账，包括设计信息、采购信息、施工安装与调试信息、运维维保信息、异动变更信息、关联资料信息以及关联备品备件信息等；支持建立设备管理的故障库；支持对巡检维保的操作步骤管理；支持建立设备运维保障专家库，为设备维保维修提供远程协助；支持对工单、维保、点巡检、备品备件和关联关系等进行管理。

⑥三维可视化能力。

平台应内置三维可视化引擎，广泛支持三维模型格式。

⑦提供强大的接入能力和扩展接口。

工业标准支持 OPC、BACNet 和 Modbus 等协议；HTTP 信息化接口支持 RESTful、WebService 和 XMPP 等协议；物联网即时通信协议支持 MQTT 协议；数据库接口支持 ODBC；视频流支持 RTMP 协议等；支持多种物理链路，如串口、TCP/IP 网络以及 NB-IoT、LoRa、蓝牙 Mash 和 ZigBee 物联网接口。

同时，提供前端三维交互 UI 扩展接口 API、数据采集接口协议、数据订阅协议以及监控报警规则扩展接口，支持后期进行二次开发。

⑧安全性要求。

平台对各级用户分配不同角色，根据不同用户、不同角色，进行权限限制和管理。对用户登录、操作等活动要有日志，确保数据在传输过程中不丢失、不被篡改、不被破坏，满足业主信息安全的管理要求。

⑨开放性需求。

平台应提供标准接口，以便和外部系统集成。外部系统包括但不限于DCS、MES、SIS、ERP 和 WMS 等。平台应提供多种接口或工具，以便集成不同来源的工程信息，主要包括以下几种接口或工具：

A. 三维引擎需具备集成多种三维设计软件生成的三维模型、数据的能力，包括但不限于 PDMS、SP3D、PDS、CADWorx、REVIT 和 3DMax 等；

B. 具备集成智能 P&ID 图纸、数据的能力，包括但不限于 AVEVA Diagrams、SmartPlant P&ID、AutoCAD P&ID、COMOS P&ID 以及 INPower P&ID 等；

C. 具备接收多种格式图纸的能力，包括但不限于 DWG 和 SVG；

D. 具备接收多种格式文件的能力，包括但不限于 DOCX/DOC、XLXS/XLS、PPTX/PPT、PDF、TXT、MP4、JPEG、BMP、GIF 以及 PNG；

E. 具备配置化集成多源数据的能力，包括但不限于 Excel、CSV、XML、数据库（Oracle、MYSQL 等）、JSON 和文本文件等。

（4）推进业主方数字工厂、智能工厂建设

如前所述，数字化交付是价值交付，这个价值要在业主方对工厂的运行管理中得到实现。因此，数字化交付不仅对建设方提出了很高的要求，对业主方的数字化能力也提出了挑战。

数字化交付需要业主方从工厂建设和运行全周期进行策划，确保交付的资产能够在工厂的生产运行管理中发挥作用。从数字化设计开始，业主方就要给出明确、详尽的数据需求，并具备接受、管理这些数据的工具手段和平台。业主方要有专门的数字化团队，在建设时段持续地进行交付，直至工厂投产运行（如图 3-5-10 所示）。

工厂建设绝不仅仅是 EPC 承包商自己的事情，不能坐等承包商建好了“交钥匙”，要倡导协同建设的理念，强调过程交付的价值。设计数据还要

图 3-5-10　数字工厂协同建设新模式

经历一个落地的过程，过程之后的工厂才是真实的工厂。

设计单位和建设单位要根据业主方的要求完成整个建设过程的数据采集以及规范化、集成化任务，交付的目的是工厂建成后能够更高效的管理和运行，这其中蕴含着巨大的价值，业主方必须有专门的数字化接收团队和专门的数字化运行平台，充分发挥数字化交付的主导作用。只有进行了数字化交付的工厂，才是真正可运行的数字工厂。

6 “数字孪生” 技术及应用

6.1 “数字孪生”的概念和发展

“数字孪生”，也叫数字双胞胎，是指以物理世界中的物体为参照物，通过数字化的手段在数字世界中构建一个一模一样的实体，以此来实现对物理实体的了解、分析和优化。

“数字孪生”体概念的缘起可以追溯到2002年密歇根大学产品生命周期管理中心（Product Lifecycle Management Center）的成立，当时，Grieves博士讲解的是“PLM① 的概念性设想”（Conceptual Ideal for PLM）（如图3-6-1所示），并指出它确实拥有“数字孪生”体的所有元素：现实空间、虚拟空间，从现实空间到虚拟空间的数据流连接，以及从虚拟空间到现实空间和虚拟子空间的信息流连接。

驱动PLM的前提是每个系统都由两个子系统组成，一个是一直存在的物理系统，另一个是包含了物理系统所有信息的新虚拟系统。这意味着现实空间中的系统和虚拟空间中的系统之间存在一个镜像（Mirroring of Systems），或者叫系统的孪生（Twinning of Systems）；反之亦然。通过物理设备提供的数据，可以在虚拟（信息）空间构建一个能够表征该物理设备的虚拟实体和子系统，并且这种联系不是单向和静态的，而是在整个产品生命周期中都联系在一起。

显然，这个“数字孪生”概念不仅存在于产品设计阶段，而且延展至

① PLM即Product Lifecycle Management，产品生命周期管理。

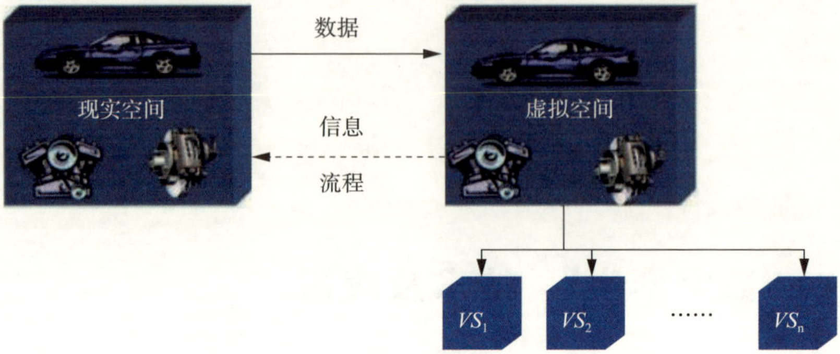

图 3-6-1　PLM 的概念性设想

资料来源：MichaelGrieves 博士，密歇根大学 Lurie 工程中心，2002 年 12 月 3 日。

生产制造和服务阶段，但是因为当时的数字化手段有限，所以“数字孪生”的概念停留在了产品设计阶段，只通过数字模型来表征物理设备的原型。

在那之后，“数字孪生”的概念逐步扩展到了模拟仿真、虚拟装配和 3D 打印等领域。2014 年以后，随着物联网技术、人工智能和虚拟现实技术的不断发展，更多工业产品、工业设备具备了智能的特征，而“数字孪生”概念也逐步覆盖了包括制造和服务在内的完整的产品生命周期，其形态和内容也被不断丰富。

“数字孪生”是充分利用物理模型、传感器采集、运行历史等数据，集成多学科、多物理量、多尺度、多概率的过程数学模型，在虚拟空间中完成映射，从而反映相对应的实体对象的全生命周期特性。

美国国防部最早提出利用“数字孪生”技术进行航空航天飞行器的健康维护与保障。具体做法是，在数字空间建造与真实飞机一模一样的模型，通过传感器实现与飞机真实状态的完全同步，每次飞行结束后，根据结构现状和过往载荷，及时分析、评估飞机是否需要维修，能否承受下次任务的载荷等。

“数字孪生”有时也用来指代在没有建成之前，就建立了工厂厂房和产线的数字化模型，从而在虚拟的赛博空间对工厂进行仿真和模拟，并将真实参数提供给实际的工厂建设。在工厂厂房和产线建成之后，日常的运维中两者继续进行信息交互。

今天的数字化技术正在不断地改变每一个企业。未来，所有企业都将成为数字化的公司，这不仅要求企业开发出具备数字化特征的产品，更要求企业能够通过数字化手段优化整个产品的设计、开发、制造和服务过程，并通过数字化手段连接企业的内部和外部环境。

随着产品生命周期的缩短和产品定制化程度的加强，加上企业必须与上下游企业构建协同的生态环境，这些都迫使企业不得不采取数字化手段加速产品开发，提高开发、生产、服务的有效性并提高企业内外部环境的开放性。

这种数字化的转变对于传统工业企业来说可能会非常困难，因为它与沿用了几十年的基于经验的传统设计和制造理念相去甚远。设计人员无须通过开发物理原型来验证设计理念，无须通过复杂的物理实验验证产品的可靠性，无须进行小批量试制就可以直接预测生产瓶颈，甚至无须去现场就可以洞悉客户的产品运行情况。

这种方式无疑将贯穿整个产品生命周期，它不仅可以加速产品的开发过程，提高开发和生产的有效性和经济性，而且能够有效了解产品的使用情况，以帮助客户避免损失，更加精准地将客户的真实使用情况反馈到设计端，实现产品的有效改进。

所有这一切都需要企业具有完备的数字化能力，而各种能力的基础就是“数字孪生”。

6.2　“数字孪生”的不同形态

“数字孪生”技术贯穿整个产品生命周期，它与 PLM 的理念不谋而合。可以说，“数字孪生”技术的发展将 PLM 的能力和理念从设计阶段真正扩展到了全生命周期。

“数字孪生”以产品为主线，并在生命周期的不同阶段引入不同要素，产生了不同阶段的表现形态。

（1）设计阶段的“数字孪生”

在产品设计阶段，利用“数字孪生”可以提高设计的准确性，并验证产品在真实环境中的性能。这个阶段的“数字孪生”能够实现以下功能。

①数字模型设计。使用CAD工具开发出满足技术规格的产品虚拟原型，精确地记录产品的各种物理参数，以可视化的方式展示出来，并通过一系列验证手段检验设计的精准程度。

②模拟和仿真。通过一系列可重复、可变参数、可加速的仿真实验，验证产品在不同外部环境下的性能和表现。在设计阶段就验证产品的适应性。例如，在设计汽车的过程中，可以利用数字化技术和工具，在数字空间准确地进行空气动力学、流体声学等方面的分析和仿真；在外形设计上，通过数据分析和仿真，大幅度提升流线性，减少空气阻力。

（2）制造阶段的“数字孪生”

在产品制造阶段，利用“数字孪生”可以缩短产品导入的时间，提高产品的设计质量，降低产品的生产成本，提高产品的交付速度。

产品制造阶段的“数字孪生”是一个高度协同的过程，通过数字化手段构建的虚拟生产线，将产品本身的“数字孪生”同生产设备、生产过程等其他形态的“数字孪生”高度集成起来，实现如下功能。

①生产过程仿真。在产品生产之前就可以通过虚拟生产的方式模拟在不同产品、不同参数、不同外部条件下的生产过程，实现对产能、效率以及可能出现的生产瓶颈等问题的预判，加速新产品导入的过程。

②数字化产线。将生产阶段的各种要素，如原材料、设备、工艺配方和工序要求，通过数字化手段集成在一个紧密协作的生产过程中，并根据既定规则，自动完成在不同条件组合下的操作，实现自动化的生产过程；同时，记录生产过程中的各类数据，为后续的分析和优化提供依据。

③关键指标监控和过程能力评估。通过采集生产线上的各种生产设备的实时运行数据，实现全部生产过程的可视化监控，并且通过经验或者机器学习建立关键设备参数、检验指标的监控策略，对出现违背策略的异常情况进行及时处理和调整，使生产过程稳定并能够不断被优化。

（3）服务阶段的“数字孪生”

随着物联网技术的成熟和传感器成本的下降，从大型装备到消费级产品都使用了大量的传感器来采集产品运行阶段的环境和工作状态，并通过数据分析和优化避免产品故障，改善用户对产品的使用体验。这个阶段的“数字孪生”能够实现以下功能。

①远程监控和预测性维修。通过读取智能工业产品的传感器或者控制系统的各种实时参数，构建可视化的远程监控，并利用采集的历史数据，构建层次化部件、子系统乃至整个设备的健康指标体系，并利用人工智能实现趋势预测；基于预测的结果，对维修策略以及备品备件的管理策略进行优化，避免或降低非计划停机给客户带来的损失。

②优化客户的生产指标。对于很多需要依赖工业装备来实现生产的工业客户来说，工业装备参数设置的合理性以及在不同生产条件下的适应性，往往决定了客户产品的质量和交付周期。工业装备厂商可以通过采集的海量数据，构建起针对不同应用场景、不同生产过程的经验模型，帮助其客户优化参数配置，以改善客户的产品质量和生产效率。

③产品使用反馈。通过采集智能工业产品的实时运行数据，工业产品制造商可以洞悉客户对产品的真实需求，这不仅能够帮助客户缩短新产品的导入周期、避免产品错误使用导致的故障、提高产品参数配置的准确性，更能够精确地把握客户需求，避免研发决策失误。

例如，通过“数字孪生”技术，构建石油钻井设备的预测性维修和故障辅助诊断系统，不仅能够实时采集钻机不同关键子系统，如发电机、泥浆泵、绞车、顶驱的各种关键指标数据，更能够根据历史数据的变化趋势，对关键部件的性能进行评估，并根据性能预测结果，调整和优化维修策略；同时，还能够根据对钻机实时状态的分析，对钻井效率进行评估和优化，有效提高钻井的投入/产出比。

6.3　“数字孪生”关键技术及应用

“数字孪生”的关键技术是建模，即根据物理实体建立对应的“孪生”

数字体，反之，根据数字体建立“孪生”的物理实体。各种数据在建模过程中发挥核心作用，除形态数据外，还包括行为、过程和动态数据。

建模方法一般可以分为两大类：一是第一性原理或基于物理的方法，例如流体力学建模；二是数据驱动的方法，如深度学习。“数字孪生”也可能是各种建模行为和建模方法的综合，并且有可能随着更多用途被发现而越来越详尽。

数字体和物理体之间要在所有方面尽可能“逼真”。一是规模性：能够提供对不同规模（从细节到大型系统）的“数字孪生”体的洞察力，在结构上不丢失细节，尽量映射物理孪生体的细微之处。二是互操作性：能够在不同数字模型之间转换、合并、建立“表达”的等同性，以多样性的“数字孪生”体来映射物理孪生体。三是可扩展性：集成、添加或替换数字模型的能力，如随时随处添加若干扩展结构。四是保真性：描述数字虚体模型与物理实物产品的接近性，不仅要在外观和几何结构上相像，在质地上、行为上也要相像，同时环境要贴近真实，如工况场景要描述“数字孪生”体的位置、方位、振动、湿度、温度等细节。

“数字孪生”和赛博物理系统，也称信息物理系统（CPS）不能混为一谈。应该说，“数字孪生”是建设 CPS 的基础，是 CPS 发展的必经阶段。所谓建立“数字孪生”关系，就是以软件定义的方式，对物理实体（物理孪生体）建立完全对应的数字虚体（“数字孪生”体），所创建的数字虚体经历了一个从其“形”、其“态”，逐渐向物理实体的“形”和“态”逼近的过程，直至看起来极其“相像”，如同双胞胎一般。在“相像”程度上，可以用不同级别的仿真度来衡量，如表 3-6-1 所示。

表 3-6-1　虚、实对象的相似度

仿真度		简述
形	外观像	两“体”在外部表面形体上相像
	结构像	两“体”在内部结构上相像
	材料质地像	两“体”在细微材料质地上相像
态	行为像	两“体”在功能行为上相像
	状态像	两“体”在时空状态上相像

当数字虚体与物理实体在时空状态上达到相像的程度之后，距离 CPS 还有一步之遥，即控制。从物理实体一侧，是否能实现对数字虚体的控制（以 P 控 C）？反之，从数字虚体一侧，是否能实现对物理实体的控制（以 C 控 P）？尤其是“以 C 控 P”，它是判断是否实现了 CPS 的核心标准。

“数字孪生”并非无所不能，而是有一定限度的。虽然我们经常会说：“要数字化一切可以数字化的事物”，但是并非“一切都是可以数字化的”，这也就意味着并非“一切都是可以用软件定义的”。因此，数字世界和物理世界之间尚无法做到一一对应，或者完全相互映射。

从物理侧（P）来看，未知的事物谈不上数字化，也不可能有“数字孪生”；已知但是无法定义、无法描述的事物不能数字化（如暗能量、弦等）；物理形态不确定或者无法描述的物体也无法建立“数字孪生”（如海水）。从数字/赛博侧（C）来看，神话、传说可以随意展现，动漫创意和想象中的事物也是如此，它们都可以通过数字虚体不受限制地表现出来，但是在物理空间找不到对应的物理实体。因此，在“两体”中都存在虽然暂时无法延伸、映射到对方，但是可供建立孪生关系的内容，如图 3-6-2 所示。

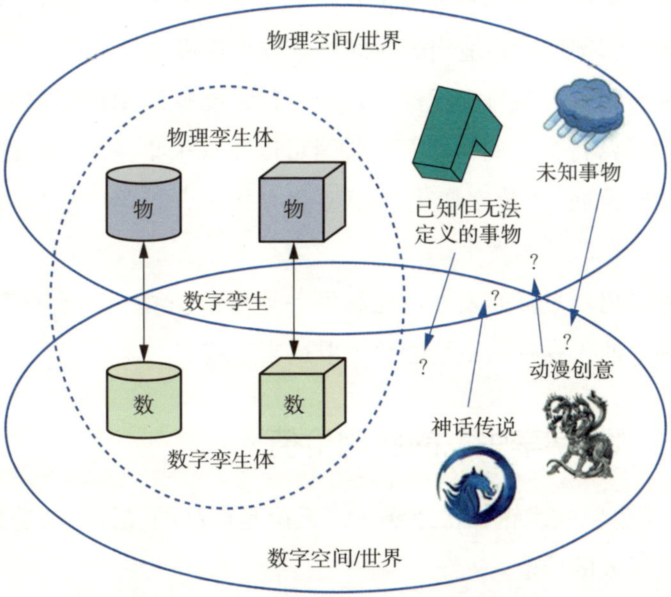

图 3-6-2　“数字孪生”的范围和界限

“数字孪生”伴随产品的全生命周期，在产品的全生命周期中的每一个阶段都有数字虚体的“伴生”，而且每个阶段每个物理孪生体所对应的“数字孪生”体的模型不止一种（不同算法、不同逼真/抽象程度等）。伴随越来越多的“数字孪生”体的诞生，人们可以做越来越多的事情，很多新技术、新模式、新业态也就此产生。在“两体”之间，信息可以双向传输：当信息从物理孪生体传输到“数字孪生”体时，数据往往来源于用传感器来观察物理孪生体，例如，GE 用大量传感器观察航空发动机运行情况；反之，当信息从“数字孪生”体传输到物理孪生体时，数据往往出自利用科学原理、仿真和虚拟测试模型的计算，用于模拟、预测物理孪生体的某些特征和行为，例如，用流体仿真技术计算汽车高速行驶时的风阻。

“数字孪生”技术有以下几个常见的应用领域。

①运营优化。根据实时数据、设备大小、能源成本或性能因素等变量，触发模型运行成百上千个假设分析仿真，评估是否就绪或对当前系统设置点进行必要调整。这样就能够在运营过程中对系统运行进行优化或控制，从而规避风险、降低成本、提高系统效率。

②预测性维护。在工业 4.0 应用中，模型可以用来确定设备剩余使用寿命，通知运营部门在最适当的时间检修或更换设备。

③异常检测。模型与实际资产并行运行，能够即刻标记偏离预期（仿真）行为的运营行为。例如，石油公司可以流式采集持续运转的海上石油钻塔的传感器数据。“数字孪生”模型会寻找运营行为中的异常现象，以帮助避免灾难性破坏的发生。

④故障隔离。故障的发生可能触发一连串的仿真，以便隔离故障，识别根本原因，使工程师或系统能够采取适当措施。

6.4 “数字孪生”的应用价值

“数字孪生”技术正在快速演化，无论是产品的设计、制造还是服务，都能够产生巨大的价值。

（1）便捷高效低成本的创新能力

“数字孪生”通过设计工具、仿真工具、物联网、虚拟现实等数字化手段，将物理设备的各种属性映射到虚拟空间中，形成可拆解、可复制、可转移、可修改、可删除、可重复操作的数字镜像，这极大地加深了操作人员对物理实体的了解程度，能够让很多由于物理条件限制、没有可依赖的物理实体而无法完成的操作，如模拟仿真、批量复制、虚拟装配等，成为触手可及的工具，更能激发人们探索新的路径来优化设计、制造和服务。

（2）更全面准确的数字计量能力

“只要能够测量，就能够改善”，这是工业领域不变的真理。无论是设计、制造还是服务，都需要精确测量物理实体的各种属性、参数和运行状态，以实现精准的分析和优化。但是传统的测量方法，必须依赖价格不菲的物理测量工具，如传感器、采集系统、检测系统等，这样才能够得到有效的测量结果，而这无疑会限制测量覆盖的范围，对于很多无法直接采集到测量值的指标，往往无能为力。

“数字孪生”技术可以借助物联网和大数据技术，采集有限的物理传感器的直接数据，借助大样本库，通过机器学习推测出一些原本无法直接测量的指标。例如，可以利用润滑油温度、绕组温度、转子扭矩等一系列指标的历史数据，通过机器学习来构建不同的故障特征模型，间接推测出发电机系统的健康指标。

（3）生产运行实时优化能力

在数字空间可以便捷地对生产运行过程进行调整和优化，模拟可能产生的优化效果。这在现实的生产过程中是很难实现的，特别是流程性产业，停产意味着巨大的生产成本损失和安全风险。“数字孪生”能够轻松地在虚拟空间模拟各种生产状况，以达到产能的最优化，然后再择机落实到实际生产中。

（4）更全面的分析和预测能力

现有的产品生命周期管理很少能够实现精准预测，因此往往无法对隐藏在表象下的问题进行预判。而“数字孪生”可以结合物联网的数据采集、大数据处理和人工智能的建模分析，实现对当前状态的评估、对过去发生问题的诊断，以及对未来趋势的预测，并基于分析的结果，模拟各种可能性，提供更全面的决策支持。

（5）经验和知识的数字化

在传统的工业设计、制造和服务领域，经验往往模糊不清，很难把握，也就很难将其作为精准判决的依据。而“数字孪生”的一大关键进步就是可以通过数字化手段，将原先无法保存的专家经验进行数字化，并提供保存、复制、修改和转移的能力。

例如，针对大型设备运行过程中出现的各种故障特征，可以通过机器学习，将传感器的历史数据训练出针对不同故障的数字化特征模型，并结合专家处理的记录，将其作为未来对设备故障状态进行精准判决的依据，并针对不同的新形态的故障进行特征库的丰富和更新，最终形成自治化的智能诊断和认识。

（6）超前的安全管控能力

可以在虚拟空间模拟所有可能出现的安全风险，在极限条件下进行实验，探索安全阈值，为企业提供准确可靠的安全红线，能够大幅减少安全生产事故，降低企业风险。

“数字孪生”，不过是长期以来人们用数字世界的数字虚体技术描述物理世界的物理实体的必然结果。“数字孪生”这个术语和与之相关的技术，并非突然产生的新生事物，而是几十年来 CAX 发展的必然结果，只是在今天经过人们的总结升华之后，加深了对它的理解，给出了新的认识和命名。

“数字孪生”是 CPS 中的必备技术构成。要搞好智能制造、工业 4.0、工业互联网等新工业发展战略，就必须研究和实施 CPS；要做好 CPS，就必须充分认识“数字孪生”；要认识“数字孪生”，就必须研究与“数字孪生”有关的所有问题，从起源、技术、应用、界限到命名。

美国《航空周报》曾经做出过这样的预测：“到了 2035 年，当航空公司接收一架飞机的时候，将同时验收另外一套数字模型。每个飞机尾号都伴随着一套高度详细的数字模型。”每一特定架次的飞机都不再孤独，因为它将拥有一个忠诚的“影子”，相伴终生，永不消失，这就是“数字孪生”的本意。

下篇

革言三就——企业数字化转型案例

【2分钟快读】

企业数字化转型是数字技术推动的企业变革，所以转型这件事本身就是个技术活。因为企业所属的行业特点、发展状况、业务禀赋及信息化基础千差万别，所以企业推进数字化转型的“手法”必然各有千秋。

看别人跳舞，可以让自己的舞姿更优美；分析别人的转型经验，可以让我们加深认识，获得经验，少走弯路。

企业的IT部门应该率先转型，这样既能够给其他传统业务部门提供可借鉴的经验，也能够搭建起推动企业其他业务转型的技术平台。

本篇首先介绍了中国石化集团公司IT业务数字化转型经验。他们创新的DPA模式包括技术和组织两个方面，通过石化智云工业互联网平台把技术和组织巧妙融合，打破了传统信息化建设模式的天花板，使企业的信息化建设跃上了数字时代的新台阶，从而解决了传统信息化建设的许多“顽疾”，打开了数字化、智能化新局面。

在赋能模式中，介绍了油田野外作业业务的转型。通过数字化赋能，完全改变了油田野外作业业务原有的生产运行方式。技术改变带动了流程改变，也推动了组织变革，减少用人、降低劳动强度，大幅提升了业务效率。

在优化模式中，介绍了流程型工业中的典型业务——炼油业务，重点讲述了对其进行数字化优化后的显著变化。

本篇还介绍了产品的服务化转型、业务的延伸转型，以及业务的服务领域拓展转型等案例，从中能够看到数字时代带来的各种转型机会。

如果说企业数字化转型是一种改革，再造式数字化转型则是一种颠覆。整个企业的自我颠覆几乎是不可想象的事情，但企业局部的业务再造是非常有价值的。本篇深入剖析了GE开展再造式数字化转型的案例——它想把自己转变成一家软件公司的漫长征程还远远没有结束，再造之难度可见一斑。

随着各行各业企业数字化转型的快速推进，不断涌现出成功案例。分析先行企业转型的成功案例，对我们推进自己企业的转型大有裨益。

是为下篇。

IT 业务数字化转型——企业数字化转型的引领者

数字化转型第一定律——快慢定律表明，数字化技术是企业里最活跃且变化最快的引领因素，IT 业务部门往往承担着企业数字化转型点燃者、发动者的角色。在企业数字化转型进程中，IT 业务部门应该最先引进、宣传并掌握新的数字技术，同时要以身作则，率先转型。

1.1 传统企业 IT 业务痛点分析

随着技术的进步和时代的发展，IT 业务在企业中扮演着越来越重要的角色。相应地，传统 IT 业务模式存在的问题也遭到越来越多的诟病，主要表现在以下几个方面。

(1)“信息孤岛”问题严重

在 IT 业务开展较好的大型企业里，动辄有成百上千的信息系统，这让企业用户苦不堪言。笔者曾去某加油站调研，一线员工反映上一个班要进入十来个系统，这些系统有集团总部统一建设的，有企业自建的，还有地方政府配备的，涉及油品销售、非油品销售、油库管理、税务发票、安全、环保、消防、视频监控、应急等业务范畴，还涉及党政工团、培训学习、考核计分等非业务范畴。这些系统缺乏有效的集成，使用时需要不停切换，用户名、密码极易混淆。以笔者调研过的一家油田企业为例，其内部各类系统总计超过 2500 个，绝大多数员工都觉得企业并不缺少系统，而是系统太多了。

（2）建设周期长，需求响应慢

在信息化发展的早期，业务需求响应较慢，从业务部门提出需求，到信息化部门分析整理需求、招标建设团队、履行必要的业务和商务流程，再到开发、采购、实施、培训等流程，最后完成测试、整改、验收，系统交付使用，经历 2~3 年是很常见的事情，即“补丁式”IT 建设模式的困境（如图 4-1-1 所示）。

随着数字时代的到来和生活、工作节奏的加快，软件开发也从传统的瀑布式向敏捷式转变。业务部门希望自己今天提出的需求，明天就能够通过新建的系统被满足。

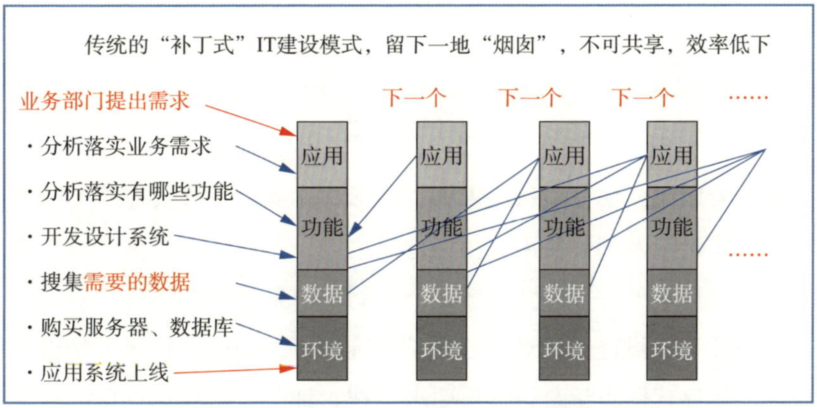

图 4-1-1　“补丁式”IT 建设模式的困境

实际上，信息化项目的建设周期并没有明显的缩短，该走的行政手续、商务流程一个都不能少，需要收集的数据依然要从头做起，更麻烦的是，还要完成大量的“老系统”的集成工作。面对以上情况，企业迫切需要压缩建设周期，采用新技术和新举措。

（3）数据标准化不够，共享困难

项目“补丁式”建设的问题之一就是标准化问题。每一个项目都是一个独立的乙团队完成的，每一个新建的系统都有自己独立的数据库。企业是不是具有完备的数据标准，乙方团队能不能贯彻这些标准，都是无法控制、无法检查的“黑盒子”。每个系统的数据库只属于自己，其他系统能否共享，不在本系统建设范围内。数据无法共享就无法成为新经济的关键生产要素，这是传统企业跨入数字时代的瓶颈，是迎接新经济必须破除的障碍。

（4）系统应用运维难度大、成本高

由于应用系统越来越多，系统之间的集成关系也越来越复杂。一个系统有多达数千个集成接口，这就造成用户使用难度大，系统运维难度更大。往往一个系统出现问题，就会牵扯到多个系统，但问题的根源却难以确定。一般情况下，企业拥有多个运维团队，更有甚者，每个系统都有一个专属的运维团队，企业不得不为此支付高昂的运维费用。即便如此，系统的完好程度、易用程度并没有得到有效改善，反而有持续恶化的趋势。

（5）信息化新技术受制于乙方团队

笔者观察过不少企业的信息化建设，受制于乙方团队是一个比较常见的现象。一般企业因为信息管理部门人手有限，所以在信息化项目招标选商前，由信息管理部门牵头组织来自需求方、咨询方、运维方等的人力、物力，组成联合团队，编写项目需求书、招标文件或者可研报告之类的书面材料，供内部审批以及招标使用。招标选商之后，项目建设的重任就完全交给了乙方团队，原来的联合团队被解散，只剩下信息化管理部门有限的几个管理人员跟踪项目建设进展。对于乙方是否选用了最先进的技术、是否遵循了企业标准、程序代码质量是否合乎要求等技术细节，信息化管理部门缺乏相应的技术手段和专门人手进行判断和评估，根本不可能深入检查，只能通过乙方的书面报告了解情况，有关技术细节基本上都是乙方说了算。

除了信息化管理部门之外，有些集团企业还拥有自己的 IT 服务公司，这些公司往往有自己的效益考核目标，或者对承担项目的项目组有必要的考核目标。对于这些集团企业来说，长期使用自己的 IT 服务公司，有稳定、省事等有利的一面，但长此以往，就会出现“武大郎开店——不容大个儿”的现象。技术人员长期使用旧思路和传统技术工具处理信息化项目，没有时间和意愿学习新东西，这在一定程度上阻碍了新技术的引进和使用。

（6）传统信息化建设模式遭遇“天花板”

企业信息化建设经过几十年的发展，已经走过了多个发展阶段（参见本书序篇），信息化应用成效明显，IT 管控模式、建设模式和业务流程早已成熟。但是，技术在进步，业务在发展，企业需求也在提升，一成不变的 IT 模式已经严重滞后于企业业务发展，特别是在快速响应方面。当前，国家法规及企业制度的合规性限制，使信息化从需求提出、可研论证、立项审批、设备采购、系统开发、现场实施到测试验收，会经历一个漫长的过程。这种情况的存在，既无法使企业采用信息化敏捷开发、快速迭代的新技术，也无法让心急如焚的用户尽快用上系统，在信息化发展和业务满足方面都遇到了障碍。传统信息化建设发展模式遭遇了“天花板”，必须捅破“天花板”，跨上数字化的新台阶，才能解决原来看似无解的发展问题。

越是信息化建设领先的企业，这个问题越突出，且已经成为企业信息化升级的瓶颈，必须大力破除。所以，推进 IT 业务自身的数字化转型势在必行。

1.2 创新 IT 业务模式

通过分析企业信息化进程中的突出问题，结合成熟的云计算、工业互联网等数字技术，我们提出了信息化业务数字化转型“上云上平台”思路，如图 4-1-2 所示。

通过“上云”，解决了计算资源、存储资源、网络资源等硬件资源的共享问题，把 CPU 的利用率从不足 10%提升到 30%以上，同时，在一定程度上实现了资源的动态调配，满足了用户快速获取资源的需求。但是“数据孤岛”依然存在，系统的集成性问题依然存在。

工业互联平台技术的出现，为以上问题提供了绝佳的解决方案。

中国石化集团公司早在 2013 年就开始研究和探索工业互联网技术的落地和应用，陆续建设和推出了智能工厂、智能油田、智能化研究院以及石化 e 贸、易派客工业品电商等一系列工业应用。从 2018 年开始，着手打造具有自主知识产权的石化智云工业互联网平台。从 2019 年开始，结合自身业务特点和信息化建设的发展阶段，适时提出了全新的 IT 业务新模式，全面启动了 IT 业务的数字化转型。

新的 IT 业务模式称为“DPA（Data+Platform+App）模式”，即“数据+平台+应用”。新模式通过“三个一”工程落地实施，“三个一”即一

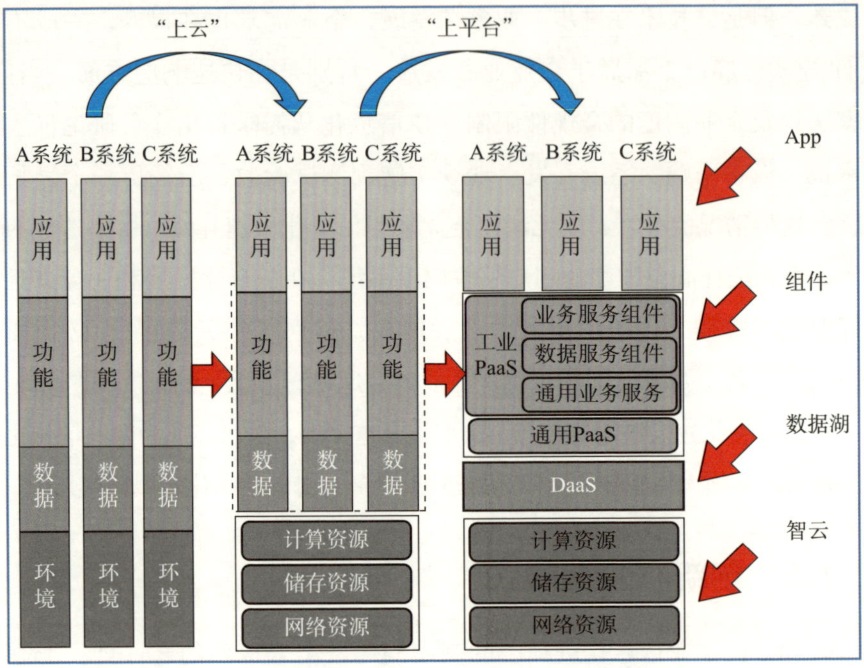

图 4-1-2 信息化业务数字化转型"上云上平台"思路

个"数据湖"、一个工业互联网平台、一个 App 集群，如图 4-1-3 所示。

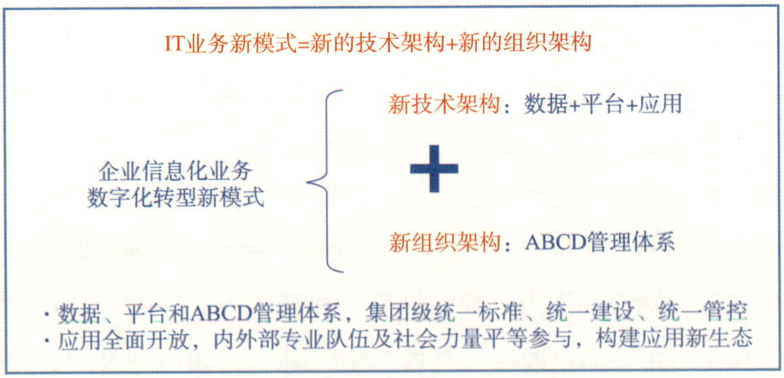

图 4-1-3 中国石化 IT 业务新模式

IT 业务的数字化转型就是要打破传统的 IT 理念和模式，一步跨入新 DT（Data Technology）时代，强调数据和平台的应用，更强调适应数据和平台等新元素的新的组织管理体系的构建。

①数据。DPA 模式强调把数据放在第一位，不再是每一个项目或者每一个系统自己收集自己的数据并建设自己的数据库，而是全集团开展统一的数据治理，建设统一的“数据湖”。

DPA 模式不允许将应用和数据绑在一起，二者必须松耦合，强调平台的赋能作用，所有的应用都要通过平台调用数据。在传统的信息系统建设中，有关数据收集、整理、调用的工作量被切分出去，数据治理和数据服务能力建设成为一项独立的工作。凸显数据不仅是在依附于某一个应用系统上时才有价值，而是具有独立存在的价值，数据价值的挖掘和实现由此成为一个独立的产业，这就是数据产业化的开端。

②平台。平台就是工业互联网平台。平台能力成为新 IT 模式成败的关键。对此，平台要有强大的边缘能力，支撑各类工业设备的接入，完成数据的汇集和清理，构建标准规范的数据服务。工业互联网平台基本上就是一个工业操作系统，就像通过 Windows 操作系统，人们能够管理计算机及关联设施一样，通过工业互联网平台，人们能够管理工业生产的各个层面（如图 4-1-4 所示）。

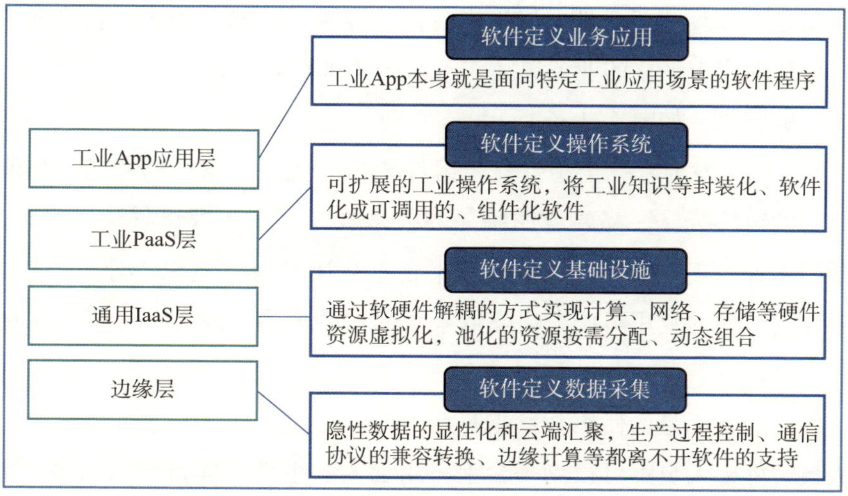

图 4-1-4　工业互联网平台就是工业操作系统

③应用。应用也就是 App，突出应用就是为了使 App 建设变得更加专注，专注于 App 的顶层设计、规划和需求对接，同时专注于 App 的稳定

性、易用性和友好性的建设，提升用户满意度。在很多业务域，我们都开展了全业务域的 App 规划，要求业务部门提供所需 App 的数量，不能重复，也不能遗漏。

App 的概念来自移动互联网应用领域，但工业 App 既不同于移动互联网 App，也有别于传统的工业软件，如图 4-1-5 所示。

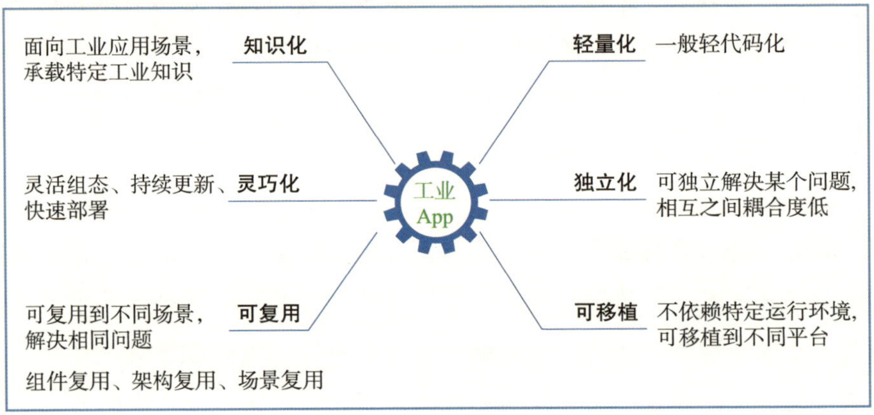

图 4-1-5　工业 App 的概念

工业 App 诞生于工业互联网平台，与传统工业软件相比，它更加轻量化，更加专注于独立的业务单元，与大的工业软件系统不同，它更强调微系统和敏捷化，如图 4-1-6 所示。

App 的开发要求完全组件化，组件要标准化。从组件的命名、功能的切分，到组件接口，都要遵循统一的技术规范。在实现组件化开发以后，不断积累各类规范组件，并沉淀在平台上，让平台“越来越厚”，能力越来越强。组件的复用可以大幅降低系统建设的成本，缩短开发周期，加快交付进程。

我们的目标是低代码开发或者无代码开发，让 IT 人员、业务人员、内部人员、外部人员都可以到平台上，用别人的组件构建自己的 App，同时贡献出自己的组件供后人使用，从而形成良好的应用建设生态体系。

	传统工业软件	工业App
软件架构	紧耦合单体架构	解耦微服务架构
开发定位	面向流程或服务的软件系统	面向角色的App
开发方式	基于单一系统开发	基于平台多语言开发
开发主体	以软件企业为主	以各类组织与个体的海量开发者为主
集成颗粒度	大系统与大系统	微系统与微系统
通用性	通用性较强	专用性较强
集成模式	难以协同与集成	按需定制、全面集成
业务流程	相对复杂	相对简单
面向场景	面向多种应用场景，具有普适性	面向特定场景，具有专用性

图 4-1-6　工业 App 与传统工业软件对比

1.3　创新组织架构

随着 DPA 模式的落地实施，传统的组织模式无法完成运行 DPA 模式所要求的管理能力，这就倒逼数字化转型创新管理组织的形成。与“数据+平台+应用”相对应，我们在组织模式上探索构建了“数据治理委员会+‘AB-CD’平台管控+域长负责制”这一全新的通过顶层设计的集团全覆盖组织运营模式。

（1）建设集团级数据治理组织体系

中国石化集团公司作为一个大型集团企业，业务链条长、专业跨度大，在数据治理上存在跨板块、跨业务的共享共治问题，必须确立“一把手”负责制。所以，中国石化集团公司成立了由总经理担任组长的数据治理委员会，统筹全集团的数据资产化进程。数据治理委员会成员由各业务条线、各业务板块的“一把手”和各业务域域长组成，下设数据治理专家组，为企业数据治理提供技术支持。同时，成立专门的治理委员会办公室，负责日常的联络组织工作。数据治理委员会负责审定集团公司的数据战略、总体规划和企业数据愿景，协调并确认跨板块、跨业务领域数据标准的统一性（如图 4-1-7 所示）。

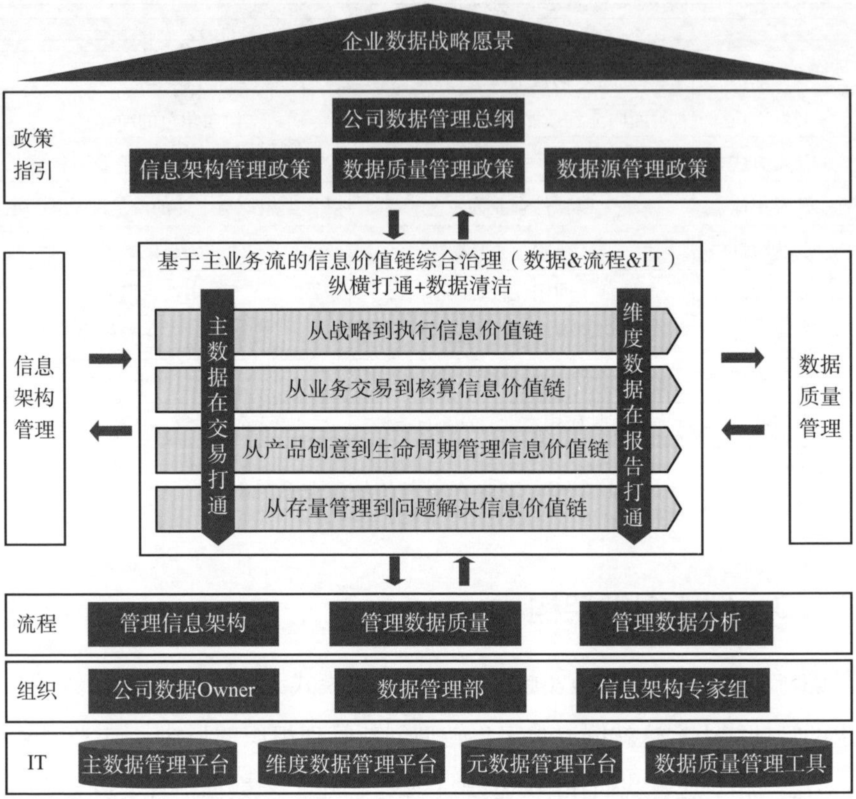

图 4-1-7　企业数据战略愿景

数据治理专家组的工作比较具体，主要涉及以下几方面。

①具体数据治理理念、方法、流程等的研究与培训，指导事业部、企业开展数据治理工作。

②指导不同业务板块的数据标准、数据入湖原则的制定；负责数据标准、主数据、元数据、数据质量指标的统一管理。

③协调解决跨域、跨企业数据治理的相关问题。

④负责板块数据入湖的监管和数据资源中心数据质量的监控、分析；指导板块、企业进行数据质量改进。

⑤负责对信息化项目中有关数据治理内容的技术审查、方案把关。

数据治理委员会、数据治理专家组、数据治理委员会办公室，“三位一体”、统筹联动，负责解决 DPA 模式中“数据”（D）的组织问题，整体推动企业数据治理工作，制定标准、建立流程、配置工具，指导具体项目建设，确保整个集团的数据治理工作顺利推进。

（2）基于平台创新 ABCD 项目运行管控模式

企业要积极推动项目运行管控模式从传统的金字塔型向全面的平台化转变，继而从传统的甲乙方模式转变为 ABCD 四方联动的平台化模式，如图 4-1-8 所示。

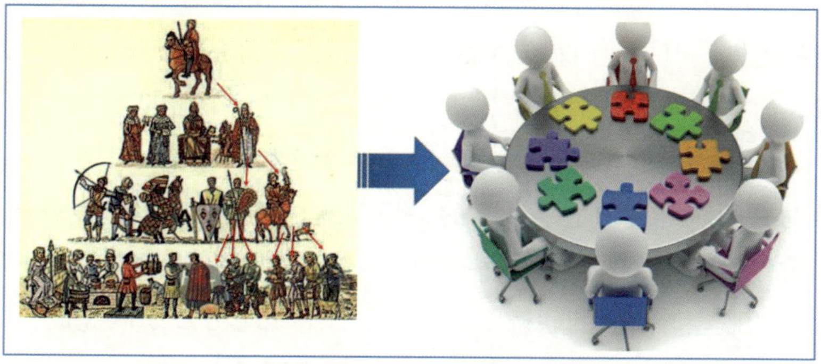

图 4-1-8　项目建设过程管理平台化

ABCD 项目运行管控模式中的 ABCD 分别代表以下方面。

①A 方即传统模式中的甲方。但在新模式中，A 方既包括传统的甲方（IT 业务部门），也包括业务需求方。甲方的部分责任被分解到 B 方和 C 方团队并得以强化，如标准化问题，由 B 方团队负责，这样更加规范；软件开发质量问题由 C 团队负责，要做到代码级质量管控。业务需求方被明确为本业务域的“域长”，负责本业务域的 App 规划、业务需求的细化和整体布局，这样需求的提出更加精准，而且解决了业务需求精准提报的“老大难”问题。

B 方和 C 方是为平台运营组建的两类独立的服务团队，归 IT 业务部门管理，有专项费用支撑团队的运行和发展。

②B 团队是平台服务和管理团队，为所有“上平台”的团队提供服务，制定平台相关标准并负责宣贯，承担制定规矩并告知的责任。B 团队是在平台上活动的所有人员的管理者，为他们申请资源、开立账号、开展培训，让他们熟知平台的所有功能，并教会大家使用这种功能，让大家能

够其乐融融地在平台上工作，为建设更加强大的平台贡献力量。

③C 团队是质控团队，和 B 团队密切配合，是 B 团队颁布的所有规章制度的执行监控团队。D 团队作为平台上的开发者，是否能够很好地执行 B 团队发布的规范标准，提交的代码、组件等是否符合规范等，都需要 C 团队来监控。C 团队不仅负责每一组代码的质量检查，还负责应用的部署上线，做到全生命周期的质量保证。

④D 团队是 A 方通过招标或者其他方式选择的应用建设团队，即传统意义上的乙方。但是他们和传统的乙方不同，不再是按照自己的习惯去开发系统，而是按照平台的规范，进行组件式开发。D 团队登录平台之前，要接受 B 团队的培训，考试通过取得合格证之后，才能“上平台”。B 团队会帮助 D 团队解决“上平台”的一切问题。应用的开发建设开始后，D 团队的组件设计、软件开发的每一行代码都要进入平台开发环境开发并接受 C 团队的监控。最后的联调、测试、部署上线均由 C 团队完成，从而确保 A 方获得全部质量合格的软件代码，进而保证甲方权益。

ABCD 项目运行管控模式的落地，解决了 DPA 新模式中“平台”（P）的组织问题，推动企业信息化建设模式跨入了一个全新的阶段，确保平台成为企业数字化建设的核心和企业数字化转型的枢纽。

（3）明确业务部门职责，创建域长负责制

业务部门条块分割、需求管理分散，一直是企业信息化建设的“老大难”问题，即使同一部门内的不同处室之间都各自为政，缺乏协作，更不要说跨部门的共性业务的协作了，如安全管理问题，集团要管、板块要管、企业要管，每个层级都想建立自己的系统。

依托工业互联网平台，将整个集团的业务进行系统梳理，按照专业特点、管理范围划分出业务域，以此进行统筹。譬如，安全就是一个业务域，要一管到底，不能只管自己。每个业务域设一名域长，统筹负责满足本业务域的信息化建设需求及相关数据治理工作。域长一般由所辖业务领域的最高级别的行政官员担任，保证统筹管理的力度。

域长负责制解决了 DPA 模式中“应用”（A）的组织问题。域长着力推进本域的“全域 App”设计，统筹布局，确保不遗漏、不重复。围绕

App设计开展数据治理规划，从根本上杜绝“信息孤岛”“数据孤岛”的产生。

（4）新模式解决了传统模式的积弊

从以上分析可以看出，新模式的基础是数据，核心是平台，应用则是轻量化的App，这完全颠覆了传统的以应用为核心的建设模式。

传统的建设模式以应用为主导，业务部门提出需求，信息化管理部门据此需求开发建设应用系统，这就是一个常见的信息化建设项目。项目投资包括服务器、数据库、中间件、应用开发、数据收集、部署上线、周边集成等。项目完成后，会得到一个可独立运行的应用系统——“烟囱”。这种传统的建设模式会不断地制造“信息孤岛”，随着信息系统的增多，相互之间集成和互联的关系越来越复杂，增加了信息系统使用和运维的复杂度，也加大了企业信息化的总体成本。

随着系统“上云”的推进，技术设施实现共享，最大限度地减少基础设施的浪费。实现开发“上平台”，才能从根本上杜绝“信息孤岛”的产生。建设企业级工业互联网平台，实现组件化、微服务化、容器化，建设持续交付中心，采用DevOps技术，逐步迈向“云原生”。

“数据+平台+应用”模式，强调了企业数据资产的统一治理和共享，大幅提升了企业数据资产价值。所有新的开发建设都在统一的平台上，按照标准接口规范进行组件式开发，形成业务组件和技术组件的积累和共享复用；各类业务应用由各类组件构成，大幅降低开发成本，提升对业务需求的响应速度。

随着新的IT建设模式的推进，传统的IT管控模式也要随之进行调整，以适应平台化的要求。从系统建设、系统部署使用到系统运行维护都需要进行改革，从技术变化带动管理流程、组织模式变化，从而实现IT建设领域率先完成数字化转型。

1.4　IT业务数字化转型成效

新模式的转型落地给信息化建设带来的变化是全方位的，主要有以下几方面。

①业务部门更加专注业务本身，关注各自领域的 App 设计、组件划分和共享，让业务部门深度参与到应用建设中，而不是站在一边提需求。

②随着组件的不断积累，业务部门能够通过组件的复用，快速获得业务所需的 App，加之数据治理统一完成，信息部门对业务需求响应的速度大幅提升。从原来以年为单位，缩短到现在以月或者周为单位。随着组件的积累越来越多，可以复用的功能也越来越多，需求响应时间还将进一步缩短。这种变化是颠覆性的。

③数据治理成为一项单独的、全体性的工作，消除了数据重复收集、不可共享的问题，大幅降低了企业成本，这也凸显了数据作为资产的价值属性。

④统一规范的开发环境、标准的组件化开发、专门的规范培训服务和质量管控服务，让任何一个建设团队都能够轻松地变成“我们的团队”，从而实现基于平台的开发建设生态，彻底摆脱“乙方依赖”的窘境。

⑤随着数据资源中心建设的推进和规范、标准的组件积累，可以轻松构建低代码甚至是无代码开发环境，这让更多的 IT 人员，甚至是非 IT 人员也能够轻松加入开发建设团队，提高业务人员使用平台的积极性，提升企业的信息化、数字化水平。

⑥大幅降低系统运维成本，“建运一体”的模式轻松实现。传统模式下，乙方完成项目后已经离开，在此后漫长的系统运行期内，一旦出现严重问题，往往需要再把乙方找回来，因为代码级的问题只有他们了解，但实现这一过程困难重重。现在完全不用了，因为 C 团队能够完全掌握所有代码，如果确实需要重新开发，由于 App 轻量化、组件可替换的特点，大多数团队都能够完成后续工作，而不会受乙方制约。

⑦软件开发质量提升，成本大幅降低。企业内部同一个业务领域的应用类似，软件的组件复用率可以超过 50%，甚至更高，这使得软件开发成本和使用成本大幅降低。同时，组件复用增加了 App 之间的相似性，用户更容易掌握，提高了应用的友好性和易用性。

⑧软件开发和使用的收费模式发生巨大变化。由于 App 轻量化和组件

的标准化程度提升，会逐渐形成用户在应用市场“挑选”App 或者组件的机制，这就为 App 和组件的“明码标价”奠定了基础。我们计划用几年时间，进一步开放平台建设环境，吸引更多的开发者加入，同时逐渐积累标准化的 App 和组件，对“自由开发者”推出“自我标价、自选使用”机制，并逐渐完善，最终形成“先开发、使用，后付费”的全新机制。

企业 IT 领域率先转型是企业数字化转型成功的重要基础，因为从技术上看，数字化转型就是平台化转型，打造企业自身的工业互联网平台，能够加速企业设备设施、业务流程、管控模式的数字化进程。同时，要深化人工智能、物联网、AR 等信息技术与业务的融合，提升全员数字化意识，为整个企业的数字化转型做好全方位准备。

2 赋能模式：设备赋能实现油田野外作业的数字化转型

2.1 油田野外作业场景概况

在荒凉的旷野上，一排排抽油机在不停地“磕头”（如图 4-2-1 所示），大家把这当作油田的标志。

图 4-2-1　抽油机工作场景

由于地质条件的原因，我国绝大多数油藏的开发、生产都是通过抽油机从地下抽油的方式完成的，很少通过自喷井完成。因此，维护好抽油机的运行，是确保产量的重要工作。

传统的工作模式是人工巡井模式。石油工人组成一个个小组，分工负责不同的井区，几个小时巡逻一遍。巡井的目的一是要确保生产安全，譬如检查生产装置是否正常运转，有没有设备损坏，有没有偷盗原油的情况发生等；二是要“抄表”，就像原来自来水公司上门抄水表一样，石油工人需要从装置上读取生产参数，包括产液量、温度、压力、电流等，以便计算原油产量、管控装置运行。由于井距较远，巡井人员需要骑车或者开车进行巡井，一旦遇到下雨、下雪等恶劣天气，很难保证按照固定路线或者固定时间间隔巡查，有时为了保证人员安全，在恶劣天气时巡井人员有可能不出工，就参照上一次的数值进行记录。在传统油区，巡井人员构成了油田人力成本的很大一部分。

某油田位于我国中部地区，人口密集，偷盗原油案件多发。由于油田建设较早，设备老旧，运行状态复杂，所以配置了大量的巡井力量。随着数字时代的到来，以及相关技术的使用门槛、应用成本降低，对原油设备开展数字赋能，推进生产业务的数字化转型条件逐渐成熟。

2.2　对生产设备赋能的业务愿景

油气生产管理有很多层级：从生产井、注水站、注汽站，到接转站、联合站，再到管理区、采油厂，直至油田管理总部。

通过采用传感设备、视频技术、物联网技术等，建立覆盖油气井、场站库等生产现场的丰富感知层（传感器），能够实时感知（检测）各类生产设施的运行情况，产生海量生产运行参数和状态参数的实时数据（大数据），以此对生产现场进行数字化赋能，直接替换传统人力巡检模式，这是采用数字技术推进组织转型的典型情形。

在现场赋能的基础上，通过信息化手段，构建统一的生产运行应用平台，实现自动采集、远程监控、报警预警功能，并利用各类生产数据进行业务分析，提升油气田生产决策的及时性和准确性，提高生产管理水平，降低运行成本和安全风险。

数字赋能驱动生产数字化转型的愿景，如图 4-2-2 所示。

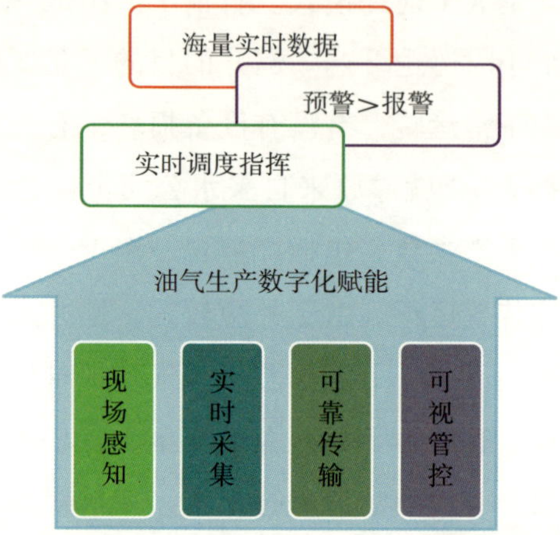

图 4-2-2　数字赋能驱动生产数字化转型的愿景

传统油气生产管理过程的六大变革（如图 4-2-3 所示），它能够大幅提升劳动生产率，降低劳动强度，消除人工巡井存在的各种安全隐患，把事后处置变为超前预警，借助数字化技术打造全新的油气生产新模式。

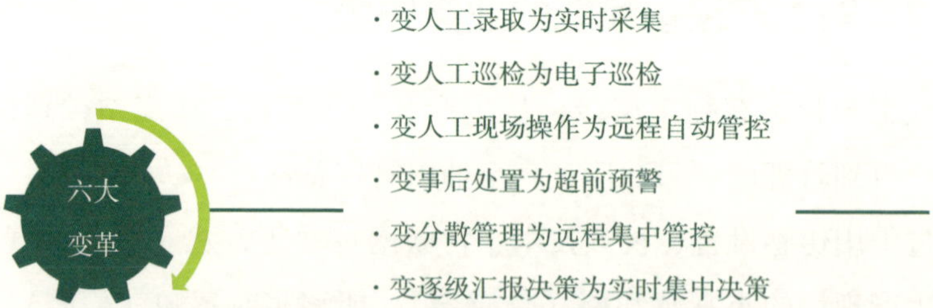

图 4-2-3　传统油气生产管理过程的六大变革

2.3　不同业务环节的赋能策略

在构建数字化赋能体系过程中，要针对生产链条的各个环节进行分析，根据生产装置的特点和业务目标，采用不同的数字技术。

（1）对抽油井/抽油井组，采用井场物联网套件

设备不同部位的赋能策略（如图 4-2-4 所示）。

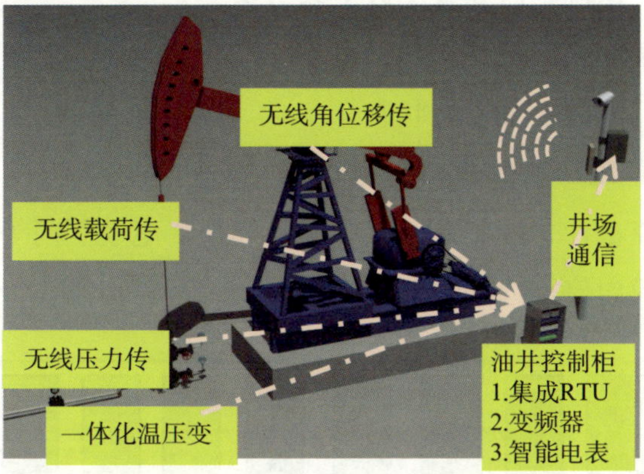

图 4-2-4　设备不同部位的赋能策略

井场需要采集的参数包括油井压力、温度、套管压力、载荷位移、角位移（上下死点）、冲程、冲次、抽油机电压、电流、电量和变频参数、井场视频。

根据以上业务需求，在井场安装油井控制柜（集成 RTU、变频器、智能电表等）和无线仪表等设备。无线仪表通过无线 ZigBee 信号和 RTU 进行通信，完成 RTU 对油井数据的采集。RTU 通过光纤或无线的方式将数据传输至生产指挥中心。通过采用上述一系列数字技术装备，能够实现以下功能：①自动计量，实时监测；②实时诊断，超前预警；③远程调参，电子巡检；④实现井场的无人值守。

（2）计量间、配水间

在计量间和配水间需要采集以下内容。

①计量间：计量阀组出油汇管压力、温度；配水间：单井配水压力、单井配水量。

②计量间、配水间设置 RTU 数据采集系统，计量间外输汇管安装温度、压力仪表；配水间安装流量自控仪、压力变送器等仪表。

③实现远程调节单井配水量；实现实时监测、远程调参，无人值守。

（3）注水站、注汽站

注水作业单元的数据采集（如图 4-2-5 所示）。

在注水站、注汽站需要采集以下参数：

①压力、温度、流量、液位、电参。

②锅炉运行参数、泵运行状态。

③站内设置 PLC/RTU 控制系统，根据站内工艺流程设置温度变送器、压力变送器、流量计、液位计、电参采集模块、电动阀门等设备。

④实现远程启停，远程调节，实时监测，远程控制。

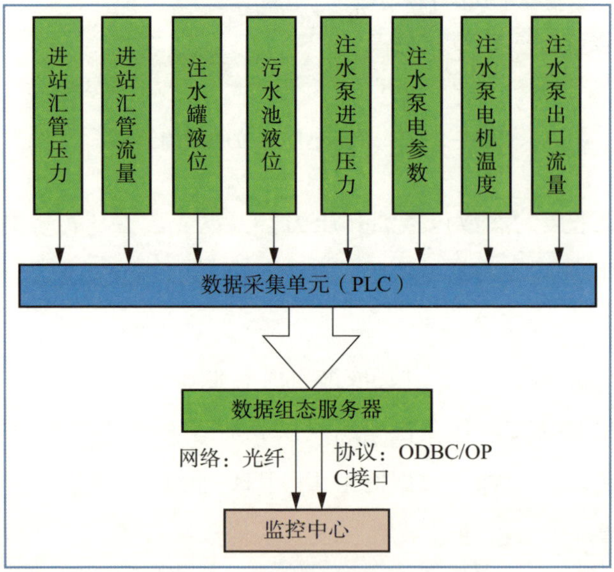

图 4-2-5　注水作业单元的数据采集

（4）接转站、联合站

接转站、联合站设置站控系统，站控系统完成站内各区域的过程控制参数的测量、采集，压力、温度系统的平衡调节，对站场的异常情况进行报警和连锁控制。站内自控数据通过工业以太网传输至生产指挥中心。

联合站数字技术赋能策略（如图 4-2-6 所示）。

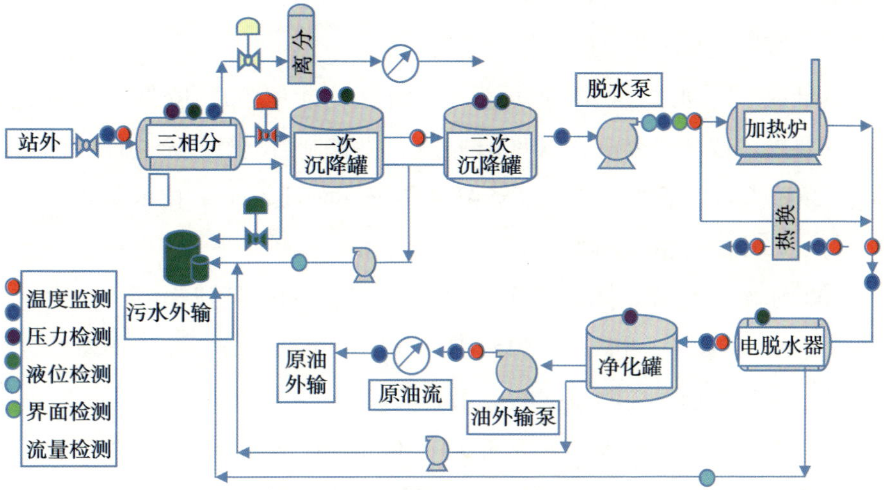

图 4-2-6 联合站数字技术赋能策略

2.4 赋能生产现场的核心数字化技术

（1）ZigBee 技术

ZigBee 技术是一种提供控制或传感器等电子元器件之间无线连接的通信技术。其主要特点是成本低、传输距离短、数据传输速率低及省电。ZigBee 这个名字来源于蜜蜂通过跳 ZigZag 舞蹈传递哪里能找到食物之类的信息。

一般而言，随着通信距离的增大，设备的复杂度、功耗以及系统成本都在增加。相对于现有的各种无线通信技术，ZigBee 技术是低功耗、低成本的技术。ZigBee 技术构建在 IEEE802.15.4 标准上，但 IEEE802.15.4 标准仅定义了物理层（PHY）和媒体访问控制层（MAC）的规范，这远远不能满足商业应用的要求，因此 ZigBee 技术联盟在 IEEE802.15.4 标准上制定了网络层和应用层规范。

除了 ZigBee 技术外，无线传输协议还包括 BlueTooth、WiFi 等。和这些标准相比，ZigBee 技术更能满足电子元器件之间无线连接的需求。ZigBee 技术具有以下特点。

①低功耗：在低耗电待机模式下，两节 5 号干电池可以支持 1 个节点

工作6~24个月，甚至更长。这是Zigbee技术的突出优势。相比之下，蓝牙能工作数周、Wi-Fi可以工作数小时。

②低成本：通过大幅简化协议（不到蓝牙的1/10），降低了对通信控制器的要求，按预测分析，以8051的8位微控制器测算，全功能的主节点需要32KB代码，子功能节点少至4KB代码，而且ZigBee技术免协议专利费，每块芯片的价格大约为2美元。

③低速率：ZigBee技术工作在20~250kbps的较低速率时，分别提供250kbps（2.4GHz）、40kbps（915MHz）和20kbps（868MHz）的原始数据吞吐率，满足低速率传输数据的应用需求。

④近距离：传输范围一般介于10~100m，在增加RF发射功率后，传输范围亦可增加到1~3km，指的是相邻节点间的距离。如果通过路由和节点间通信的接力，传输距离可以更远。

⑤短时延：Zigbee技术的响应速度较快，一般从睡眠转入工作状态只需15ms，节点连接进入网络只需30ms，进一步节省了电能。相比之下，蓝牙需要3~10s、Wi-Fi需要3s。

⑥高容量：ZigBee技术可采用星状、树状和网状网络结构，由一个主节点管理若干子节点，一个主节点最多可以管理254个子节点；同时，主节点还可以由上一层网络节点管理，最多可以组成65000个节点的大网。

⑦高安全：ZigBee技术提供了三级安全模式，包括无安全设定、使用接入控制清单（ACL）防止非法获取数据以及采用高级加密标准（AES 128）的对称密码，以灵活确定其安全属性。

⑧免执照频段：采用直接序列扩频在工业科学医疗（ISM）频段，2.4GHz（全球）、915MHz（美国）和868MHz（欧洲）。

（2）智能视频监控技术

①实现功能：利用前端高速智能球机和后端智能分析服务器，实时监控分析图像，视频设备与SCADA系统互联互通，无缝接入，视频报警与灯光、语音喊话联动。系统自学习建立油田场景模型，对监控目标行为进行判别分析报警。

②应用效果：对生产现场实时监控，发现异常自动报警并跟踪记录，

避免漏报，提高视频监控系统应用效率，有效降低监控人员的劳动强度。

根据远程管理和综合治理需求在井场、站场或重点区域、交通路口安装远程视频监控设备，实现实时图像监控、闯入报警等警示。视频监控布点时应优先考虑重点生产井、重点路口、重点偷盗区域、重点生产区域等地点，再结合生产需要逐步加密监控布点。

③联合站：主要出入口、重要工艺设施、站场四周等设置视频前端。

④计量站等小型站场：考虑无人值守，原则上设 1 套视频前端。

⑤油井井场：根据油井布局，原则上 1 个井场设置 1 套视频前端；对于井距较小（100 米及以下）的，2~3 个井场设置 1 套视频前端。在进出油区的主要道路上，应安装道路卡口系统，对出入油区的人员、车辆进行抓拍和监控。

⑥井场设置：视频监控、图像分析报警、广播预警等，采用巡检制，实现实时监控和远程管控。在每个井场设 1 套一体化球形摄像机，立杆安装，并配套照明灯对油井进行昼夜监视。选用红外高清网络型摄像机，接入井场工业级光电转换器或无线设备，通过光缆或无线基站接入就近站场工业以太网交换机，通过网络传输系统传输至生产指挥中心。

场站本地能够实现全部监控功能，包括监视、录像和控制，以便及时处理突发事件，实现 24 小时不间断录像。设置原则：室外全覆盖，室内重点部位覆盖，设置一体化防爆摄像机和一体化球形摄像机。

野外工程（作业、钻井）施工中的可视化可以采用移动式视频监控终端，通过无线网络接入油田网，然后在生产指挥中心集中监控。在偏远区域无网络覆盖的重点施工现场，可以采用移动指挥车通过卫星方式建立监控网络。

在管理区生产指挥中心建设完整的监控管理平台，具备画面预览、远程管控、状态监测、录像回看、权限管理等功能。采用视频综合平台作为多业务汇聚交换设备，能够对多种视频信号进行接入、交换、输出，同时可以为其他系统提供数据透明传输通道。配备大容量存储设备，满足清晰度 720P、25 帧高清格式、存储 30 天的需求。

（3）井场 RTU

RTU 是 SCADA 系统对井场及小型无人站场实施测控的核心单元，实现生产工艺数据的实时采集、存储、报警及控制的智能远程终端。RTU 将测得的状态或信号转换成可在网络传输的数据格式。同时，负责将上位机发送来的数据转换成命令，实现对设备的功能控制。RTU 工作原理，如图 4-2-7 所示。

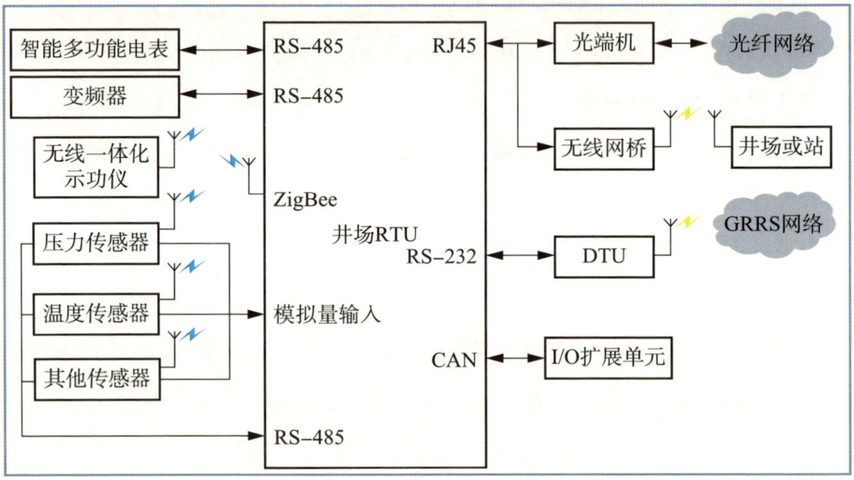

图 4-2-7　RTU 工作原理

①RTU 前端采集。

井口传感器通过 ZigBee 技术，以特定的通信协议接入 RTU，一般在此类仪表的无线模块处理程序中全部固化通信接口程序，同时 RTU 采用相应的机制实现两端准确通信，确保数据正常采集。考虑到无线类传感器的电池性能，对于井口参数的采集频率也做了相应规定，压力、温度类数据为分钟级采集，载荷数据为小时级（可为 0.5 小时）采集。在非采集期间，无线类仪表进入休眠节电状态，但出现参数异常报警时，会主动激活向 RTU 实时报警的信息。

②RTU 远传通信方式。

油井 RTU 通信协议选择主要考虑实时主动报警、历史数据回补等关键技术的实现，传统 ModebusRTU 协议无法满足要求，而 IEC104 规约具备主动上传和大块数据体传输能力，在实际规划中，对其进行了适当的定制化扩充，将遥信、遥测、遥调、遥控各类参数统一选址规划，并增加断线后历史数据回补功能，对油田不同生产类型油井的采集监控实现通信协议的标准化。

（4）生产现场传输网络建设

油气生产现场一般地处偏远，需要单独组网，常采用有线和无线相结合的方式建设网络，以满足现场数据采集控制及视频监控的传输要求。结合油区生产环境现状，可以选择自有网络、公网链路两种方式。同时，要考虑工业生产控制的安全性，以杜绝非法入侵操控。生产现场传输网络建设分为以下几种情况，如图 4-2-8 所示。

①对于老区井场、站场，因为其分布较为分散，宜采用无线组网方式，将无线基站作为信息汇聚点。新建产能区块的网络应采用与新建输油管线同沟，或与新建电力线路同杆的方式敷设光缆。

②对于偏远零星井场或拉油点，可依托运营商公网链路进行建设，但应削弱或取消对远程控制和视频监控的要求。

③对于管理区、联合站等网络汇聚点，宜采用光缆互联，为了保证主干网络的可靠稳定，应考虑建立备份链路，以备不时之需。

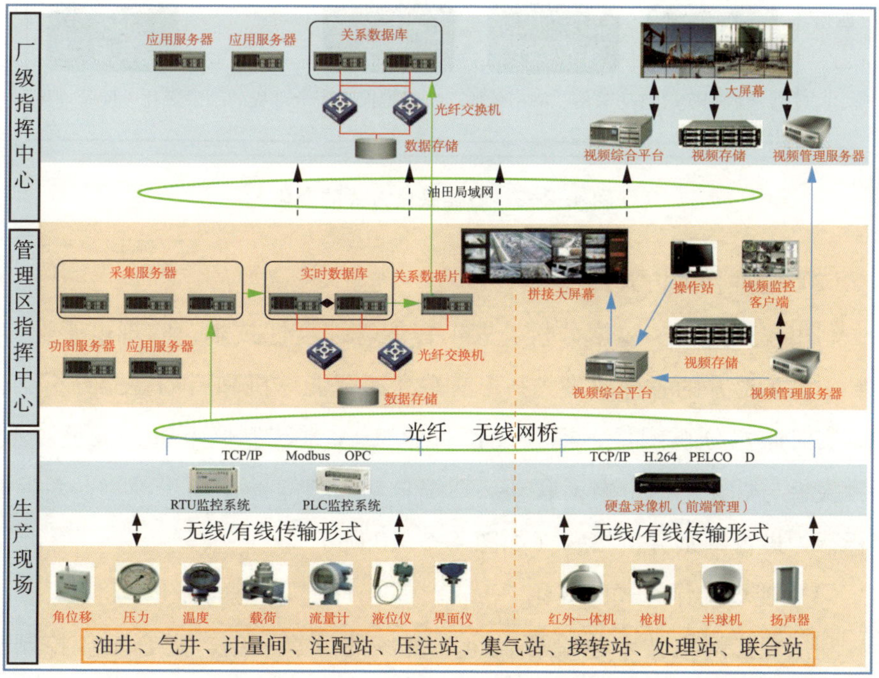

图 4-2-8　生产现场组网方式

2.5 数字化赋能实现了油气生产的转型升级

（1）数据采集方式的变化

数据采集方式由人工录入变成系统实时采集。利用 RTU/PLC 对油气集输系统、注水（气、汽）系统重要工艺节点的温度、压力、流量等数据进行实时采集；对各类生产储罐液位进行自动采集；对各类井、泵、电机、压缩机等油气生产设备分类实施参数自动采集（如图 4-2-9 所示）。数据采集方式的转变提高了数据采集的准确性和及时性，为快速决策、快速响应奠定了基础。

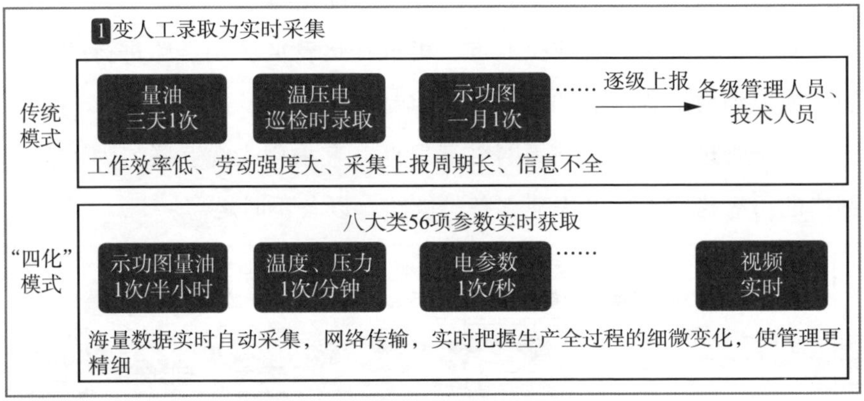

图 4-2-9 数据采集方式的变化

（2）巡井作业方式的变化

利用视频监控、数据分析、人工智能等综合性技术，实现电子巡井，弥补了人工巡井的各种缺陷。利用前端高速智能球机和后端智能分析服务器，实时监控分析图像，视频设备与 SCADA 系统互联互通，无缝接入，视频报警与灯光、语音喊话联动。系统自学习建立油田场景模型，对监控目标行为进行判别分析报警（如图 4-2-10 所示）。

（3）现场操作方式的变化

利用现代网络技术建设覆盖生产现场的可靠网络，配合工业控制技术，实现生产现场的远程自动操控（如图 4-2-11 所示）。

图 4-2-10　巡检作业方式的变化

利用多种组网方式，根据油区现场环境选择成熟的网络技术，包括光缆、网桥、4G 等，对已有网络结构汇聚点进行整合，网络覆盖生产现场并满足传输生产数据、视频监控、语音、控制信号等需求。

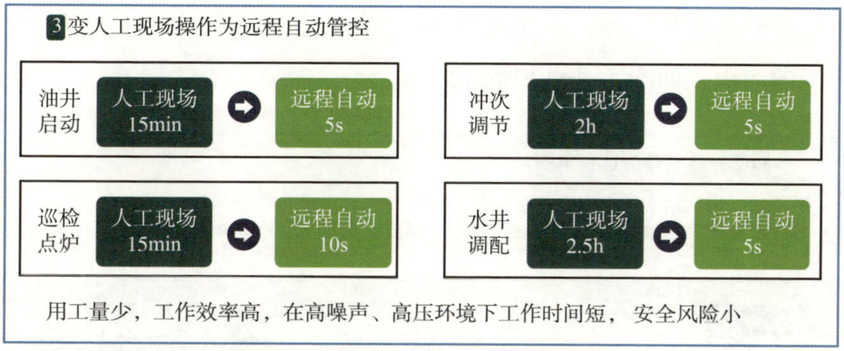

图 4-2-11　现场操作方式的变化

（4）实现生产问题的超前预警

利用大数据、人工智能等最新技术，实现生产问题的超前预警。后端核心服务器与多个数据采集服务器进行通信，负责整个应用系统的实时数据处理、历史数据存储、统计数据处理、数据服务请求、事件触发器管理、调度管理、资源管理、系统配置等，对采集到的地面功图数据、井口温度、油压、套压数据进行处理和计算，形成泵功图、杆柱应力、泵效组成等数据内容。

依赖这些及时、完备的数据，构建生产问题处置案例库，再利用大数据建模、机器学习等技术，实现生产一线问题的超前预警（如图 4-2-12 所示）。

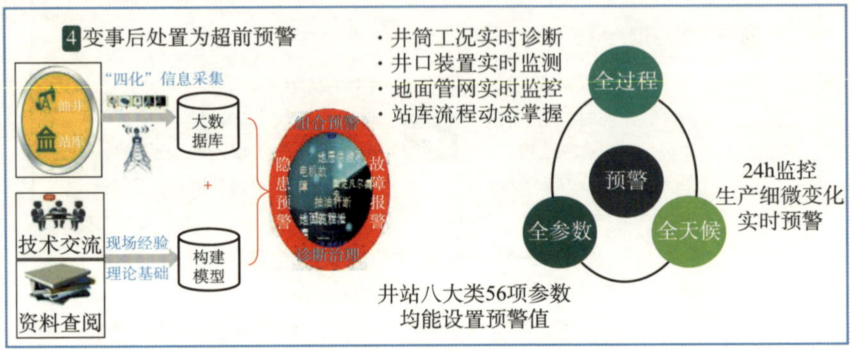

图 4-2-12　采用最新技术实现超前预警

（5）综合利用新技术

综合利用视频监控、参数趋势分析、故障报警等技术，实现集中管控模式等的应用，如图 4-2-13 所示。

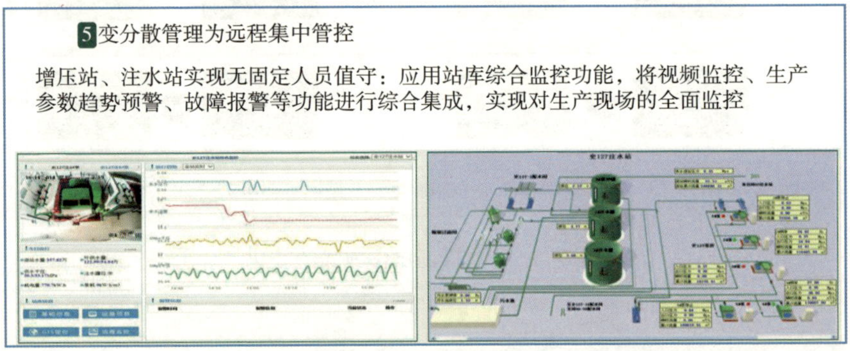

图 4-2-13　数字技术支撑下的集中管控模式

（6）压减管理层级，提升企业运行效率

综合移动通信、视频监控、大数据分析等数字化技术，大幅缩减管理层级，实现决策指令直达现场（如图 4-2-14 所示）。

通过建设大屏幕、值班作息、工作站、工业显示器等组成生产监控硬件平台，对生产动态、视频图像等进行实时展示，满足生产指挥调度需求。利用“网络+视频+数据”，实现生产一线和决策层的联系“零距离”，使指令和问题处置不再需要层层上报，提升模块化、集成化、数字化、智能化水平，压减管理层级，减少人员冗余，提高企业运行效率。

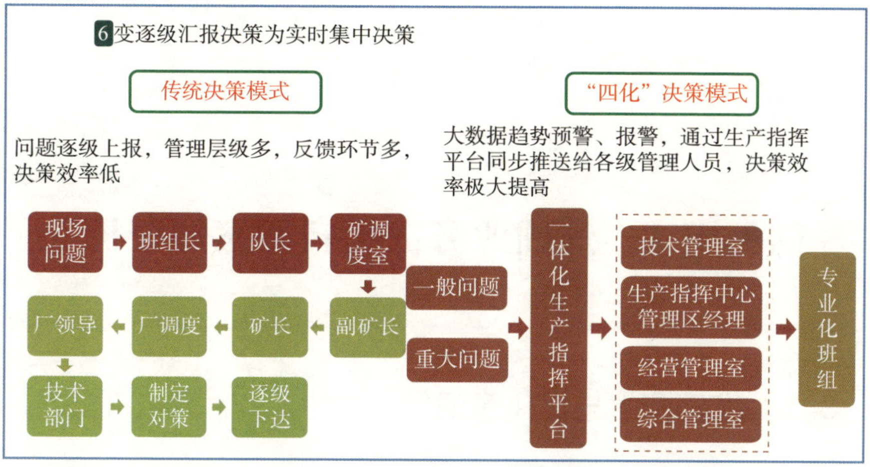

图 4-2-14　基于数据分析的决策新模式

通过对生产现场装置的数字化赋能，能够组建起具有本企业特色的注、采、输一体化管理的新型采油管理区，构建"三室一中心"（技术信息室、经营管理室、综合管理室、生产运行中心）的简约高效的组织机构，形成"电子巡井、中心值守、人机联动、快速响应"的组织形式，实现实时巡查、实时监控，及时掌握生产状况，使安全监管更加到位，管理效率和运行效率显著提高，劳动生产率大幅提高，管理区用工人数由10589人减少到4799人，减少了54.7%，人均油气当量由158吨/人上升至359吨/人，人均管理井数由0.85口/人增加到1.8口/人，生产时率由97.2%上升至99.5%。数字化转型为老油田可持续发展注入了新动力。

3 优化模式：炼油业务优化转型案例分析

3.1　优化技术与优化意识

优化数字化转型模式能够凸显数据价值，即要根据数据进行优化，而不是根据传统经验进行优化；要利用模型、算法等数字技术手段，最大限度地挖掘数据价值，从而实现企业的价值增值。传统企业在早期的流程设计、业务布局等方面缺少数据支持，所以越是传统企业，开展优化转型的价值越大。

譬如，对于一个正在发展壮大的传统企业而言，在其发展初期，企业规模和业务范围都有限时，仓储和配送体系的打造遵循就近原则即可；但是，当企业规模和业务范围都扩大时，原来根据局部需求的增加一步步建立起来的仓储和配送系统，就要进行全面的优化转型。

顺丰、菜鸟等新兴的物流公司都是优化转型的典范。它们是天生的数字企业，企业运行都在一个统一的平台上完成，基于数据的算法是控制运行节奏的“大脑”。譬如，京东物流从仓储布局开始就精心设计，按照消费大数据的计算就近配货，接到订单后就近派车、就近取货，从而实现货物快速送达。平台还能够根据用户消费习惯的变化、消费群体的迁移，实时调整配货策略，保证配送策略的最优化和最高效。

这里还存在一个转型认识的问题：以往那些不被大众关注的地方，在数字化的今天都要用数字的尺度重新衡量。譬如，交通主干道上的出口设置，两个出口之间的距离是否需要认真计算一番？北京几条环路上的进出口，绝大多数都是常见的堵点，这与设计不科学有没有关系？有专家讲过，德国人设计公路时要用计算机反复模拟在不同流量、流速情况下的交通通畅情况，据此设计进出口，正因为如此，德国的公路很少见到“逢口必堵”的状况。所以，企业一定要有数字化“优化”意识，于不疑处找疑点。

笔者曾应邀参加某大型医院的新大楼信息化设计评审，评审中发现大楼已经开始施工，但各科室如何分区却还没有确定。当被问及此问题时，主管的回答竟然是在哪里都一样！医院是公共人流密集的地方，人流交叉又会制造额外的拥挤。笔者访问过一些国外知名的大型医院，都是在设计阶段就做了精确测算，根据人流的多少、行走的路径进行计算，在保证效率最优的情况下进行功能分区，还要考虑避免传染等医疗安全问题，在此基础上开展大楼的设计和建设。

企业的管理层如何组织、设置几个部门、划分几个层级，也是可以用算法优化的。企业管理过程无非就是信息流动过程，信息流的内容可能是指令、通知、投资、费用等各类管理信息。要想让一个企业能够高效管理，只要让信息流的路径最短，指令最快到达就可以了。这是一个典型的优化问题。

所有的高效、便利都和建模及优化分不开，基于数据的优化计算必不可少。在认识上和行动上实现了基于数字的优化，转型必定会有非常亮眼的成效。

优化不等于转型，就像数字化不等于数字化转型一样。数字化转型=数字化技术应用+业务模式转型。优化做得再好，没有企业运行模式、组织模式的变革，就只能算数字化技术应用，算不上基于优化的转型。我们遇到过很多这样的案例。

如前所述，优化必须要建模，这是一项对数字技术和业务技术都有很高要求的工作。一般在建设优化项目时，会集中人力、物力，合力公关，使项目能够获得非常好的经济效益。但是项目结束后，团队解散，人员各奔东西，项目的优势和效益消失殆尽。随着生产运行的逐步推进，生产条件也要随之提升，势必会导致原来的模型不能够适应项目建设，优化效果越来越差，这时就需要对优化模型进行调整或者重建，这个时候问题就来了：人才在哪里？所以，众多案例告诉我们，没有生产运行模式、生产组织模式的变革，优化成效就不可能持续，数字化转型就永远实现不了。

3.2 炼油业务优化转型案例：炼油常减压装置实时优化系统

炼油化工企业作为典型的流程性行业，连续生产的特性非常突出。但是，从企业组织上不可能实现连续组织，大型企业的生产组织总是要在纵向上分层级、横向上分条块。比如，在纵向上，从集团总部的事业部到分公司、子公司，再到厂、车间、装置，一层层传递；在横向上，同一分公司、子公司内部不同的业务单元，如原材料、生产、能源、装置、安全、环保等相互协同。组织上的分割与业务上的连续之间的矛盾，是流程性行业巨大的价值空隙。

利用数字技术把分割的组织串联起来，让不同的“手”听从同一个“大脑”的指挥，协同一致、优化运行，能够产生巨大的价值增值，也会带动传统的组织方式发生变革。

炼油企业常见燃料油工艺流程如图 4-3-1 所示，常减压装置是其中的关键装置之一。

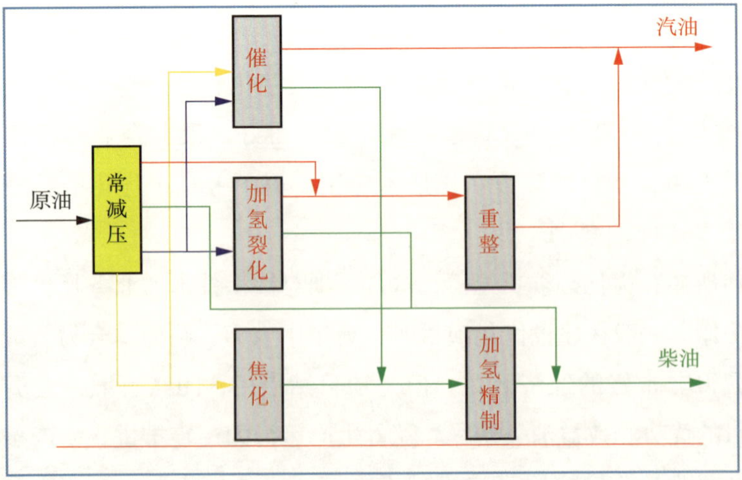

图 4-3-1　炼油企业常见燃料油工艺流程

本案例中涉及的优化具体覆盖范围包括一进料（原油进料）、两炉（常压炉和减压炉）、三塔（初馏塔、常压塔和减压塔）和三换（脱盐前换热网络、脱盐后换热网络和初底油换热网络）等装置。经过对实时优化（Real Time Optimization，RTO）系统的开发，使得装置能够针对外界环境变化，在线优化装置，在满足计划和调度要求的基础上，实现装置的经济效益最大化，并降低常减压装置能耗；实现从取数到优化计算，再到先进控制系统按照优化结果对装置进行控制的全自动闭环操作；提高装置自动化控制与决策水平，降低操作负担。

炼油业务优化转型分为以下步骤。

第一步：开展建模优化必需的数据治理。结合在线核磁分析仪的快评数据，建立适用于本装置的原油分子数据库，分子数据库能够根据每种原油的实沸点曲线等关键数据把原油按馏程划分，并综合分析数据确定详细的原油分子组成数据。为了使原油分子数据库能够更精准地提供原油分子数据，需要根据企业积累的数据对分子数据进行离线校正，校正完毕可以形成原油分子数据库与评价数据库一一对应的完整数据库（如图 4-3-2 所示）。

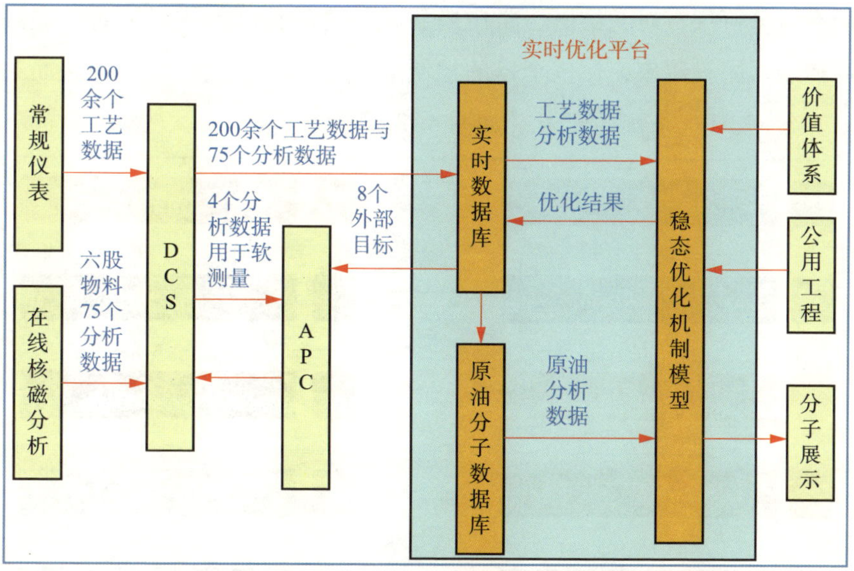

图 4-3-2　实时优化的数据需求

第二步：建立常减压装置的全流程模型。基于流程模拟软件和分子表征的物料组分数据建模，并根据历史数据对全流程模型进行离线验证，提高原有机制模型的模拟精度。建模过程要考虑分子数据库，需建立模型物料组成与分子数据库分子组成的对应关系。

对常压塔的精馏模拟，可以直接按照每个分子的实沸点数据进行计算；对于减压精馏装置的沸点，则需要根据真空度对实沸点进行转换，换算为常压下的沸点，以保持与上述沸点计算公式的一致。每个减压装置的真空度会存在差别，需要在模型中通过可调参数来贴合装置的实际情况。经过反复比较、修改，最终确认机制模型以及模型的数据整定和优化策略。

模型新建 107 个关键位号，在线状态下，通过这些位号可以将装置运行的实时数据传输到计算方程中，最终的分子级机制模型包含 1 个顶层装置级模型、8 个中间层子模型、1 个价值体系模块、1 个公用工程模块、1 个经济效益计算模块和 1 个产品收率计算模块，共包含 66283 个变量以及 58229 个方程。

第三步：对原有先进控制系统进行升级改造。为更好地发挥 RTO 系统的效果，需要对现有先进控制（APC）系统进行性能提升，主要是基于新增的在线分析仪，对初馏塔、常压塔、减压塔的控制器进行完善，提高三个塔控制器的投用率，使三个塔的控制器能够发挥更大的作用，从而达到 RTO 系统对 APC 系统的要求（如图 4-3-3 所示）。

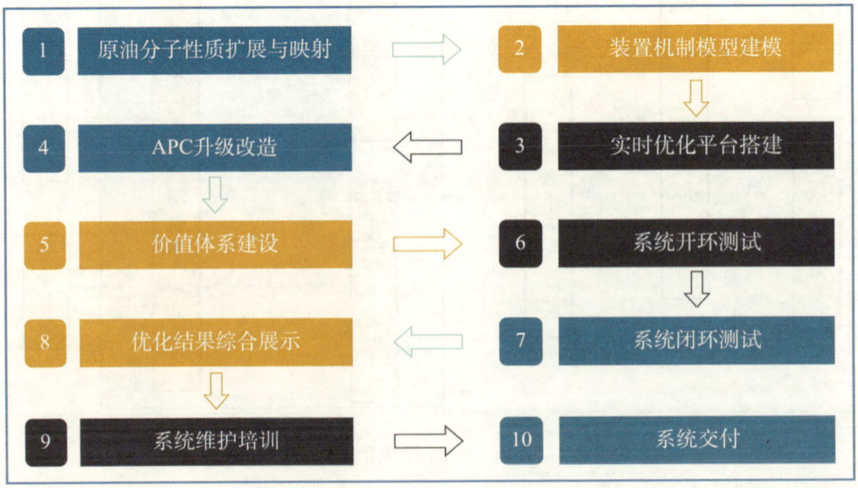

图 4-3-3　实时优化流程

分子级机制模型是整个优化系统的核心部分，模型开发的重点在于原油物性与分子炼油的结合、基础模型的开发、数据整定模型开发以及全局优化模型开发等。

常减压装置设备、仪表均较多，塔模型较复杂，这就需要将数量较多的变量放入同一计算矩阵中，以便能够相互影响，全局优化。每个子流程均建立了测量模块，通过测量模块可以将仪表的现场值与模型变量进行连接。

模型采用联立方程法（EO）求解，每个变量通过矩阵方程相互影响。当模型获得外部仪表值和原油性质后，需要进行数据整定。数据整定的目的是使模型与现场装置相匹配，尽可能减小两者的偏差。每个子流程或总流程均可以建立整定目标函数，模型采用最小二乘的方式将总偏差值降至最低，此时的模型即最贴合装置的状态。

在机制模型搭建过程中需要不断地进行模型标定，以使模型能够满足现场工况以及结果数据的精度需要。结合常减压装置分子机制模型，寻找模型的优化点，即通过改变操作条件来控制模型优化。选取塔顶回流量、侧线抽出量、中段循环抽出量、塔顶温度、塔底汽提蒸汽量、加热炉出口温度等作为优化变量，通过控制这些参数，影响塔内的气液相分布，做到与现场实际调整方式一致，保证优化策略的合理性。

实时优化需明确优化目标——通过在操作上下限的可行域内调节模型参数提高装置效益，并计算模型的经济效益。原油消耗量、产品产量、公用工程消耗量以及能耗构成了优化目标函数，每种变量均有各自的价格。模型采用计算 $Profit=\sum Producti-\sum Feedi-\sum Utilityi$ 最大的方法在可行域内寻找优化变量的最优值。当上述公式结果最大时，即得到模型的最优状态。

按照日常生产方案，常一线作加氢料生产柴油，在价值体系中，其价格与常二、常三基本一致。此时，模型优化计算的依据是在保证产品质量合格（常一线终馏点、闪点，常三线95%点）的大前提下，保证操作参数（如抽出温度）合格，再结合原油性质调整侧线产品的流量/收率及产品分布情况。按照一定的投用率与执行效果，结合全年实际生产时间进行估算，按照优化方案，将优化前后的经济效益进行对比，如图 4-3-4 所示，可供生产人员参考。

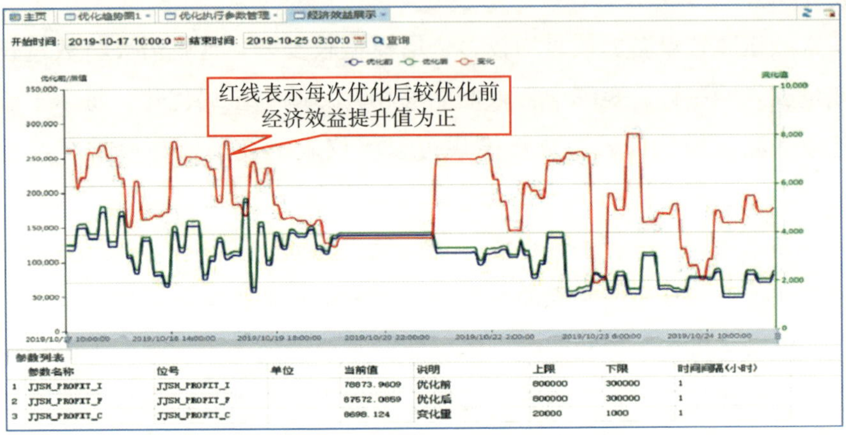

图 4-3-4　实时优化产生的实时效益

3.3　从项目优化到企业转型的跨越

优化系统整体上线运行后，需要根据运行情况对机制模型、APC 控制器等功能模块做进一步完善。经优化效益标定，该常减压装置实时优化系统每年可为装置增加效益 1608 万元。这是一个很好的信息化项目，通过基于模型的优化，取得了非常好的经济效益。

该项目团队成员包括企业内不同业务部门的业务专家、信息化专家，以及来自高校和科研院所的专家；技术复合型人才满足了建模优化的技术条件要求，特别是建模和模型校核过程必须有多学科、多岗位人员的参与。

随着项目的完成交付，系统进入运行维护期（如图 4-3-5 所示）。原材料、生产环境以及预期目标等的变化都会对优化效果产生影响，所以必须对模型进行持续优化。

因为在项目建设期需要采用复杂的数字化技术，这在一定程度上助推了跨岗位复合型人才组织的形成，是项目成功的重要保障。要想保持“成功”，就要把这个新型的组织模式固定下来，使其成为数字技术推动的组

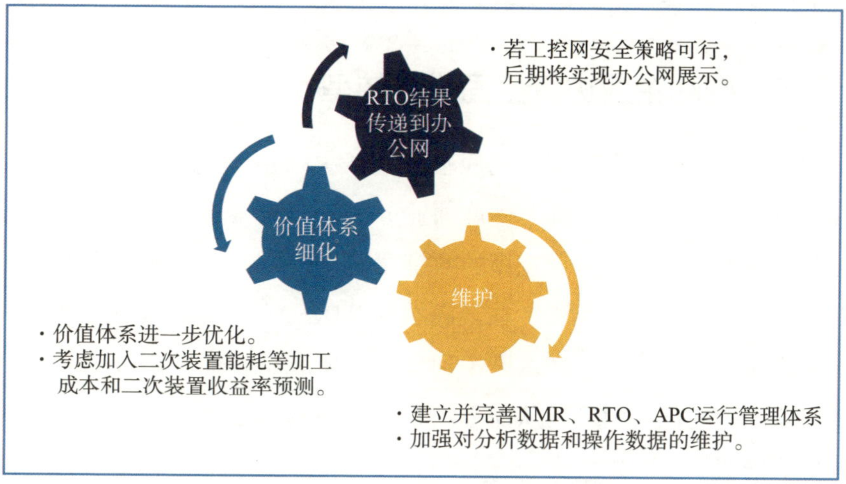

图 4-3-5　生产优化保障体系

织重建。同时，新的业务流程也要固定下来，成为新的规范化流程。

数字化转型不是一项技术！数字化转型 = 数字技术应用 + 业务模式转型。如果只具备了“数字化”，却丢失了最重要的“转型”二字，就只能称为数字化项目。当下，我们在各种会议和报道上听到、看到的所谓的数字化转型案例，大都缺少“转型”二字，都只是一些数字化项目或者信息化项目。

“行百里者半九十”，很多项目之所以失败，就是因为业务模式的变革没有落地。这里的业务模式包括业务流程、组织模式、盈利模式等。

就像上述优化项目中，在项目建设阶段，聚集了来自高校和科研院所的专家，他们组成了实力强大的团队，确保项目建设的顺利完成和项目成效的快速显现。但是，在项目建设完成后，项目团队就会解散，这时如果发生原材料性质变化、工艺流程变化等问题，就需要对模型进行优化调整，无奈此时已经无法获得专家支持，系统优化无法开展，优化成效很快就会消失。这就是转型没有进行到底的恶果，充分说明了数字化转型后半段的难度，同时体现了数字化转型后半段的巨大价值。

数字化转型只是借助数字化技术的手段，达成对业务的变革，进而驱动流程变革和组织的变革。通过组织变革，将技术应用上升到组织行为，使数字化转型能够在更大范围内开展，产生巨大的、可持续的经济效益。

3.4 推动企业进行全面优化转型

在炼油业务中，贯穿顶端到底端的一条主线是计划—调度—操作—控制（如图 4-3-6 所示）。就上述炼油业务优化转型案例而言，还可以推动炼油业务向更深层次、更大规模的数字化转型迈进，以上案例中涉及的优化只是局限于某一业务流程，在最底端的 RTO-APC-DCS 装置范围内实现了建模优化。从全面的生产调度，到集团内所有企业的生产计划，可以构建更大范围内的优化闭环，从而带动整个集团的数字化转型，进而获得更大的价值增值。

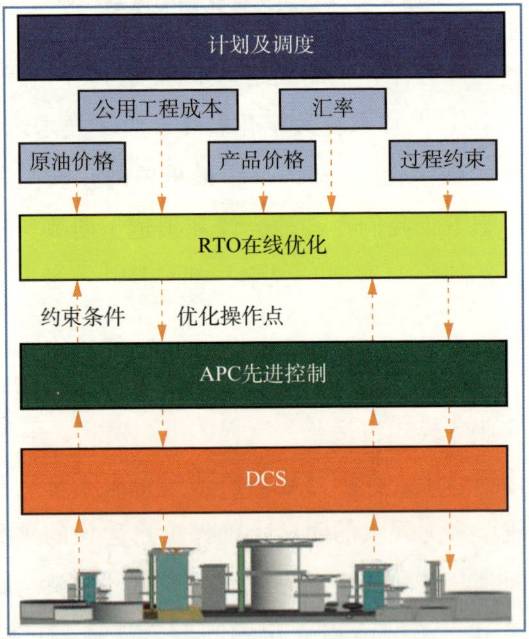

图 4-3-6 RTO-APC-DCS 装置层优化

集团级的生产计划以年度/月度为周期，下发到下属各个企业后，各企业将根据自身业务特点进一步细化到月计划或者周计划，之后再下发到各厂的调度部门，调度部门会据此安排每天的工作任务（如图 4-3-7 所示）。

集团应该考量从原材料（原油）采购、运输、调拨，到各企业装置运

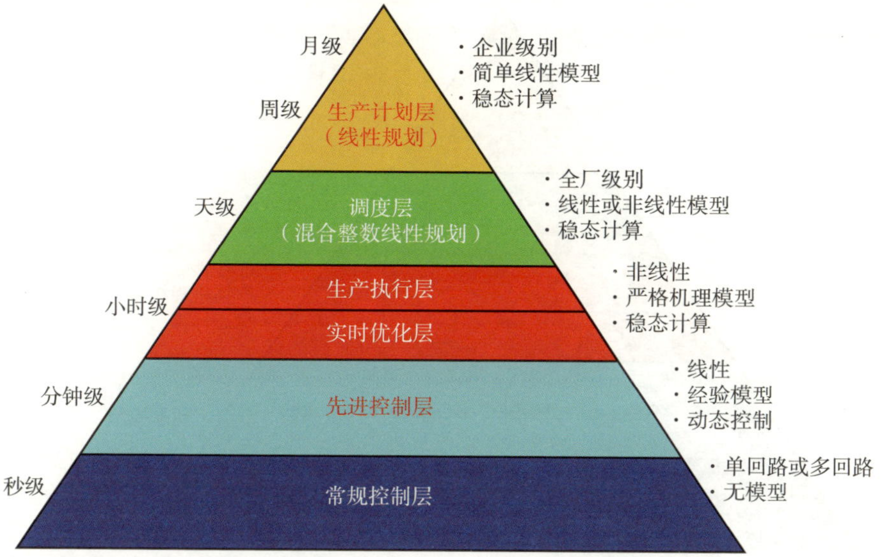

图 4-3-7　炼厂管控层级分割与业务流程

行，再到热、电、水供给等情况，结合各企业所在区域市场波动情况，建立比较复杂的计划优化模型，让计划的制订更加合理。目前，国内大多数企业都是引进软件进行计划优化，引进的软件使用起来非常复杂，需要专门团队操作。

如果一个集团拥有多个下属炼油厂，那么通过基于数字模型的优化来制订年度计划和月度计划，在降低物流和运行成本、提高生产效率等方面产生的价值是巨大的。但这只是优化的第一步，做好计划、下达任务之后，关键还要看企业如何执行。企业从接到任务到产出产品，还要经过一个复杂的生产组织过程。

传统炼化企业组织都是分层管控的，每一层级内部都有优化空间，如总部层的计划需要优化、企业层的调度也需要优化。跨层级的闭环优化能带来更大的价值增值。从整个集团来看，至少可以构建四个跨组织层级的闭环优化体系（如图 4-3-8 所示）。

从实际情况来看，每一层级的优化都停留在“数字化”层面，如果作为一个项目进行交付，这是比较容易实现且能够快速见效的，但不可持

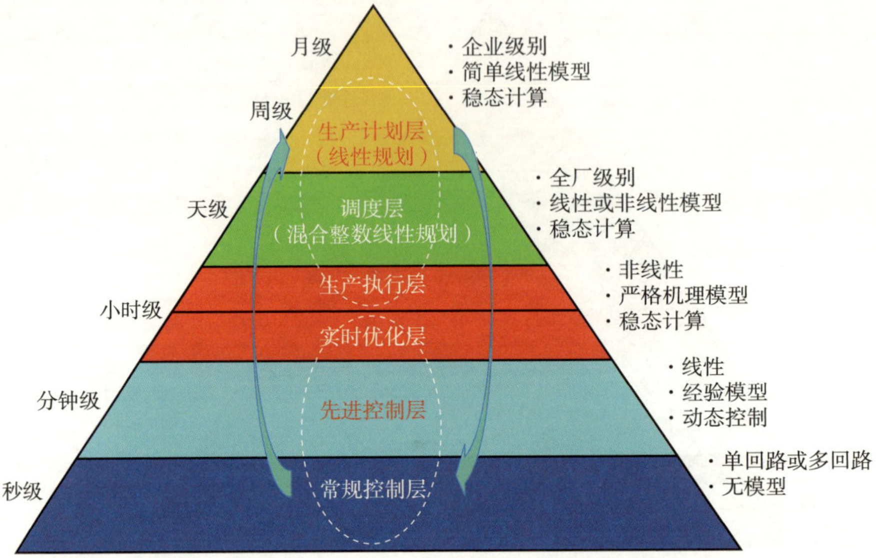

图 4-3-8　企业内部跨组织层级的闭环优化体系

续；只有将项目推进到“数字化转型”层面，通过数字化进程推动业务模式和组织模式的变革，才能实现企业乃至整个产业链的数字化生态（如图 4-3-9 所示）。

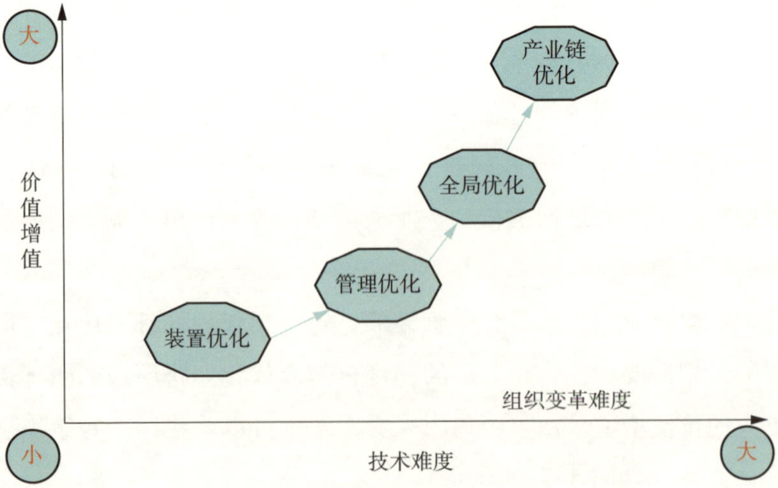

图 4-3-9　数字化转型难度与价值成正比

数字时代的竞争是产业链和价值链的竞争，但本质上是生态的竞争。要想在新时代保持优势，就要走出企业，面向用户和整个产业链。

从对单个装置的优化扩展到对整个产业链的优化，其技术难度固然有很大提高，但更难的是组织变革。如前所述，只有技术进步是不够的，一定要同步推进组织的适应性变革，这样才能彻底实现数字化转型。

4 转型模式：企业特定业务转型案例分析

本章讨论的转型模式是围绕企业特定业务展开的，更多的是关注企业的优势业务，目标是借助数字化平台的整合能力、服务能力、放大能力，把企业的优势业务放大，服务更多客户；或者是把一个领域的优势业务传递到另一个新的领域，开创新的蓝海；抑或是对优势业务的运营模式进行优化升级，获得新的价值。常见的服务化转型、平台化转型都属此类。

4.1 从产品模式转向服务模式

服务化转型是在数字技术支撑下，企业将原来通过销售产品谋利的商业模式转换为通过提供服务收取服务费的商业模式。

如国内某挖掘机制造企业，之前一直是生产和销售挖掘机，在国内有很高的市场占有率。随着市场的变化，企业发现有一类用户确实需要挖掘机，但只是偶尔使用，不会长时间使用，因此，这类用户明显不是购买挖掘机的用户，只是确确实实使用挖掘机的用户。与此同时，市场上出现了出租挖掘机的生意。于是，这家企业搭建了“挖掘机出租服务”工业互联网平台，并在挖掘机上安装定位、传感、计量、自我诊断等数字化装备，让挖掘机能够随时在线，企业能够通过平台自动感知挖掘机的“健康”状况和使用状态，同时在线组建了挖掘机服务团队。有了这样的服务，用户无须购买挖掘机，只要在线申请，就可以就近提货使用，或者享受上门服务，而且计时收费，没有过重的成本负担。

这种新的运营模式以数字技术为驱动，通过构建新的组织，形成了全新的企业盈利模式，实现了企业的数字化转型。

类似的案例还有很多。在云计算大行其道的今天，很多软件公司都从原来销售软件产品，转变为提供 SaaS 服务，如微软公司就从销售 Microsoft Office 单机版、网络版，转变为直接提供网上服务 Office365，只需注册缴费就可以使用；著名的客户关系管理软件供应商 Salesforce，通过平台化经营，提供全方位的 SaaS 服务，如图 4-4-1 所示，成为业界经典的成功案例。

图 4-4-1　Salesforce 客户服务平台

4.2　业务延伸转型模式

业务延伸转型模式是指在数字技术支撑下，企业拓展业务范围或业务领域，从而为企业带来价值增值的一种转型方式。

笔者在南美洲的厄瓜多尔共和国调研时访问了该国最大的油田，该油田位于森林沼泽区域，环境敏感，油气生产已经处于油田生命的中后期，产量持续走低。加之环保政策的限制，抬高了油气勘探和生产成本，油田经营入不敷出，油田技术服务公司纷纷撤离。在这种情况下，全球最大的油气技术服务公司斯伦贝谢（Schlumberger）公司，通过谈判全面接手了该油田的运营业务。

斯伦贝谢公司成立于1927年，现有员工130000多名，是一家全球化的技术服务公司，也是全球最大的油田技术服务公司，公司总部位于休斯敦，在巴黎和海牙成立了准总部机构。斯伦贝谢在全球近百个国家开展工作，在140多个国家设有分支机构，是世界500强企业，也是石油天然气行业公认的最好的软件和服务供应商。

在近百年的发展历程中，斯伦贝谢公司不断壮大已有业务，通过收购扩张新业务，从一家单纯的勘测公司成长为综合油田服务公司。其业务涵盖测井、钻井、固井、综合钻井、综合地震、油藏管理和综合项目管理领域，并向高度综合的方向发展。在许多业务领域斯伦贝谢公司都有自己的专有技术，许多技术居世界领先地位。

斯伦贝谢公司于20世纪80年代末进入中国，在石油行业开展油田服务业务，在中国境内设立了八个作业基地（库尔勒、克拉玛依、成都、蛇口、塘沽、大庆、靖边和定边），两个制造中心（上海和天津），两个办事处（北京和乌鲁木齐），为中国提供陆上和海上综合作业服务。2000年，斯伦贝谢公司在北京清华科技园正式设立了北京地球科学中心（BGC），该中心是斯伦贝谢公司提供油田服务主要的技术开发中心之一。BGC开发的地质力学和岩石物理分析软件以及先进的解释和处理技术在全世界得到了广泛应用，帮助企业优化油气开采并降低风险。

在厄瓜多尔共和国，斯伦贝谢公司依托强大的综合技术平台实现了跨专业业务的集成，大跨度地延伸了油气服务公司的业务，即从服务油田的油气发现和油气生产转变为直接交付油气，这是斯伦贝谢公司业务模式的一次重大转型。

在通常情况下，斯伦贝谢公司都是通过交付数据、技术、软件、咨询等服务给油气公司，直接从油气公司获得报酬；油气公司通过采用这些服务实现油气发现和油气生产，最终通过油气产量的提升实现自身价值的增值。我们参观的斯伦贝谢公司厄瓜多尔项目部完全改变了这种模式。在一个综合研究中心（卓越中心）集中了勘探、解释、油藏描述、数值模拟、钻井、测井、试油、生产等各业务领域的技术专家，业务部门从油气发现到油气生产，都在一个完全贯通的综合性软件平台上协同工作，打破了部门间的隔阂和业务壁垒，实现了数据和认知的实时共享。

这种“卓越中心模式”不仅大幅压缩了油气业务周期，降低了业务成本，更提升了油气发现的成功率。依靠卓越中心贯通的数字技术平台和相应的综合组织模式，使斯伦贝谢公司实现了一次全面的数字化转型，主要有以下几方面突出的表现。

一是服务模式转型。从根据油气公司的要求，提供单一的“点菜式”技术服务，如钻井服务、测井服务等，转变为在一体化平台上提供综合性服务，服务不再是满足油气公司某一方面的业务需求，而是围绕“拿到油气”这一明确目的，自行设计/选择最优技术。

二是组织模式转型。传统的油气业务组织是按照业务流程进行组织划分的，如勘探、开发、钻井、测井、生产等不同处室，勘探部门只负责勘探，如果有技术需求，会寻求油气技术服务公司勘探部门的帮助。处于业务流程上中下游的组织互不干涉，即“铁路警察，各管一段”。厄瓜多尔共和国项目模式是在一个集成的业务平台上和集中的工作环境中，所有业务融合成一个组织，不仅实现了软件和数据的贯通，也实现了上中下游技术人员的贯通。这是基于数字技术平台全新的组织模式。

三是盈利模式转型。原来油田技术服务公司都是计件收费，如打一口井花多少钱，测井一次花多少钱。油气公司需要几个服务，就要签订几个服务合同，服务交付，结账走人，最终是否有油气发现与服务方无关，只是油气公司自己的事情。

厄瓜多尔共和国项目则完全不同，油气公司把整个油气田都交给了油田技术服务公司，让油田技术服务公司自行决定投入多少人力、物力，钻几口井，做几次油藏模拟，油气公司只看能生产多少油气。最后，油气公司和油田技术服务公司双方按照协议执行“油气分成”。

这种模式给双方都带来了巨大的改变，也带来了巨大的价值增值。对油气公司而言，可以大幅压减管理人员，提高运行效率，降低企业成本；对油田技术服务公司而言，可以综合发挥自身技术优势，使技术价值最大化。

这种业务延伸转型模式对很多能够完成工程总承包模式（EPC）的工程服务类企业而言，有广阔的应用前景。工程总承包模式是指公司受业主委托，按照合同约定对工程建设项目的设计、采购、施工、试运行等实行全过程或若干阶段的承包。通常公司在总价合同条件下，对其所承包工程的质量、安全、费用和进度负责。

EPC 中的 E 即 Engineering（工程）、P 即 Procurement（采购）、C 即 Construction（建设），是国际通用的工程总承包产业的总称。工程是指从工程内容总体策划到具体设计工作；采购是指从专业设备到建筑材料的采购；建设是指从施工、安装到技术培训。涉及领域有能源（传统电力、清洁能源等），交通（铁路、公路等），建筑。

较传统承包模式而言，EPC 具有以下三方面优势。

一是强调和充分发挥设计在整个工程建设过程中的主导作用，这有利于工程建设整体方案的不断优化。

二是有效克服设计、采购、施工相互制约和相互脱节的矛盾，有利于设计、采购、施工各阶段工作的合理衔接，确保建设项目的进度、成本和质量控制符合建设工程承包合同约定，并获得较好的投资效益。

三是建设工程质量责任主体明确，有利于追究工程质量责任和确定工程质量责任的承担人。

这些优势如果只停留在工程建设阶段，其优势就没有得到充分体现；如果能够借助数字化手段，实现“服务延伸”，就能够实现巨大的价值增值。

所谓“服务延伸”，就是借助数字技术平台，将 EPC 优势延伸到工程交付之后的工厂运行阶段，从而大幅拓展工程承包商的服务领域，不再止步于工程交付，而是迈向工程全生命周期的运行服务，这可以说是一片新的蓝海。

但是，要迈过工程交付这个门槛，实现“服务延伸”，必须要有数字技术作为支撑，这个必须的数字技术就是数字化交付。只有实现了数字化交付，才能将 EPC 阶段的各种优势带入下一个阶段，为工厂运行提供更加优质的支撑服务。

譬如，一个大型炼油化工厂，有数百套大型装置和成千上万台/套各类动静电仪设备，以及数万个乃至数十万个的各类阀门，还有复杂的自动控制系统，纵横交错的管网，码头、原油库、成品仓库、供电供热供水设施，以及安全、环保、应急各类生产设施，把所有装置、设备组装到一个流程中，使它们能够平稳地运行起来，并按照特定的温度压力条件和原材料辅料配比，生产出合格的产品。这是一项极其复杂的系统工作，需要大量科技人员在生产的各个环节精心操控，容不得半点差错，稍有不慎，不仅无法生产出合格产品，而且可能造成严重的安全生产事故，造成人员和财产的巨大损失。

但是我们也要看到，设计人员在设计过程中对每一台设施、每一件材料都经过了认真选配，对生产流程都经过了反复推演、模拟，所以他们对每一根管线、每一个弯头、每一个法兰、每一个电焊口，以及每一个流程、每一套控制参数都了如指掌。如果能够通过一个强大的数字技术平台将设计过程中的这些“了如指掌”的知识全面承接下来，并由这些设计人员运行、维护这个复杂的工厂，毫无疑问是最高效、最安全的操作方法。如果招募一批没有工作经验的人员负责一个全新工厂的运维，那么即使经过认真细致的培训，这些人员恐怕也很难达到设计人员对工厂的了解程度。

所以，炼化工程设计公司应该最有条件实现“延伸服务”，使自己的业务不止步于“工厂交付”，而轻松跨入工厂运行的门槛，开辟出新的业务蓝海（如图 4-4-2 所示）。

图 4-4-2　实现数字化交付的三维工厂

这就是数字化转型的价值！

但从国内炼化工程设计公司的业务现状来看，还没有延伸转型的案例，根本原因是没有实现全厂的数字化交付。这也再次印证了前面反复强调的一个观点：没有数字技术的驱动，数字化转型是无法完成的。

4.3　业务拓展转型模式

业务拓展转型模式是指借助数字化平台，把企业内部形成的既有优势技术或者优势产业，扩展到企业外部，达到盘活资产、增加价值的目的，形成“墙里开花墙外香”的大好局面。

这种转型模式在大型集团企业比较常见，因为它们实力强大、人才聚集，经过多年发展，已经在众多领域形成“优势高地”，这些“优势高地”与中小企业相比具有明显优势，一旦推广出去，会给企业带来新的价值增值。

（1）亚马逊公司的转型案例

亚马逊公司将富余的计算资源云化，是最知名的业务拓展转型案例。其创新的云计算服务模式，不仅引领了计算技术发展的潮流，更开创了全球云计算市场数千亿美元规模的巨大蓝海。在这片蓝海中，亚马逊公司的公有云业务一直高居世界第一。目前来看，这一案例是最成功的数字化转型案例（如图 4-4-3 所示）。

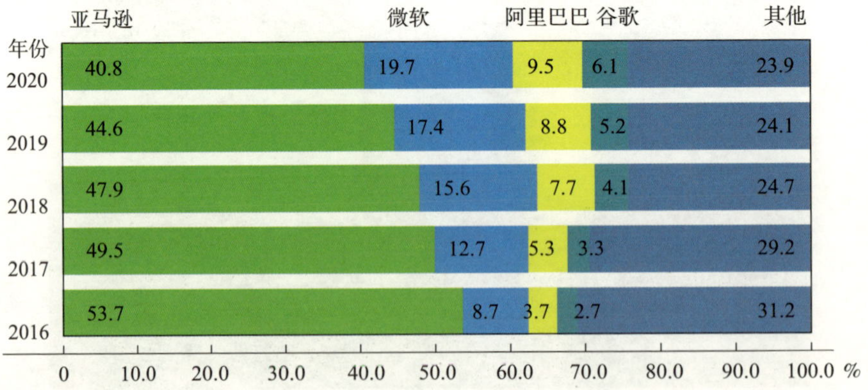

图 4-4-3　全球公有云市场份额

每年圣诞节前夕，美国人都会进行圣诞季大采购，这种采购方式给电商企业制造了巨大的麻烦。因为圣诞大采购期间客户量暴增，是平时的几十倍甚至上百倍，造成平时运行平稳的电商平台在大采购期间远远无法满足需求，电商企业必须购置大量服务器以满足“一时之需”。采购季过后，这些服务器就大量闲置了，美国最大的网络电子商务公司亚马逊公司同样面临这一难题。

2006 年 8 月 9 日，谷歌首席执行官埃里克·施密特（Eric Schmidt）在搜索引擎大会（SES SanJose2006）上首次提出云计算的概念，这是第一次正式提出云计算概念，有着非凡的历史意义。

美国国家标准技术研究所（NIST）是这样对云计算进行定义的：云计算是一种按使用量付费的模式，这种模式提供可用的、便捷的、按需的网络访问，进入可配置的计算资源共享池（资源包括网络、服务器、存储、应用软件和服务），这些资源能够被快速提供，只需投入很少的管理工作，或与服务供应商进行很少的交互。

云计算概念的提出给亚马逊公司送来了及时雨。利用云计算理念，亚马逊公司果断地把自己过剩的服务器资源“池化”，以可计量的计算、存储、网络服务单元向社会提供服务。这一举措不仅盘活了亚马逊公司富余的计算资源，更为亚马逊公司开创了全新的业务领域——公有云服务。

借助云计算技术平台，利用公司富余的计算资源向全社会提供服务，创造了亚马逊公司全新的业务模式和盈利模式，这是利用企业优势资源拓展服务领域、创新业务模式的典型案例。

（2）中石化物资采购部门的转型案例

几乎所有企业都设置了物资采购部门，它对企业的成本控制起着至关重要的作用。

中国石化集团公司作为国内大型企业集团之一，每年有数千亿元的物资采购需求，集团的物资装备部（以下简称“物装部”）就是专门负责这项业务的部门，集团下属各企业也设有专门的物资采购组织，在业务量高峰时期，整个集团物资采购相关工作人员一度超过 13000 人。物资采购业务多年的发展，造就了一批熟悉采购业务、了解企业需求、熟知市场行情、精通产品质量、掌握供应商资源的采购专家。

物装部业务的良好运转，保证了整个集团大到油气管道、钢材、煤、工程车辆，小到家具、暖瓶的供应到位，为集团主营业务发展提供了优质、低价、及时的物资保障。

随着物资采购领域信息化建设的推进，采购专家队伍、采购信息资源等诸多元素构成的“采购服务能力”，已经成为中国石化集团公司的优势资源。与此同时，在阿里巴巴、京东、苏宁等头部企业的带领下，中国电子商务领域的市场培育和技术准备也日益成熟。

2013 年，中石化采购电子商务平台易派克开始筹备，2015 年 4 月正式上线（如图 4-4-4 所示）。该平台不仅仅服务中国石化的“保供”业务，为石化内部采购质优、价廉、供应及时的生产物资，同时，借助平台能力，将中国石化多年培育的“采购服务能力”数字化，开放给全社会，拓展中国石化的服务领域，创新业务模式，为企业带来新的价值增值。上线以来，平台累计交易金额近万亿元，注册用户数千家，国外用户 400 余家，大幅拓展了采购服务范围。

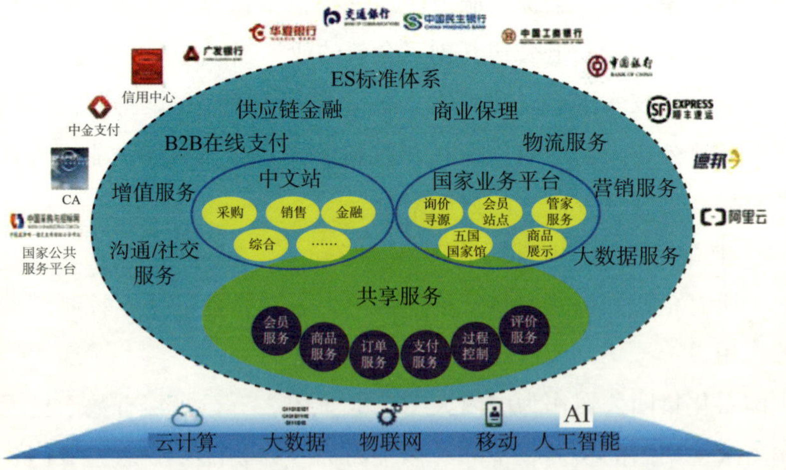

· 易派客以中国石化坚实的产业链为基础，顺应国家供给侧结构性改革大趋势，集成供应 链资源，致力打造SC2B创新第三方工业品电子商务模式，在做好中国石化保供降本的同时，挖掘物资采购外的跨界增值业务，实现市场增值创效。

图 4-4-4 易派客工业品电商平台

为了更好地发挥易派克的作用，挖掘其市场价值，中国石化专门成立了易派克电子商务有限公司，该公司拥有员工近 300 人，业务领域逐年拓展，从大宗商品采购到日用品供应，公司还开发了部分产品的销售业务。易派克已经成为国内最大的以供应链核心企业需求为基础，不断富集需求与其他企业交易的电商新模式（Supply Chain to Business，SC2B）工业品电商平台。

在大型企业集团内部，部分业务优先转型是最稳妥、最便捷的转型模式，因为其风险低、见效快，且能够快速形成示范效应，带动整个集团员工转变观念，尤其是高层管理人员认识的转变，有利于形成数字化转型合力，推动集团的数字化转型。

5 再造模式：企业“再造”式转型案例分析

5.1 企业再造需要跨越的鸿沟

再造是一种颠覆式的数字化转型模式，其目标是从传统企业彻底转变为数字原生企业。它不同于其他转型模式强调企业部分业务的变革，或全部业务的部分变革，而是强调从企业基因上进行彻底的“转基因”，对业务流程、盈利模式、人员素质、组织方式等进行全面再造。

数字化再造几乎就是把一个传统企业转变成一个数字原生企业，传统企业与数字原生企业之间有一个巨大的数字化鸿沟。对比京东商城和王府井百货的发展模式就会发现数字化再造的难度之大，重生的道路上，传统企业有无数难题需要解决。

难题一：传统企业庞大的固定资产如何处置？

同样是全国性的“百货公司”，京东商城是轻资产的数字原生企业，而王府井百货的固定资产遍布全国，其中有位于北京繁华地区的百货大楼、东安市场、长安商场、双安商场等大型商场，还有分布在全国 28 个城市的 47 家大型百货商场（截至 2014 年底的数据）。如果这些商场都转型为“京东商城”模式，那么大量的房产就面临空置的巨大风险。且不说这些房产如何处置，数以万计的金属购物车已然无处堆放，更何况购物车背后庞杂的产业链和生态链（如图 4-5-1 所示）。

难题二：人才需求如何满足？

如果说原来的王府井百货需要的是拥有“一抓准”“一口清”技艺和

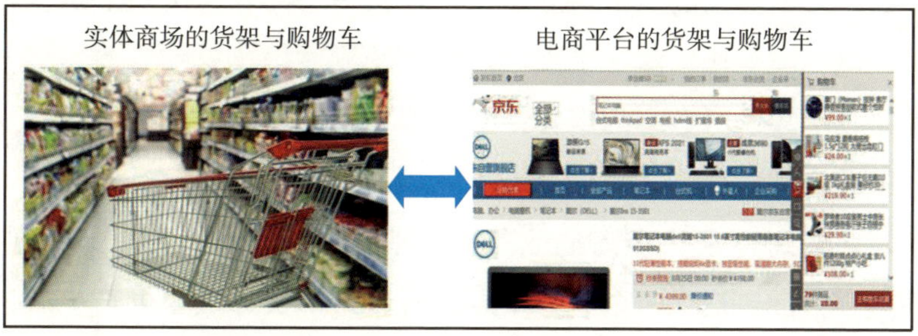

图 4-5-1　实体商场与电商平台的对比

“一团火”精神的陈秉贵式的优秀售货员，那么在电商时代，对人才素质的要求则全然不同。售货员如何安置的问题，也是企业转型路上的巨大障碍。这很容易让人想起前几年网上热炒的公路收费员下岗事件，那一句“我都 40 岁了，只会收费，别的啥也不会”，让很多人伤感不已。自动收费模式的逐渐成熟和越来越广泛的使用，迫使高速公路收费员转型，同样的道理，电商的兴起也迫使售货员转型。

“京东商城”模式无疑也需要货物购销、盘点等方面的人才，但更需要强大的数字技术人才团队。这个数字人才团队是数字企业的核心团队，是决定数字企业的业务能否平稳运行和发展壮大的关键，而这个团队恐怕无法从传统的人才队伍转变而来。所以，人员转型阻力大，人才需求无法被满足，是企业数字化转型的瓶颈。

难题三：企业管理层面临巨大挑战。

企业管理层的推动是再造式转型的第一驱动力，但是因为身在其中，所以管理层做出决策需要逾越诸多障碍。对比京东商城的管理层和王府井百货的管理层，从人数、层级、流程到工作方式，各方面都有巨大差异。要改变管理层，只有从更高处着手才行。

在走向数字企业的过程中，传统的层级众多的组织机构被扁平化，使得业务流程更短、业务操作更直接、业务完成更高效。“拍脑袋”或商议式的决策一去不复返，取而代之的是具有说服力的一个个数字、一条条曲线或一张张图片，它们的可信度大大超过了领导的一家之言。苹果公司永远的“乔帮主”在大型产品发布会上的打扮永远是 T 恤加牛仔裤，这似乎给众多数字技术公司的老板树立了一个范式——穿着休闲装上班，和技术人员挤在电脑前工作，深更半夜一起吃快餐。

信奉技术，倾听数字的声音，把决策交给机器，是数字企业区别于传统企业的最典型特征。

笔者曾经到一家从事高危业务的企业调研，该企业的业务站点在山区，而且很分散。进入每个业务站点，所有人都要穿上全身防护服，背着氧气瓶，并佩戴报警器，驻守人员也是全身防护在站点巡逻。笔者注意到，站点内外几乎所有关键部位都安装了传感器和摄像头，站点四周不仅有钢铁防护栏，还有电子围栏、报警装置和高音喇叭等。在笔者的认识里，这样的装备完善程度，完全可以实现无人值守，所以不禁询问同行的企业领导为何不实行无人值守，领导回答："那怎么行，这么危险的地方没人怎么行!"旁边有人补充道："业务规程中要求必须有人!"

这两个人的回答反映了数字化转型过程中的两个转型问题：一是不相信技术，二是制度落后。其实，有些制度之所以落后，也是因为人们不相信技术所致。所以，规章制度不配套、观念和认识上的滞后，是企业数字化转型首先要攻克的顽疾。

也正是因为以上这些难题的存在，使得敢于开展再造式转型的企业凤毛麟角。当然，如果再造成功，企业面貌必将焕然一新，全面进入数字化蓝海，抢占数字红利，但同时企业要面临巨大的失败风险。企业再造需要管理层有壮士断腕、涅槃重生的决心和勇气。

5.2 GE 的转型背景

GE 创立于 1892 年，总部位于美国波士顿。自从托马斯·爱迪生创建了 GE 以来，GE 在多元化发展中逐步成长为出色的跨国公司，是世界上最大的提供技术和多元化服务的公司。从飞机发动机、发电设备到金融，从医疗造影、电视节目到塑料，GE 公司致力于通过多项技术和服务创造更美好的生活。GE 在世界 100 多个国家开展业务，拥有员工 315000 人。在 2019 年《财富》世界 500 强排行榜中，GE 排第 48 位；在福布斯 2020 全球品牌价值100强中，GE排第20位。

GE旗下公司包括GE资本、GE航空金融服务、GE商业金融、GE能源金融服务、GE金融、GE基金、GE技术设施、GE航空、GE企业解决方案、GE医疗、GE交通、GE能源设施、GE水处理、GE油气、GE能源、GE消费者与工业、GE器材、GE照明、GE电力配送。可以看出，GE是一家典型的传统企业。

随着时代的变迁，公司遭遇多方面困境。2008年，全球金融危机爆发，使得一度占GE盈利半壁江山的金融部门利润下降近三分之一，直接拉低GE当年盈利15个百分点，公司遭遇重创。此时，积怨已久的内部矛盾凸显，科学家和工程师们越来越感到自己的地位不如资本部门的同事高，这家由爱迪生创立，有着悠久发明创造历史的公司，越来越像一个金融公司。

多元化企业在资本市场上难以获得更好的估值，加之投资者的不满，这些都要求GE必须变得更“纯粹”。2009年，标普和穆迪分别下调了GE的信用评级，这是GE公司40年来首次丧失穆迪的最高评级。2009年3月，GE市值比起金融危机前缩水了80%。

每一次技术变革必然引发一波生产力的提高，伴随着市场的破坏性，一些工业领袖被敏捷的新竞争对手取代。在140余年的发展历程中，GE同样经历了这样的颠覆——生产力下降、供应端成本上涨、劳动力老龄化、技术革命冲击和金融危机重创等。面对前所未有的市场挑战，GE管理层采取了一系列重大举措，以期挽回市场信心。这些举措包括以下方面。

一是出售金融业务。只保留部分为工业服务，专注高端制造业。保留的部分金融业务有航空金融服务、能源金融服务和医疗设备金融业务等。航空、能源和医疗设备等业务是GE重要的工业业务，未来GE的金融业务主要是为工业部门提供必要的支持而存在的。

二是投资并购。如在2013年斥资33.83亿元入股中国西电，弥补自身一次设备的短板，为全球输配电市场爆发做准备；2014年击败西门子，与三菱重工组成联营体，成功收购法国阿尔斯通能源部门，这是GE规模最大的一次工业收购。

三是加大研发。GE 延续其发明创造的传统，对研发部门加大投入。在韦尔奇时代，GE 的研发支出一度下滑到总收入的 3%，GE 的 CEO 伊梅尔特（Jeff Immelt）将其提升到 2011 年的 5%，推出最新款燃气轮机，欲重新夺回过去十年在该领域流失的市场份额。

这些举措只能暂时缓解企业困境，但并不是治本之策。企业未来的出路在哪里，世界工业向何处发展？这些都是亟待解决的问题。

伊梅尔特毅然决定进行战略转型，反守为攻，抓住工业产业转型的下一波生产力，即专注于通过为工业组织提供先进的软件和数据获得新价值。GE 看到，工业企业正在进入爆炸价值创造的新时期，数字技术创新的快速传播将重新开启工业生产率的增长和市场的规模化。“互联网+制造业”成为不可阻挡的趋势，数字化正在被广泛应用于工业，它改变着世界，也改变着 GE。

以伊梅尔特为首的 GE 决策层瞄准了数字化，伊梅尔特强调：“如果能想方设法地将制造业生产率提高哪怕 1%，也能为市场创造数万亿美元的价值。”但是，要想达到这一诱人的目标，就必须实现制造业数字化。GE 认为，未来世界一定是工业世界与数字世界的融合，未来每一家工业企业都必定是一家软件企业。

伊梅尔特谈道：“我们相信，真正的工业互联网给我们所带来的影响将超越消费互联网，工业互联网将是一个开放的、全球化的网络，使人、数据和机器三者真正互联。”这些认识促使 GE 高层全力推动企业启动比较彻底的数字化转型战略，战略目标就是把 GE 这家传统企业再造成一家软件企业。

5.3 GE 的数字化转型路径

任何一家传统企业的数字化转型都是复杂的，不仅要利用数字化平台提高生产力，更要实现业务、运营模式、领导力和全方位体验的转型。GE 也不例外，为了实现规模化转型和商业模式创新，它们设计了一套精益转型战略，针对组织、业务、流程、技术和商业模式等进行全面变革。

（1）转型战略：根据全新的技术体系，定位 GE 的全新角色

面对高速发展的物联网市场参与者的威胁和未来的高度不确定性，2010 年，伊梅尔特果断做出了转变总体战略的决策，从防御型的保守主义者转变为聚焦生态系统参与者共同增长的“市场进攻者”。伊梅尔特开始重新思考 GE 在工业互联网时代需要的能力集合，并重新定义了 GE 在市场格局中的角色（如图 4-5-2 所示）。

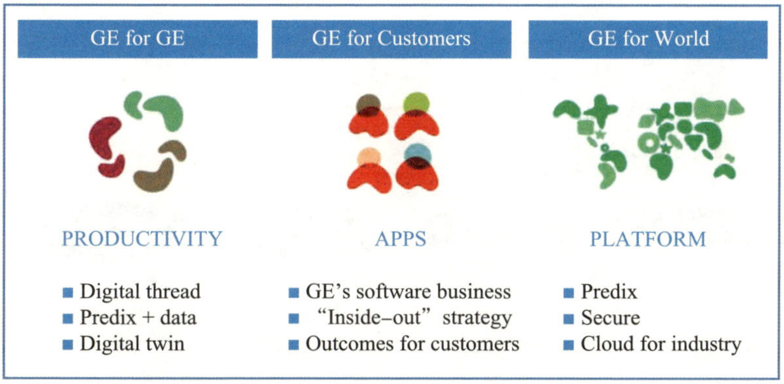

图 4-5-2　GE 在全球市场中的重新定位

①GE for GE：通过构建新的数字工业能力，提升 GE 内部生产效率并优化成本；

②GE for Customers：充分强化技术和工作流程，利用 GE 内部形成的洞察和构建能力，提供一整套自动化的工业应用；

③GE for World：让 Predix 平台成为可供绝大多数工业门类使用的协作创新平台。

（2）用全新的数字技术重新定义传统工业

早在 2011 年，GE 就在美国加州圣拉蒙悄悄设立了一个软件中心，开发了一套世界级的操作系统——Predix，GE 的数字化之路便从这里开始。

Predix 是一个统一的战略平台。GE DigitalCEO 鲁威廉（Bill Ruh）提出：“GE 为所有业务单元建立一个统一的数字服务平台，这个平台更像工业领域的安卓系统，电力、医疗、航空众多板块的管理 App 都汇聚到这个平台下，这个平台就是 Predix。”

Predix 平台寄托了 GE 对未来发展的宏大预期。GE 预测，未来 15 年工业物联网（IIoT）的投资金额将高达 60 万亿美元，在容量、速度与类别方面，生成的工业数据规模将达到海量级别。GE 整合自身能力和业务转型经验创造的 Predix 平台，是一个将预测分析与 3D 物理系统模型结合在一起的工业级终端到云端（Edge-to-Cloud）平台，其特点是具有微服务的模块化架构，并利用所有敏捷开发实践，满足工业技术高速创新的需求。Predix 平台的建立，使 GE 和 GE 的客户无须重新开发工业物联网，可以直接从创新层开始，迅速将最重要的成效交付给客户（如图 4-5-3 所示）。

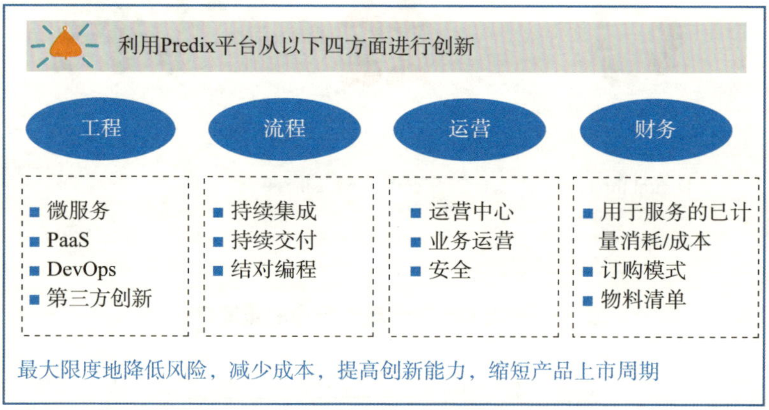

图 4-5-3　利用 Predix 平台打造新能力

Predix 作为全球第一个专为工业数据与分析开发的操作系统，通过平台为工业数据分析提供了一个可扩展、可重复使用的框架，这使企业能够更加重视数据驱动的作用，对数据进行有针对性的分析，形成独到的见解，以便更好地驱动业务成长。

Predix 不仅实现了实时监控，包括对飞机引擎、涡轮、核磁共振仪在内的各类机器设备的监控，并同步捕捉它们在高速运行过程中产生的海量数据，还能对这些数据进行分析和管理，做到对机器的实时监控、调整和优化，从而提升整体运营效率。

开放的 Predix 还将带来巨大的辐射效应。2014 年，GE 宣布向所有工业互联网开发者开放 Predix 平台，同时，还集结了能源、航空、医疗、电网、制造、基建等各行业巨擘，建立了首个全球性数字联盟。除此之外，GE Digital 还为联盟伙伴的研发人员提供与 Predix 相关的培训、研发数据库、技术资源等。当这些研发人员掌握了 Predix 开发技术后，将通过 Predix 为更多行业客户开发工业 App，进而产生几何级数的辐射效应，乃至催化其他行业的变革。

可以说，GE 利用 Predix 平台全面敲开了数字化工业的大门，将机器设备与软件、数据合二为一，这个拥有海量数据的宝库，将在未来创造无限可能。

依托 Predix 平台，GE 研发的其他关键技术包括以下方面。

①研发“数字孪生”技术。即实现物理机械和分析技术的融合，利用数据和分析创建每个关键流程和实体设备的数字“双胞胎”，这将成为数字化的基础，使企业降低成本并提供标准一致的品质服务。

以飞机喷射引擎为例，其中的合金涡轮叶片上都安装了传感器，可以将引擎的所有信息收集起来，使之数据化并建立数字模型，就像它们的孪生体一样。借助这些数据，GE 就可以模拟引擎在飞行过程中的状态。这些涡轮叶片会因飞行途经的环境和飞行方式的不同而以不同的速度磨损，有了数字化的模拟，GE 就可以主动预测引擎状况了。当发现某个叶片出现磨损后，可以立即更换，不必大费周章地对整个引擎进行大规模检修；还能够在损坏快出现的时候提前检修，让维修变得更加及时。如果仅仅根据过往的经验，简单粗暴地对引擎进行检修，可能检测不出损坏，而此期间飞机也不能使用，在增加维修成本的同时，也降低了飞机的商业价值。

②启用数字主线（Digital Thread）。即贯穿全生命周期的从产品设计、生产到运维无缝集成的一个持续改进的良性循环。

重构运营技术/运维技术（Operation Technology，OT）和 IT 能力，改进现有业务，将新的数据驱动的产品推向市场，并通过新的基于成效（Outcomes）的商业模式进行创新。

（3）成立 GE Digital

GE 彻底改变了游戏规则，为了在内部全面构建数字化 DNA，实现真正的企业数字化转型，GE 成立了专门的数字化部门，重新调整了组织架构，并利用精益创业与敏捷开发的原理，为企业创造数字化的文化生机。

2015 年，GE 在全球成立了新的业务部门 GE Digital，并将原有的软件和 IT 部门并入其中，旨在加速组织的数字化转型，构建企业的数字工业能力。GE 清晰地意识到，任何转型的第一步都是思考成功转型所需的组织能力建设，以及为此需要具备什么样的角色、领导、团队组织和执行方法。

GE 设计了一个具有高度连接性的顶级组织架构（如图 4-5-4 所示），以快速明确并满足业务和能力建设需求。在该组织架构下，GE Digital 与 GE 事业部（GE Businesses）进行交叉管理。从水平方向上看，需要布局 Predix、资产效能管理（Asset Performance Management）、辉煌制造（Brilliant Manufacturing）等数字化能力建设；从垂直方向上看，GE 的每项业务，如 GE 航空、GE 医疗等都会在水平能力上做垂直扩展，包括垂直领域的数字化应用和解决方案等。

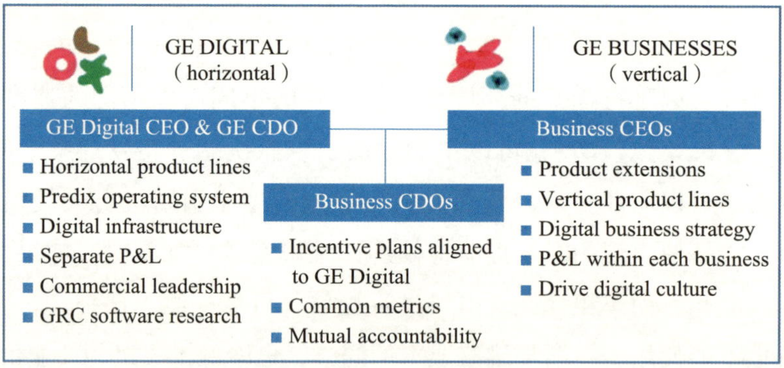

图 4-5-4 GE 顶级组织架构设计

在这样的组织架构下，寻找水平与垂直指标之间的平衡点变得非常重要，为此 GE 的每个事业部都设置了一位首席数字官（CDO），他们既向事业部 CEO 汇报，也向 GE Digital 的管理者汇报。“双重汇报”的管理模式既确保了 GE Digital 对于与其业务相关联的数字化能力的构建，也确保了现有业务能够充分利用 GE Digital 的核心优势。CDO 在 GE 的数字化转型中发挥着至关重要的“连接”作用，他们推动技术与业务能力对齐及相互问责，确保业务战略和数字愿景的一致性，并助力 GE 实现端到端的数字化业务战略。

（4）利用 FastWorks 进行企业文化变革

相较于技术变革和组织变革，更重要的是企业文化变革。GE 在转型之初就强调文化变革，GE 认为需要开发快速决策、迭代改进循环和持续人员管理等必要的流程，以确保文化不会“拒绝”转型。同时，必须让企业“看起来像一个快速发展的科技公司”，给员工营造真实感和创新环境。为此，GE 尝试了以下五方面举措。

①推出“信仰信念模型”，它包括：客户决定我们的成功、保持精益求精、学习和适应胜利、赋能和激励彼此以及在不确定的世界中提供结果。

②开发 FastWorks（如图 4-5-5 所示），一个将精益创业与敏捷开发原理相结合的核心方法论，帮助 GE 快速迭代，具备更顽强的创业精神，并始终致力于提供为客户带来更好“成效”的产品和服务。

图 4-5-5　开发 FastWorks

③改变绩效考核和人才管理机制，对实时反馈工具 Performance Development（PD）@ GE 进行实践。将这个工具与 FastWorks 相结合，员工可以根据实际情况实时调整目标，进行快速目标修正，同时鼓励员工通过 PD 横向发展自己的技能覆盖面。该举措被 GE 称为确保所有员工与 GE 信念保持一致的机制，助力 GE 进一步构建互助互信的企业文化。

④招募数字化人才，提供与全球领先的软件公司相匹配的招聘形式和薪酬水平。GE 频繁向微软、亚马逊、苹果、Facebook、谷歌等科技公司的工程师和数据科学家抛出橄榄枝。GE Digital 的 CEO 哈雷尔·科德就来自微软，是曾经领导过微软和 VMware 团队的移动和云计算专家；GE 软件战略的核心

产品 Predix 的研发则由苹果 Siri 的创始团队成员达伦·哈斯执掌。

⑤将 GE 总部搬到波士顿市中心，因为波士顿中心是世界上最具创新力的技术中心之一。其办公楼在设计上也迎合了软件开发者崇尚自由的工作理念，整个办公区采用敞开式空间设计，长条座椅、沙发、白板，以及可以俯瞰地面和餐饮区的露天阳台，应有尽有。

（5）变革合作伙伴生态系统

协作共赢才能走得更远。GE 非常明确，仅凭一己之力无法实现真正的企业数字化转型，必须将平台的数字化能力与 GE 不断增长的合作伙伴生态系统相结合，提供“现成的”数字化解决方案。为此，GE 变革了与合作伙伴的合作方式（如图 4-5-6 所示），创建了一个协作与开放创新的合作伙伴生态系统。

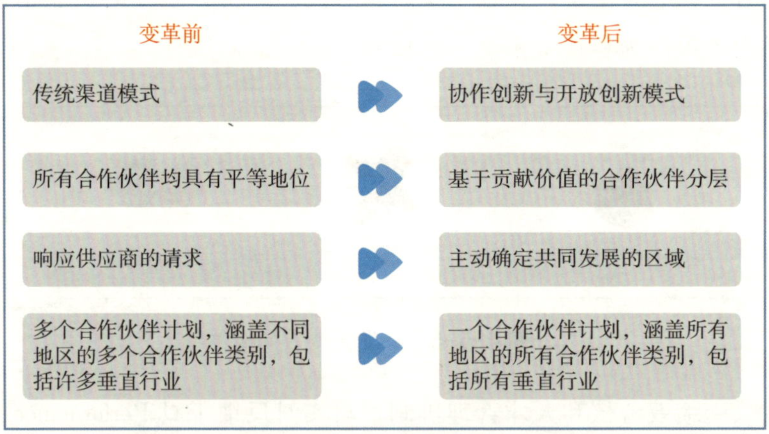

图 4-5-6　GE 变革了与合作伙伴的合作方式

2014 年 10 月，GE 宣布向外部企业开放 Predix 平台，在该平台上可以安装面向不同产业的多种应用软件。GE 并不担心竞争对手会因此获利，它们认为开放行为将让企业跨越障碍，推动工业设备网络化发展，同时加快 Predix 生态系统进化的速度。伊梅尔特表示，Predix 平台有机会成为工业互联网操作系统的标准。

GE 的合作伙伴计划采用协作与开放创新的模式，其合作伙伴不仅包括经销商，还包括技术合作伙伴、独立软件开发商和成千上万名的开发人员。GE 的愿景就是让 Predix 平台成为数字工业时代其合作伙伴和客户的操作系统。

此外，GE Digital 还在全球设立了 GE 数字创新坊（Digital Foundry），与合作伙伴共同研发工业应用软件，并共同打造全球化的软件开发者生态系统。2016 年 7 月，位于上海的 GE 数字创新坊启用，这是 GE 在亚洲开设的首家数字创新中心。

Predix 将软件开发者带入机器的世界，进一步将数字技术与工业生产力相结合。由此，GE 打造的新型数字化工业生态圈正式形成，未来工业的变革正在发生。

（6）实现商业模式创新

商业模式描述了公司如何创造和捕捉价值，在工业世界，商业模式创新往往意味着将产品和服务转化为“成效”，这将以提升业务的响应能力为基础。

GE 亲自实践了商业模式创新带来的转型。譬如，十年前的 GE 电力还只是一家出售燃气轮机和发电硬件的公司，经历数字工业多年的洗礼，GE 电力的业务模式发生了巨大变化，今天的 GE 电力还能够提供额外的服务和功能，如优化涡轮机的运营监测、利用率等。GE 相信，通过内部改变业务模式，并依托工业互联网解决方案为其提供支持，将能够最大限度地提高投资回报率，提升运营效率。

GE 渠道业务发展和投资全球主管丹齐尔·萨缪尔斯谈道：“我们采取三管齐下的战略，从 GE、客户和社会三个角度展示数字化的价值。事实上，仅 2016 年，GE 就通过使用智能设备节省了 5 亿美元。”

通过 Predix 平台开放的生态系统，GE 的客户和合作伙伴可以在 Predix 平台上放置应用程序、分析或微服务，这将加快 IT 部门从成本中心转变为利润中心的步伐。GE 认真思考了这种变化如何影响客户的商业模式，并创建了一个企业数字化转型服务蓝图（如图 4-5-7 所示），以帮助客户在自己的市场中实现商业模式创新。

据报道，GE 已经拥有了 1.5 万名软件工程师，与全球超过 400 家合作伙伴和 22000 位开发人员建立了 Predix 平台生态系统，微软正在利用 Predix 平

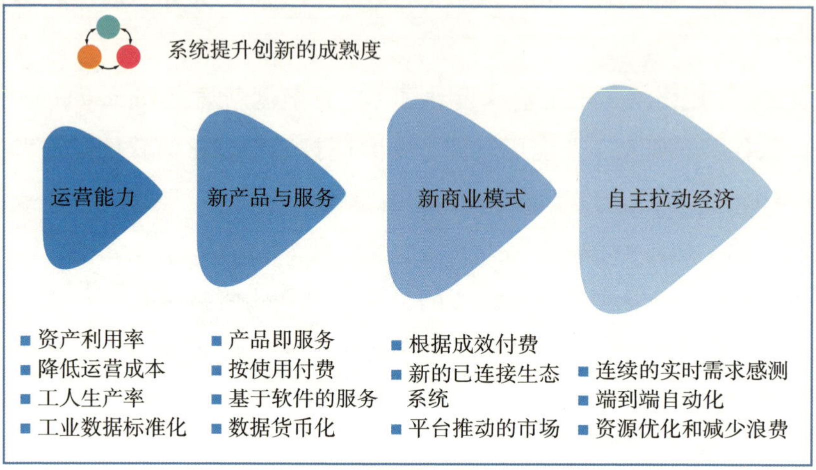

图 4-5-7　GE 构建的企业数字化转型服务蓝图

台成为 Azure 云服务的关键平台，Tata 在其应用商店里拥有超过 50 种基于 Predix 的应用程序，如 GE 的“野心”——GE for World，Predix 平台正在广泛地被应用于 GE 和非 GE 客户，并引领整个工业世界的发展。

5.4　GE 的再造式转型仍然在路上

作为一家诞生于第二次工业革命期间的制造业巨头，GE 通过企业数字化转型，踏上了第四次工业革命的巨轮，并成功转型为一家软件公司。GE 定义了数字工业，最终成为道琼斯工业指数 1898 年建立以来现存的唯一的公司。

在 GE 之后，西门子于 2016 年推出了工业云平台 MindSphere，中国的三一重工重金打造了“树根互联”工业互联网平台，徐工集团也与阿里云联合搭建了“徐工工业云”，航天云网的 Indicx 工业互联网平台也已经占领了巨大的应用领域，不少中国企业都将目标定为打造中国的 Predix 平台。虽然 Predix 平台自身的成败得失还要经过时间长河的洗礼才能看得清楚，但是毫无疑问，Predix 平台已经成为全球众多企业学习和效仿的对象。

在全球数字化变革的大趋势下，未来一定会有更多的企业勇敢地踏上再造之路，通过转型成为适应新时代发展需要的数字原生企业。

跋
EPILOGUE

企业数字化转型——工业元宇宙的序章

数字新技术如雨后春笋般不断涌现，带动全球数字经济迅猛发展，世界各国数字经济在 GDP 中的占比不断攀升，展现出了不可逆转的大趋势。在这一趋势的带动下，数字化转型已经成为全球所有企业没有选项的必答题。

环顾四周，每个人能都清晰地观察到，这个世界越来越多的实体正在数字化：生活在数字化、社交在数字化、游戏娱乐在数字化、工作在数字化、文化在数字化、经济在数字化、军事在数字化、政府运行在数字化、地球（本体）在数字化、个人（身体）在数字化……

二十多年前，尼古拉·尼葛洛庞帝在《数字化生存》一书中预言："我们无法否认数字化时代的存在，也无法阻止数字化时代的前进，就像我们无法对抗大自然的力量一样。"预言如洪钟大吕、振聋发聩、余音犹在，而数字化生存已经成为随处可见的现实。

现阶段，这些已经数字化了的"东西"存在于一个个不同的系统中，腾讯微信是一个系统，新浪微博是另一个系统；"我的世界"和"反恐精英"是两个不同的系统。中国石化的 ERP 和国家电网的 ERP 也是各自独立的。

毫无疑问，这些系统都是数字化的，都存在于计算机网络中，而且这些网络都以某种方式连接在一起，尽管中间可能有这样那样的隔离或者"防火墙"。但"青山遮不住，毕竟东流去"，奔流向东的长江水和万里之遥的亚马孙河水终将相遇、相融。数字如水，任何隔离都不影响它们处于 0 和 1 构成的同一个世界。

透过一座座"机房"、"数据中心"、云、网络，我们仿佛能够看到一个个数字在虚拟世界中穿梭流动，这些数字代表的可能是现实世界中的一个人、一个设备，或者仅仅是一句话或一个想法。在机柜低沉的轰鸣声和昏暗的指示灯背后，有一个鲜活的、复杂的、奔腾咆哮的、五彩缤纷的世界，那个世界中有生活、有劳作、有经济、有文明，那是一个新的宇宙，它有一个很好听的名字——“元宇宙”。

元，有“初始”“宏伟”“高大”“美好”之意，相关的词语有“公元、元首、状元、一元复始、贞下起元、开国元勋”等，因此，“元宇宙”这个名字比任何其他名字都更宏大、更包容、更有远见，能够更好地反映从现实世界向数字世界转移的历史趋势，指明数字化迁徙的正确方向。

现实世界中的企业，通过数字化转型的“时空通道”，正在一步步走向数字世界——办公数字化、管理数字化、设备数字化、流程数字化、服务数字化、产品数字化……与此同时，企业产业链上中下游的其他企业也在经历同样的迁徙，最终的归宿将是整个工业界的华丽转身，一起进入工业元宇宙。

有人说元宇宙是游戏的产物，言下之意，颇有几分工业界居高临下的“不屑”。殊不知这恰好暴露了认识上的狭隘。笔者看游戏产业多有“妙处”，颇有几分“我看青山多妩媚，料青山看我应如是”之感，至少有四个方面值得我们认真学习。

①交互：完美的沉浸感、超低延时的实时交互能力。

②渲染：对所有物品细致入微的渲染能力。

③创造和协作：自由自在地创造、紧密无间的团队协作。

④幻想：打破禁锢、放飞自我，充分展现想象力。

更何况，永远不要忘了人生！从人生的高度来看，工作、游戏都是生活的组成部分，并无高下之分。在物资匮乏的年代，生存的压力让我们过早地失去了天真，沉浸于工作，忘记了游戏同样是生活的一部分；而今，科学技术的发展带来了丰富的物质财富，游戏重新回到了生活中正确的位置，而数字化转型将会把工业生产带回欢乐的“伊甸园”。

从发展的角度来看，元宇宙是“数字原生”的元宇宙，而工业元宇宙是数字化转型的元宇宙。元宇宙是数字原创的，它在现实世界中创建是不需要蓝本的，看看“我的世界”、Roblox 等沙盒游戏就能理解了。

工业元宇宙则不同。在工业元宇宙诞生之前，已经存在一个现实世界中的工业，这是由一个个具体的企业构成的。这些企业逐步进行数字化转型，逐步迁移，一步步形成了新的工业元宇宙。同样是在一张白纸上作画，元宇宙是在一张白纸上“随便画”，工业元宇宙则必须参照现实世界中的工业界“作画”。

元宇宙强调“随心所欲”地创造性，工业元宇宙强调“随心所欲不逾矩”的创造性。工业之“矩”不可逾越。这是元宇宙和工业元宇宙最根本的不同。

工业元宇宙不是简单的企业数字映像，不是简单的“数字孪生”，它有几个远高于此的特质：

①超越单个企业，实现全产业链、跨行业，甚至是跨产业的大融合；

②人作为核心元素，要以“数字替身”的方式加入数字世界；

③要有虚拟经济形态，拥有数字资产、知识产权、虚拟交易等；

④自由创造，要创造显示之外的东西，助力数字世界的运行；

⑤要有新的数字文明，新的行为规范、人生观、价值观等。

工业元宇宙远高于传统的系统、平台、生态的概念，它具备了更加宏大的视野、更加宽阔的胸怀和更前沿的技术内涵。

工业元宇宙是现实工业社会的“数字化升级版”。

如果要给工业元宇宙一个定义，可以这样描述：工业元宇宙是全产业链、全商业模式、全参与方式、全创新创造生态的产业融通平台；是承载工业生产、电子商务、社交网络、游戏引擎、虚拟经济及 ICT 基础设施的通用操作系统；是新工业文明的“伊甸园”。

企业数字化转型是工业元宇宙的序章；工业元宇宙是企业数字化转型的终极形态。

参考文献

［1］李剑峰．中国石化数字化转型发展的路径和策略［J］．中国石化，2019（11）．

［2］李剑峰．企业数字化转型的本质内涵和实践路径［J］．石油科技论坛，2020，5（7）．

［3］李剑峰．企业数字化转型的本质内涵和实践路径［J］．经济要参，2021（2）．

［4］埃里克·施密特，乔纳森·罗森伯格，艾伦·伊戈尔．重新定义公司：谷歌是如何运营的［M］．北京：中信出版集团，2015．

［5］乔治·戴森．图灵的大教堂：数字宇宙开启智能时代［M］．杭州：浙江人民出版社，2015．

［6］秦荣生，赖家材．数字经济发展与安全［M］．北京：人民出版社，2021．

［7］Ray Kuezweil．李庆诚，董振华，田源，译．奇点临近：2045 当计算机智能超越人类［M］．北京：机械工业出版社，2011．

［8］马晓东．数字化转型方法论：落地路径与数据中台［M］．北京：机械工业出版社，2021．

［9］周剑，陈杰，金菊，等．数字化转型：架构与方法［M］．北京：清华大学出版社，2020．

［10］新华三大学．数字化转型之路［M］．北京：机械工业出版社，2019．

［11］中国科学院科技战略咨询研究院课题组．产业数字化转型战略与实践［M］．北京：机械工业出版社，2020．

［12］钟华．数字化转型的道与术：以平台思维为核心支撑企业战略

可持续发展［M］. 北京：机械工业出版社，2020.

［13］彭俊松. 工业 4.0 驱动下的制造业数字化转型［M］. 北京：机械工业出版社，2019.

［14］陈雪频. 一本书读懂数字化转型［M］. 北京：机械工业出版社，2021.

［15］夏妍娜，赵胜. 工业 4.0 正在发生的未来［M］. 北京：机械工业出版社，2016.

［16］马尔里希·森德勒. 无边界的新工业革命：德国工业 4.0 与“中国制造 2025”［M］. 北京：中信出版集团，2018.

［17］冯国华，尹靖，伍斌. 数字化：引领人工智能时代的商业革命［M］. 北京：清华大学出版社，2019.

［18］李彤，贾小强，季献忠. 企业数字化转型：技术驱动业财融合的实践指南［M］. 北京：人民邮电出版社，2021.

［19］安筱鹏. 重构：数字化转型的逻辑［M］. 北京：电子工业出版社，2019.

［20］克莱尔·阿格特，罗布·英格兰，苏珊娜·D. 范霍夫，兰迪·斯坦伯格. 数字化转型与创新管理：VeriSM 导论［M］. 北京：清华大学出版社，2020.

［21］克莱尔·阿格特，约翰·博塔，苏珊娜·D. 范霍夫. 数字化转型与创新管理：VeriSM 揭秘与应用［M］. 北京：清华大学出版社，2020.

［22］祝守宇，蔡春久，等. 数据治理：工业企业数字化转型之道［M］. 北京：电子工业出版社，2020.

［23］DAMA 国际. DAMA-DMBOK2：DAMA 数据管理知识体系指南［M］. 北京：机械工业出版社，2020.

［24］雷·库兹韦尔. 盛杨燕，译. 人工智能的未来：揭示人类思维的奥秘［M］. 杭州：浙江人民出版社，2016.

［25］科恩. 廖靖斌，吕梁岳，陈争云，等，译. Scrum 敏捷软件开发［M］. 北京：清华大学出版社，2013.

［26］马丁·福特，王吉美，牛筱萌，译. 机器人时代：技术、工作与

经济的未来［M］. 北京：中信出版集团，2015.

［27］谢耘. 转折：眺望 IT 巅峰［M］. 北京：清华大学出版社，2014.

［28］华为大学. 熵减：华为活力之源［M］. 北京：中信出版集团，2019.

［29］基思·霍尔德韦. 油气大数据分析利用［M］. 北京：石油工业出版社，2017.

［30］水木然. 工业 4.0 大革［M］. 北京：电子工业出版社，2015.

［31］彭锋，宋文欣，孙浩峰. 云原生数据中台：架构、方法论与实践［M］. 北京：机械工业出版社，2021.

［32］阿伦·拉奥，皮埃罗·斯加鲁菲. 硅谷百年史 1900—2013［M］. 北京：人民邮电出版社，2014.

［33］陈春花，朱丽. 协同：数字化时代组织效率的本质［M］. 北京：机械工业出版社，2021.

［34］约翰·拉德利. 数据治理：如何设计、开展和保持有效的数据治理计划［M］. 北京：清华大学出版社，2021.

［35］詹姆斯·巴拉特. 我们最后的发明：人工智能与人类时代的终［M］. 闾佳，译. 北京：电子工业出版社，2016.

［36］波斯特洛姆. 超级智能：路径、危险性与我们的战略［M］. 张体伟，张玉青，译. 北京：中信出版社，2015.

［37］米格尔·尼可莱利斯. 脑机穿越：脑机接口改变人类未来［M］. 黄珏苹，郑悠然，译. 杭州：浙江人民出版社，2015.

［38］马丁·福特. 机器人时代［M］. 王吉美，牛筱萌，译. 北京：中信出版社，2015.